Lothar Baier
Keine Zeit

# Lothar Baier

# KEINE ZEIT

18 Versuche über
die Beschleunigung

Verlag Antje Kunstmann

# Inhalt

# EINLEITUNG
## Entschleunigen, aber was?

»In einer sich ändernden Welt entdecke ich, daß ich aus alter Zeit bin. Weshalb möchte ich zurückgehen, durch die Gassen von Murcia schlendern im ausgehenden 12. Jahrhundert?« schreibt der tunesische Schriftsteller und Gelehrte Abdelwahab Meddeb in seinem Roman *Aya*.[1] Ja weshalb? Murcia im 12. Jahrhundert kann man sich mit ein wenig historischer Phantasie als einzigartigen Treffpunkt von Abendland und Morgenland vorstellen, als eine Stadt, in deren Quartieren, Jahrhunderte vor der spanisch-katholischen Reconquista, arabische, jüdische und christliche Schriftkundige über Schriftrollen und Folianten brüteten und sehr viel Zeit mit der Übertragung von Begriffen verbringen konnten, die tausend oder mehr Jahre vor ihnen von aramäischen oder griechischen Schreibern aufgezeichnet worden waren.

Meddebs Empfindung kann ich gut nachvollziehen, so wie mich aufs erste auch jede Stimme für sich einnimmt, die dem Innehalten das Wort redet. Vielen Leuten muß es ähnlich gehen, anders kann ich mir jedenfalls schlecht erklären, warum Bücher, die in ihrem Titel für die »Entschleunigung der Gesellschaft« oder die »Kreativität der Langsamkeit« plädieren, auf zustimmendes Interesse stoßen. Tagungen evangelischer und anderer Akademien befassen sich mit dem Thema zunehmender Beschleunigung und den vielfältigen Leiden daran, in Klagenfurt hat ein Verein zur Beförderung der Entschleunigung seinen Sitz, der sich über Mangel an Mitgliedern offenbar nicht zu beklagen hat.

Vielen geht vieles, wenn nicht fast alles, viel zu schnell, und es breitet sich das Gefühl aus, das Tempo nicht mehr mithalten zu können, über kurz oder lang abgehängt und dann ausrangiert zu werden. Die alte Furcht vor der Macht der Großen weicht der neuen Furcht vor der Macht der Schnellen: Es sind nicht mehr die Großen, die die Kleinen, sondern die Schnellen, die die Langsamen fressen, sagt der Wirtschaftsjournalist Tom Friedman von der *New York Times*. Da die Ökonomie mehr denn je als unentrinnbares, alles übrige in letzter Instanz bestimmendes Schicksal gilt, kann es nicht Wunder nehmen, daß die Befürchtung anwächst, der von der Ökonomie angetriebenen und vorgeschriebenen universellen Beschleunigung über kurz oder lang zum Opfer zu fallen. Die Befürchtung hat ja auch Realitätsgehalt.

Wenn die Geschäfte rollen, bleibt nicht einmal mehr Zeit für den Mittagsimbiß, mußte ein Vertreter des neuen Typs von Börsenspekulanten lernen, die sich *Day Trader* nennen, weil sie auf Gewinne innerhalb eines einzigen Börsentags setzen. Der Mann war nur einmal schnell aus dem computerisierten Büro nach draußen gegangen und hatte in einer Snackbar einen Taco hinuntergeschlungen, da waren bereits zigtausend Dollar verloren, da er fern vom Bildschirm die Papiere nicht rechtzeitig hatte abstoßen können, deren Werte innerhalb von Minuten nach unten absackten. Dieser von dem Day Trader anschließend als Taco-Effekt bezeichnete und gefürchtete kurzzeitige Ausfall der geforderten Daueraufmerksamkeit hat zur Folge, daß die Zeit selbst als feindliche Macht begriffen wird.

Der Effekt ist jedoch nicht erst im Zeitalter des Computerhandels entdeckt worden, Günther Anders hat ihn schon früher als Phänomen der Epoche namhaft gemacht. Beim Transatlantikflug übers nördliche Eismeer hörte er einen amerikanischen Geschäftsmann sich darüber beschweren, daß das Überfliegen all der zwischen Schottland und Kanada nutzlos herumliegenden leeren Flächen wertvolle Zeit kostet, und zog aus der Beschwerde das Fazit: »Was immer Dauer erfordert, dauert zu lange. Was immer Zeit beansprucht, beansprucht zuviel Zeit. Das Faktum, daß Handlungen Zeit kosten, gilt heute als Vergeudung. Gleich, wie kurz sie währen – niemals sind sie kurz genug. Die bloße Tatsache, daß sie währen, macht sie zu Verzögerungen. *Zeit = Langsamkeit.*«[2]

Wie ist es dazu gekommen? Niklas Luhmann schlug eine einfache systemtheoretische Erklärung vor. Gesellschaften der Vergangenheit, sagte er, waren so strukturiert, daß sie sich »der Realität als Rationalitätskontrolle bedienen mußten. Unsere Gesellschaft hingegen muß Rationalität als Realitätskontrolle benutzen. Ihre Strukturen und ihre Umwelt sind zu komplex für adaptives Verhalten, und zudem steht nicht genug Zeit für Anpassung zur Verfügung. Unter der Bedingung hoher Komplexität wird Zeit knapp. Zeit muß für Realität als vorherrschende substituiert werden, während die Zukunft sich als dominanter Horizont aufdrängt.«[3]

Wenn es sich so verhält, wie Luhmann es sah, dann sind alle Hoffnungen, in unseren Gesellschaften irgend etwas entschleunigen oder gar anhalten zu können, vergebens oder nicht mehr als rührend fromme Wünsche, deren Aufzeichnung zwar das Herz erwärmt, die Realität aber verfehlt. Es läßt sich sogar die Vermutung anstellen, daß sich in der Häufung der Klagen über die allgemeine Beschleunigung bereits der Durchbruch zur resignierten Anpassung an Verhältnisse ankündigt, die langwierigen Prozessen der Umgewöhnung eben keine Zeit mehr zur Verfügung stellen. Solange Unzufriedenheit sich nur ausdrückt, sei es in Veröffentlichungen, sei es in Form individuell zu verschmerzender Störungen, greift sie nirgendwo störend ein. Man kann ihr Buchreihen und Akademien und auch Privatkliniken zur Verfügung stellen, der Lauf der Dinge wird dadurch nicht verlangsamt oder gar angehalten.

Ist der Lauf der Dinge aber überhaupt die unaufhaltsame lineare Beschleunigung? Ist er vielleicht nicht gerade darauf angewiesen, daß die Vorstellung ununterbrochener Beschleunigung in Gang gehalten wird, auch gegen manchen Augenschein und objektiven Befund? Nach dem Jahrhundertwechsel fällt es schwer, angesichts der internationalen Megafusionen in den Schlüsselindustrien Energie, Telekommunikation, Automobilbau, Luft- und

Raumfahrt, Leichtmetalle, Chemie und Pharmazeutik den Satz Tom Friedmans für wahr zu halten, daß es nicht mehr die Großen sind, die die Kleinen fressen, sondern die Schnellen, die die Langsamen schlucken. Lag es etwa an der »Langsamkeit« des Öl-konzerns ELF, daß er von einem »schnelleren« TOTAL gefressen wurde? Wurde zwischen Großbanken in Deutschland oder in Frankreich ein Geschwindigkeitswettkampf ausgetragen? Oder zwischen Vodafone und Mannesmann? Zwischen Time Warner und AOL, und dann zwischen AOL und EMI? Führt das Starren aufs Tempo nicht dazu, daß die Macht, die in der den Markt er-drückenden Größe liegt, aus dem Blick gerät?

Das vorliegende Buch greift solche Fragen auf, versucht jedoch, bevor es Antwortvorschläge macht, die Aufmerksamkeit auf be-stimmte Unterscheidungen zu lenken, da der Sinn für Unterschei-dungen nach aller Erfahrung eines der ersten Opfer zunehmender Geschwindigkeit ist. Es knüpft an die Thematik an, die in meinem 1990 veröffentlichten Buch »Volk ohne Zeit«[4] berührt ist, löst sich dabei aber von der Konzentration auf die deutschen Angelegen-heiten des einstigen »Volks ohne Raum«, das sich nach dem ge-scheiterten Unternehmen Raumeroberung der »Chronopolitik« genannten rationellen Bewirtschaft der Zeit verschrieb. Alle hoch-entwickelten Länder verfahren heute ebenso, um so mehr, als sie alle am gleichen Netz transnationaler Finanz- und Technologielei-tungen hängen, so daß es keinen Sinn macht, unter dem Gesichts-punkt der Zeitwirtschaft dem deutschen Fall besondere Beachtung zu schenken. Die nach der Öffnung der Berliner Mauer in Deutschland aufgetretenen heftigen Turbulenzen ließen sich in meinen Augen noch damit erklären, daß zwei Zeitzonen, eine schwache östliche und eine starke westliche, plötzlich aufeinander-prallten und sich chaotisch mischten, vergleichbar dem Vorgang, der sich abspielt, wenn die Binnenatmosphäre eines hochfliegen-den Flugzeugs durch ein geplatztes Bullauge mit einem Mal nach draußen in die dünnere Luft entweicht. Inzwischen hat sich längst Druckausgleich eingestellt in Deutschland, ist die langsamere östliche Zeit von ehedem in der schnelleren westlichen Einheitszeit aufgegangen; Turbulenzen, und zwar ungleich heftigere, haben andere Regionen heimgesucht, vom Balkan über Rußland und Zentralafrika bis zum indischen Subkontinent.

Die Bedingungen, unter denen über Beschleunigung und Verlangsamung nachgedacht werden kann, haben sich seit dem politischen Beschleunigungsschub, der auf den Abbau der Grenzen zwischen östlichem und westlichem System folgte, universalisiert. Beschleunigung nun ist laut Luhmann die Bewegungsart, derer sich alle modernen Gesellschaften bedienen müssen, wenn sie sich selbst erhalten und reproduzieren wollen; lange Zeiten der Anpassung an sich verändernde Verhältnisse stünden, anders als in der Vergangenheit, nicht mehr zur Verfügung. Anpassungszeiten können nur noch simuliert, aber nicht mehr gelebt werden, denn, so Luhmanns Begründung, »unter der Bedingung hoher Komplexität wird Zeit knapp«.

Von der »hohen Komplexität« zeitgenössischer Gesellschaften scheint alle Welt wie von einem Dogma auszugehen, mit der Folge, daß auch die Behauptung aus dieser Komplexität zwangsläufig resultierender Zeitknappheit kaum ernsthaft in Frage gestellt wird. Somit gerät auch der Zusammenhang aus dem Blick zwischen der Beschleunigung und dem in der Dynamik der westlichen Zivilisation angelegten Drang, sich von Vorgaben der Natur und damit auch von natürlichen Zeitvorgaben gänzlich unabhängig zu machen.

So werden Plädoyers fürs Verlangsamen und Entschleunigen zwar geduldig angehört, aber mehr aus sonntäglicher Pietät denn aus Überzeugung. Die Empfindung, von dem immer rasanteren Tempo der Entwicklung überrollt zu werden, kann durchaus mit der Überzeugung koexistieren, daß dieses Entwicklungstempo objektiv unvermeidlich ist, da es der Eigendynamik unserer Zivilisation entspringt und letzten Endes ihrer Selbsterhaltung dient. An der Erhaltung dieser Zivilisation, auf deren Errungenschaften Menschenrechte und Demokratie niemand verzichten will, muß alle Welt interessiert sein und infolgedessen auch ihr Tempo hinnehmen. Es stellt sich nur die Frage, ob die Demokratie, so wie sie sich mit ihren verzögernden Verfahren des Streitens und Aushandelns historisch entwickelt hat, einem Regime des verallgemeinerten Zeitmangels auf Dauer überhaupt gewachsen bleibt.

Ein Rückblick auf die gute alte Zeit des späten 19. und frühen 20. Jahrhunderts hat zu der Vermutung angeregt, daß die großen Beschleunigungsschübe, die die westliche Industriezivilisation auf Touren brachten, schon eine ganze Zeit zurückliegen und daß sich das Gefühl in jüngster Zeit bedrohlich angewachsener Hetze teilweise dem simplen Vergessen der industriellen und technischen Geschichte verdankt. Das Buch erinnert daran, daß es daneben auch eine Kulturgeschichte moderner Hetze gibt, einschließlich einer Kulturgeschichte der Leiden an dieser Hetze. Und es will darauf aufmerksam machen, daß es gar nicht neu eingeführte Techniken wie die Computertechnik allein sind, deren Eigendynamik in jüngster Zeit den Gang der Dinge zusätzlich rasant beschleunigte, sondern daß ein höchst irrationaler Umgang mit diesen Techniken hinzukommen mußte, befördert allerdings von der undurchschauten Instrumentalisierung der Technik zur Konzentration kommerzieller Macht.

Ein anderer Einwand betrifft die Gegenbewegung, die sich um die Parole »Entschleunigung der Gesellschaft« sammelt. Läßt sich die zeitgenössische Gesellschaft etwa mit einem Formel-1-Wagen vergleichen, bei dem alle Aggregate und Komponenten einzig zu dem Zweck aufeinander abgestimmt sind, dem Gefährt die größtmögliche Beschleunigung bei gleichzeitig aufrechterhaltener Bodenhaftung zu verschaffen? Wodurch sich die Beschleunigungswerte einer Gesellschaft ermitteln lassen, ist mir nicht klargeworden. Auch wenn es zutrifft, daß unsere Gesellschaften in unaufhörlicher, dabei kaum jemals jenseits von Schlagwörtern nachvollziehbar beschriebener oder gar definierter innerer Bewegung sind, ist damit noch lange nicht gesagt, daß sie sich insgesamt fortbewegen, wie schnell oder beschleunigt auch immer.

Es steckt aber auch etwas im Gedanken der Verlangsamung selbst, was Unbehagen bereiten kann. Für den Zeitforscher Michael Baeriswyl droht Verlangsamung in unseren Gesellschaften zu einer bloßen zusätzlichen »Option im Meer der denk- und undenkbaren Möglichkeiten und Unmöglichkeiten« zu verkommen, und sie »perpetuiert damit jene Mobilmachung, die sie entmobilisieren, jenen Fortschritt, den sie unterschreiten, jene Aufrüstung, die sie abrüsten, jene Anspannung die sie entspannen und jene Beschleunigung, die sie verlangsamen will. Kurzum: Verlangsamung ist bloß die leisere Stimme jenes gewaltigen Chors, dessen wahre Hymne die Kontrolle der Zeit ist.«[6]

Unbedingte Freunde der Verlangsamung lassen auch leicht außer acht, daß Langsamkeit nicht nur eine beruhigend freundliche, sondern auch eine trübe Seite hat. Nun mag es tröstlich sein, auf der Suche nach Zuflucht vor Tempodiktaten, etwa in den Büchern von Günther Anders, wie auch hier geschehen, Zuspruch zu finden, doch bedeutet solche Tröstung auch einen Teilverrat an Anders' Einsichten, die der Autor ja nicht umsonst unter dem Titel »Die Antiquiertheit des Menschen« zusammengefaßt hat. Antiquiertheit will ja sagen: Die Menschen der Gegenwart hinken dem, was sie objektiv tun und was sie miterleben, geistig hinterher. Während manche erst jetzt dabei sind, sich von einem einmal mit Verve vertretenen romantischen Antikapitalismus zu verabschieden und diesen Abschied als einen geglückten Durchbruch zur Anerkennung der Realität betrachten, hat der Kapitalismus, der heute einspruchslos herrscht, bereits wieder einen ganz anderen Charakter angenommen und funktioniert nach noch gar nicht durchschauten neuen Regeln. Da kommt auch der Abschied vom Antikapitalismus von ehedem wieder zu spät.

Gegenüber sich wandelnden Realitäten denken wir also viel zu langsam. Und zwar denken wir nicht einfach deshalb zu langsam, weil sich die Dinge um uns herum so rasend schnell verändern, sondern auch deshalb, weil Langsamkeit uns als der nächstgelegene Schutz vor Tempoanforderungen erscheint. Auch beim Versuch, die Veränderungen zu begreifen, neigen wir dazu, uns auf die Gültigkeit einmal erworbener Vorstellungen, auch der Vorstellungen von Veränderung, zu verlassen. In dieser beruhigenden Illusion bestärkt freilich eine Kultur, deren strukturelle Trägheit Deutungsmuster perpetuiert, denen zwar längst keine Wirklichkeit mehr entspricht, die aber dadurch, daß alle sich ihrer bedienen, den Schein der Objektivität mit sich herumschleppen.

»Wenn eine menschliche Wirklichkeit ihre Geschichte erfüllt hat, gescheitert und ertrunken ist«, schrieb einmal der konservative Denker Ortega y Gasset, »spülen die Wellen sie an die Küste der Rhetorik, wo sie als Leichnam noch lange weiter existiert. Die Rhetorik ist der Friedhof der menschlichen Wirklichkeiten, bestenfalls ihr Altersasyl. Länger als die Wirklichkeit lebt ihr Name, der, wenn auch nur Wort, am Ende eben doch Wort ist und immer etwas von seiner magischen Kraft bewahrt.«

Undifferenzierte Plädoyers für Verlangsamung, die im Unbestimmten lassen, was denn nun langsamer gehen möge, laufen Gefahr, zugleich der Denkträgheit zu schmeicheln, deren stillschweigende Erhebung zur Tugend dann mit dazu beiträgt, daß Beschleunigungsschübe erst recht und unkontrolliert destruktive Wirkungen entfalten können. Zu unterscheiden wäre also zwischen verschiedenen Qualitäten und verschiedenen Geltungsbereichen der Langsamkeit.

Wir bringen es durchaus fertig, auf der einen Seite Verlangsamung zu fordern und auf der anderen Seite, ohne uns etwas dabei zu denken, Ungeduld zu verspüren, wenn am Bildschirm die Einstellungen nicht in dem raschen Tempo aufeinanderfolgen, an das uns die Fernsehnachrichten gewöhnt haben

Auf eine andere Unterscheidung kommt es mir bei diesem Essay ganz besonders an: auf die zwischen Apparat und *Benutzeroberfläche*. Denn ich hatte im Lauf der Beschäftigung mit dem Thema Zeit und Zeithetze immer mehr den Eindruck gewonnen, daß viele der sichtbaren Veränderungen und Tempobeschleunigungen, die uns kopflos machen und die Empfindung vermitteln, das Tempo nicht mehr mithalten zu können, gar keinen eigenen Realitätskern besitzen, sondern willkürlich erzeugt werden.

Bei Streifzügen durch die Geschichte der Zeitwahrnehmung greift der Essay auf die Zeugnisse und die Einsichten zahlreicher bedeutender Gewährsleute aus Vergangenheit und Gegenwart zurück, von Montaigne, der Zeitgenosse eines einschneidenden Wandels in der Zeitberechnung war, bis zu Günther Anders, für den mit dem Abwurf der Atombomben auf Hiroshima und Nagasaki eine andere Zeitrechnung hätte beginnen müssen. Schriftstellern, Philosophen, Historikern, Sozial- und Naturwissenschaftlern verdankt der Essay wesentliche Anstöße: Walter Benjamin, Robert Musil, Thomas Mann, Theodor W. Adorno, Sherwood Anderson, Hans Blumenberg, George Steiner, Jean Améry, Lucien Febvre, Jean Chesneaux, Joachim Radkau, Carol Dunlop und Julio Cortázar, Abdelwahab Meddeb, Édouard Glissant, Paul Parin, Ilya Prigogine, Götz Eisenberg und anderen. Er hätte aber auch nicht zustande kommen können ohne die Anregungen, die unterschiedlichsten Quellen und den Arbeiten weniger berühmter, teilweise mir freundschaftlich verbundener, vielfach auswärtiger Autoren entstammen. Deutschsprachige Leser mit in anderen Ländern angestellten Überlegungen bekannt zu machen, die ihnen, weil sie gar nicht erst auf den hiesigen Buchmarkt gelangen, sonst nur sehr schwer zugänglich wären, scheint mir in einem Zeitalter des Grenzabbaus bei gleichzeitig zunehmendem Verschanzen hinter geistigen Grenzzäunen durchaus wichtig zu sein.

Außerdem soll nicht vergessen sein, was Nietzsche von brauchbarer Schriftstellerei erwartete: »Ein guter Schriftsteller denkt nicht nur mit seinem eigenen Geist, sondern auch mit dem seiner Freunde.« In diesem Sinn denkt in diesem Buch auch der Geist meiner Verlegerin Antje Kunstmann mit, ohne deren hartnäckiges Interesse an diesem Projekt und ohne deren zuversichtlichen Zuspruch das Buch nicht zustande gekommen wäre.

*Montreal, Ende April 2000*
*Lothar Baier*

# BESCHLEUNIGUNGSZEIT
## Akzelerationsdialektik der Aufklärung

Der Begriff der Beschleunigung wurde durch die klassische, von Galilei begründete und von Newton verfeinerte Mechanik mit einem präzise meßbaren Inhalt versehen. Jedes Konversationslexikon definiert Beschleunigung als einen pro Zeiteinheit gemessenen Wert, in dem sich die Größe einer auf einen Körper einwirkenden Kraft ausdrückt. Je kleiner die Masse des bewegten Körpers, desto höher, gleichbleibende Kraft vorausgesetzt, die Beschleunigung. Einen Sonderfall bildet dabei die von Newton studierte Fallbeschleunigung, deren Antrieb in der Schwerkraft besteht. Dort ändern sich die Beschleunigungswerte nicht mit der veränderten Masse des fallbeschleunigten Körpers. Nur der Luftwiderstand, auf den zur Erde fallende Körper treffen, setzt der Fallbeschleunigung Grenzen. Eine Geschwindigkeit von etwa dreihundert Stundenkilometern wird deshalb von einem aus großer Höhe herabstürzenden Körper nicht überschritten, es sei denn, er ist wie eine Bombe entsprechend windschnittig geformt.

Die von Newton formulierten Gesetze der Gravitation, die es erlaubten, die geheimnisvollen Zirkulationsbewegungen der Gestirne als Bewegungen innerhalb einer berechenbaren Himmelsmechanik zu begreifen, beschäftigten das 18. Jahrhundert zunächst mehr als die Idee einer meßbaren Beschleunigung, die im damaligen alltäglichen Leben, etwa bei der Fortbewegung, wenig Bedeutung haben konnte. Das Transportmittel Pferdefuhrwerk bewegte sich seit Jahrhunderten mit gleichbleibender Geschwindigkeit fort.

Voltaire allerdings, der sich während seines Englandaufenthalts neben der Londoner Börse auch mit Newtons Forschungen befaßt hatte, ließ etwas an dem Gedanken der Beschleunigung nicht mehr los.

Wenn Bewegungen in der physischen Welt beschleunigt werden können, überlegte er sich, warum dann nicht auch die Bewegung der Geschichte als beschleunigungsfähig denken? »Beschleunigung heißt, daß der Zeitverbrauch als steuerungsfähige Größe erscheint«, kommentiert Hans Blumenberg Voltaires auf die Geschichte übertragene Beschleunigungsidee.[1] Der Geschichtsprozeß gerät damit theoretisch in einen Bereich, in dem, zumindest vom Tempo her, über ihn verfügt werden kann. Der geschichtliche Fortschritt, war Voltaire überzeugt, nimmt seinen Lauf und ist auf die Dauer auch nicht aufzuhalten; doch es mischte sich in Voltaires Optimismus ein resignativer Einwand, den eben der Gedanke der Beschleunigung und des reduzierten Zeitverbrauchs nahelegt. Die Aufklärung wurde von dem Verdacht heimgesucht, daß sie mit Verspätung in die Geschichte eingetreten ist. »Wir sind insgesamt spät gekommen«, notierte Voltaire. »Ich habe es gesagt und wieder gesagt. Gewinnen wir die verlorene Zeit wieder.«[2]

Der Verspätungsgedanke lenkt die Aufmerksamkeit auf den hinter politischen Begriffen und philosophischen Metaphern verborgenen Zeitkern des Neuen, das mit dem Denken der Aufklärung die Bühne betrat. Die Welt bewegt sich, lehrte die vernunftgeleitete Einsicht, aber sie bewegt sich langsam; die Welt kostet Zeit, die Vernunft jedoch nicht, lautete eine Devise des 18. Jahrhunderts. Der Zeitfaktor meldete seinen Anspruch an. Langsamkeit und Schnelligkeit, Verspätung und Beschleunigung denken setzte jedoch voraus, daß Richtung und Ziel der Fortbewegung bestimmt waren und daß es ein Maß für die der geschichtlichen Bewegung angemessene Schnelligkeit gibt. Dieses Maß wurde in den Augen von Aufklärern wie Voltaire von der Vernunft gesetzt, die selbst der Trägheit des Weltlaufs nicht unterworfen ist. Ginge es allein nach ihr, könnten sich die Dinge in einem überschaubaren

Zeitraum rasch zum Vernünftigeren und Besseren wenden. Eine von ihr in Bewegung gesetzte Welt würde hemmende Überbleibsel des Mittelalters, Fanatismus, Aberglauben, Religionskrieg und Willkürherrschaft, wie von selbst abschütteln.

Die Vernunft brachte aber nicht nur Zuversicht. Sie nötigte auch zu der Einsicht, daß die Vernunft nicht die Herrin über die Zeit ist, in der sich die Welt fortbewegt. Die neuen Erkenntnisse der Naturwissenschaften und die Berichte, die Entdeckungsreisende, Händler und Kolonisatoren aus entfernten Weltteilen nach Europa brachten, offenbarten, nachdem die erste Neugier befriedigt war, ein beunruhigendes Doppelgesicht. Das neue Wissen wirkte nur auf den ersten Blick befreiend, insofern, als es dazu beitrug, die Autorität der biblischen Schöpfungsgeschichte auszuhöhlen: Adam konnte nicht länger als Stammvater einer Menschheit gelten, die sich in zahllose, sich durch ihre physische Erscheinung und durch ihre Zivilisationen von den Europäern unterscheidende Völker und Stämme aufsplittert. Mit der Zunahme geographischer Kenntnisse entstand jedoch auch ein Bewußtsein von der überwältigenden räumlichen Ausdehnung der Welt. Die Ausdehnung des Raums anerkennen hieß aber auch, eine Vorstellung von der Ausdehnung der Zeit akzeptieren, die hat vergehen müssen, um die in der wirklichen Welt vorhandene Vielfalt der Sitten, Traditionen, Religionen, Sprachen und Herrschaftsformen hervorzubringen und Platz für deren Fortentwicklung zu lassen.

Angesichts der in der räumlichen Ausdehnung enthaltenen vielgestaltigen Masse vergangener Zeit begann die aufgeklärte Vernunft leise zu verzagen. »Der Aufklärer«, schreibt Blumenberg, »hat in den Abgrund der Zeiterfordernisse der Vernunft geblickt. Dabei muß sich ihm die Selbstgewißheit, am Scheitelpunkt der Vollendung ihres geschichtlichen Projekts zu stehen, unvermeidlich problematisiert haben. Der Blick auf die exotische Küste, die Verwechselbarkeit von Affen und Menschen, die Unausweichlichkeit der riesigen Dimension einer Geschichte der Kultur, erfaßt als die der Menschwerdung selbst, haben das genuine Programm der

Neuzeit und ihrer Aufklärung – wie aus dem Mittelalter heraus und von seiner Furcht wie von seinen Hoffnungen wegzukommen – in den Hintergrund gedrängt.«[3]

Die Befreiung von der Autorität der biblischen Welterzählung allein brachte noch keinen Gewinn an Souveränität, sondern stürzte die Aufklärung in ein neues Dilemma. Die Geschichte, hatten die Aufklärer erkannt, ist seit jeher von den Menschen gemacht worden und wird weiter von den Menschen gemacht, doch der Zuversicht, die Dinge fortan bewußt in die Hand nehmen zu können, stand die ungeheure Trägheit des Alten entgegen, die in der Gegenwart weiterwirkte. Diderot sprach in seiner Korrespondenz mit Katharina II. die Befürchtung aus, in einem Land wie Rußland würden die Früchte der Aufklärung schneller verfaulen, als sie Zeit zum Reifen hätten. Eile war also geboten, aber auch in gesteigerter Geschwindigkeit, ahnten manche Denker der Aufklärung, lauerten Gefahren. Lessing wies in seinem Faust-Fragment darauf hin, daß die Höllengeister und nicht die Menschen Meister der Geschwindigkeit sind und daß nichts an das Tempo heranreicht, mit dem das Gute ins Böse umschlagen kann. Ganz in diesem Sinn sprach Goethe von den mit dem Tempogedanken auf den Plan gerufenen »veloziferischen« Kräften.

Gerade wenn die Geschwindigkeit als der Hebel begriffen wird, an dem der Eingriff in den Geschichtsverlauf erfolgreich ansetzen kann, droht der Geschwindigkeitshebel der bewußten Verfügung zu entgleiten und sich selbständig zu machen. Die Französische Revolution, die Voltaire und Diderot nicht mehr erlebten, erschien vor allem deutschen Aufklärern als Bestätigung ihrer insgeheim gehegten Befürchtung, daß eine gewaltsam beschleunigte Geschichte am Ende nicht mehr zu meistern wäre. Kants fünf Jahre vor dem Ausbruch der Revolution in der »Idee zu einer allgemeinen Geschichte in weltbürgerlicher Absicht« geäußerte Zuversicht, mit beschleunigtem Fortgang der Geschichte rücke das Ziel einer vollkommenen Staatsverfassung in greifbare Nähe, verlor im turbulenten letzten Jahrzehnt des 18. Jahrhunderts an Plausibilität.

Die Macht, die die Aufklärer als feindliche Macht vor Augen gehabt hatten, war die Macht der absoluten Herrscher; Parlamente, die als »Bremse« gedacht waren, wie Eric Hobsbawm sagt, erschienen als geeignete Instrumente, die von der absoluten Macht entfesselten Kräfte zu zähmen. Auf den Gedanken, daß eines Tages die herbeigesehnte und in Fahrt gebrachte geschichtliche Fortentwicklung selbst der Bremsvorrichtungen bedürfe, kamen sie nicht. So geriet das geschichtsphilosophische Herzensanliegen der Aufklärer, »jene hochgemute Erziehung des Menschengeschlechts«, wie Harro Zimmermann schreibt, »in die Malströme einer widerstreitenden Historie. Aufklärung und Vernunft wurden um 1789 einer Dialektik inne, die sie ihrerseits vor nicht enden wollende Zerreißproben stellte, andererseits ihre zukunftsweisende Modernisierungskraft nicht zu brechen vermochte.«[4]

Der Blick in den »Abgrund der Zeiterfordernisse der Vernunft«, der sich auftat, als die Aufklärer gewahr wurden, welche unermeßlichen Geschichts- und Zeiträume sich hinter den von Forschern und Weltreisenden betretenen exotischen Küsten dehnten, konnte den mit der Idee möglicher Beschleunigung aufgekommenen neuen Begriff der Zeit nicht unberührt lassen. Der Macht der Zeit, Substitut der göttlichen Allmacht, war alles zuzutrauen, hatte man sich einmal, wie Voltaire, dem überlassen, was Blumenberg die »Mystik der langen Zeiträume« nennt; damit war aber auch nicht mehr auszuschließen, daß sich der Aufklärungsprozeß viel länger als erhofft hinzieht. Mit der Ausweitung der Zukunftsperspektive verbreitete sich allmählich der Verdacht, »die Gegenwart und ihre Zeitgenossen könnten dann nur noch Durchgangsstadium und Mittler, nicht aber Nutznießer dessen sein, worauf es für die Menschen ankommen mußte. Es sind die Bewußtseinsprobleme, die mit dem Begriff des Fortschritts herauskommen und das Individuum zwischen Ermutigung und Trostlosigkeit hin- und herreißen sollten angesichts eines Geschichtsbilds von solcher Großräumigkeit, daß das einzelne Leben darin nichts mehr zu bedeuten schien.«[5]

Der Gedanke, geschichtliche Verspätung durch Beschleunigung der Entwicklung aufholen zu können, drohte an der Welt und an sich selbst irre zu werden. Im Jahrhundert nach Voltaire jedoch wurde er unvermittelt wieder in Fahrt gebracht, und zwar von unerwarteter Seite: durch Technik und Industrialisierung. Die Erschließung und Nutzanwendung fossiler Energiequellen in großem Maßstab versprachen den Anbruch eines neuen Zeitalters, das nicht mehr, wie die sich über Jahrtausende erstreckende Zeit der Agrarwirtschaft, von der Sorge um Vorratshaltung und von der allgegenwärtigen Furcht vor drohendem Mangel an allem beherrscht war. Der Bau der ersten Eisenbahnen wurde zum unübersehbaren, sowohl mit Ängsten als auch mit Enthusiasmus befrachteten Symbol des Aufbruchs in eine neue Zeit. Schienen überbrückten nicht nur physisch Flüsse und Schluchten, sie überwanden auch den Zeitabgrund, den die am Tempo des Fortschritts verzweifelnden Aufklärer gesehen hatten.

Die den Launen der Geographie trotzenden, weite Räume durchquerenden Schienenwege schlossen einen neuen Vorstellungsraum auf, in dem der Fortschritt auf einer sichtbaren, bestimmbaren und soliden Bahn dahinrollen konnte. Die Gesetze der Mechanik mit ihren Größen Kraftaufwand und Beschleunigung schienen umsetzbar in die Vorstellung vom künftigen geschichtlichen Ablauf. Auf die Schienen gebrachte gesteigerte Kraft wurde nicht wirkungslos vergeudet, sondern setzte sich in gesteigerte Geschwindigkeit um. Verspätungen ließen sich, wenn nur kräftig genug gefeuert wurde, wieder aufholen; es lag in der Macht der die Maschine bedienenden Menschen, das Tempo der Fortbewegung zu bestimmen.

So sehr die Eisenbahn in ihrer Frühzeit Schrecken verbreitete und vielfältige Befürchtungen auslöste, so sehr faszinierte sie auch Zeitgenossen, die an der von den Aufklärern in die Welt gesetzten Idee der Machbarkeit der Geschichte festhielten. Das Bild der fauchend vorwärts drängenden Lokomotive, die eine Kette von mit Menschen besetzten Wagen hinter sich herzog, begann sich als

Sinnbild der Kraft, die den Menschheitsfortschritt antreibt, im Bewußtsein festzusetzen. Blumenberg ist schwer zu widersprechen, wenn er schreibt: »Insofern wird die Eisenbahn – sowohl hinsichtlich der Erwartungen als auch der Befürchtungen, die sich auf sie konzentrieren wie auf kaum ein anderes technisches Instrument des Jahrhunderts – zur Metapher des Verhältnisses von Programm und Geschwindigkeit.«[6]

Seither wurden unzählige »Züge der Geschichte« auf die Schienen gestellt und in Fahrt gebracht, bis hin zum Zug der deutschen Vereinigung, der, nach den Worten Willy Brandts, eben abgefahren und nicht mehr aufzuhalten war. Was aber zieht den »Zug der Geschichte«? Als Lokomotiven hatte Marx die Revolutionen gesehen, Lenin, der vom Gedanken der russischen Verspätung besessen war, folgte ihm darin nach, doch im Lauf des 20. Jahrhunderts vernutzte sich die Eisenbahnmetapher und geriet gleichzeitig außer Kontrolle. Der »Zug der Geschichte« und die technische Fortentwicklung, ahnten vorausschauende Denker, sind vielleicht doch nicht untrennbar miteinander verkoppelt, so daß es zu geschichtlichen Ungleichzeitigkeiten, Verschiebungen und Verspätungen kommen kann, die sich durch technische Kraftanstrengung allein nicht aufholen lassen.

In der *Einbahnstraße* von 1928 hat Walter Benjamin die alte voltairesche Verspätungsfurcht in einer moderneren Sprache wieder aufgegriffen: »Und ist die Abschaffung der Bourgeoisie nicht bis zu einem fast berechenbaren Augenblick der wirtschaftlichen und technischen Entwicklung vollzogen (Inflation und Gaskrieg signalisieren ihn), so ist alles verloren.«[7] In den »Paralipomena zu den Geschichtsphilosophischen Thesen« von 1940 griff Benjamin auf die Eisenbahnmetapher zurück, jedoch um sich von ihrer traditionellen Fassung zu verabschieden: »Marx sagt, die Revolutionen sind die Lokomotiven der Weltgeschichte. Aber vielleicht ist dem gänzlich anders. Vielleicht sind die Revolutionen der Griff des in diesem Zuge reisenden Menschengeschlechts nach der Notbremse.«[8]

Die »Züge der Geschichte« fahren, sofern sie überhaupt noch verkehren, heute ohne festgelegten Fahrplan, während das Transportmittel Eisenbahn seine Geschwindigkeit weiter steigert, teilweise das Tempo der Passagierflugzeuge der fünfziger Jahre des 20. Jahrhunderts erreicht. So als schämte sich die Eisenbahn ihrer einstigen Verwendung als Fortschritts- und Revolutionsmetapher, will sie nicht mehr, da Eisen und Stahl zu sehr an die industrielle Frühzeit erinnern, Eisenbahn heißen und sich auch physisch weitgehend unsichtbar und unhörbar machen. Sie verkehrt, wenn nicht gleich unterirdisch in Tunnelröhren, hinter Schallschutzwänden. Ihr Modell ist das moderne Mittelstreckenflugzeug, nur daß »an Bord«, wie es darin heißt, keine Flugbegleiter, sondern »Zugbegleiter« Dienst tun, Substitute der einstigen Schaffner. Der einstige Speisewagen ist dem »Bistro« oder dem »Bordtreff« gewichen. Die Züge fahren nicht mehr triumphal in die kirchenschiffhohen Hallen der Hauptbahnhöfe ein, sondern schleichen sich wie verschämt in tiefgelegene Seitentrakte unterirdischer Kaufhäuser oder Shopping Malls. Man weiß nicht recht, ob sich die Züge mit ihrer im Windkanal entwickelten Stromlinienform mehr ihrer Geschwindigkeit schämen oder der Langsamkeit ihrer Fortbewegung, verglichen mit dem Tempo der Lichtgeschwindigkeit, mit dem Nachrichten und Bilder zirkulieren.

Benjamins reisendes Menschengeschlecht würde den Zug, in dem es reise, heute wohl kaum mehr wiedererkennen. Wo einmal der Griff der Notbremse war, befindet sich jetzt vielleicht der optische Sensor der vollautomatischen Türöffnung. Wie Dampfloks sind auch Eisenbahnmetaphern ausrangiert, bestenfalls ins Museum gestellt oder Nostalgikern der Eisenbahn von ehedem zur Pflege überlassen. Als Hotelportier stellte Karl Kraus sich im Jahr 1909 den Fortschritt vor; der Portier ist inzwischen in Pension gegangen: »Und überall schien um seines Ehrgeizes willen jedes bessere Streben der Menschheit zu stocken. Es war, als ob nicht ein Ziel die Eile der Welt geboten, sondern die Eile das Ziel bedeutet hätte. Die Füße waren weit voran, doch der Kopf blieb zurück und das Herz ermattete.«⁹ Kraus' Landsmann Robert Musil erfand wenig später für die Beschleunigung als Selbstzweck das Kunstwort »Akzelerismus«: »Den Akzelerismus forderten sie, das ist die maximale Steigerung der Erlebensgeschwindigkeit auf Grund sportlicher Biomechanik und zirkusspringerischer Präzision.«¹⁰ Der »Akzelerismus«, aufs Erleben reduzierte Schwundstufe der geschichtsphilosophischen Beschleunigung, die im 18. und dann wieder, unter den veränderten Bedingungen der sich industrialisierenden Welt, ab Mitte des 19. Jahrhunderts als rettender Ausweg erscheinen konnte.

Durch Beschleunigung der Entwicklung Weltlauf und Fortschritt der Vernunft synchronisieren zu können, war die Hoffnung des Aufklärers Voltaire gewesen, der jedoch auch dunkel ahnte, daß es für manches bereits zu spät sein konnte. Durch Beschleunigung allein, ging Voltaires Nachfolgern auf, war der »Abgrund der Zeiterfordernisse der Vernunft« nicht zu überwinden. Auch die Zeit der Vernunft fällt nicht aus der Geschichte heraus, sie braucht Zeit. Zuviel Zeit angesichts des Tempos, in dem sich der Wandel real vollzieht. Die Situationen am Wechsel vom 18. zum 19. Jahrhundert und vom 20. zum 21. Jahrhundert weisen somit in mancherlei Hinsicht ähnliche Merkmale auf: Hier wie dort ist, schreibt der Aufklärungsforscher Zimmermann, »an die Stelle der geschichtlichen Teleologie ... ein spannungsreicher Skeptizismus getreten«.¹¹ Das späte 18. Jahrhundert hatte jedoch eine lange Epoche rasanter Entwicklung vor sich, in der technische Beschleunigung positiv besetzt werden konnte, als programmierte Annäherung an eine Zukunft, in der dann physikalische und soziale Zeit, alle Verschiebungen und Verspätungen überwindend, glücklich zusammenfielen. Am Ende des 20. Jahrhunderts haben sich solche Zukunftsaussichten jedoch in Illusionen der Vergangenheit verwandelt.

Unterdessen setzt sich die technische Beschleunigung fort, angetrieben nicht nur durch neue Aggregate, sondern auch durch einen »Abstraktionsschub, der die prinzipielle Austauschbarkeit allen sinnlichen Materials denkbar machte. Ob Schrift, Stimme,

Musik, Bild – im Digitalisierungsprozeß fallen sämtliche medialen Differenzen, der Zahlencode wird gleichsam zu *der* Metasprache«, schreibt Martin Bergelt.[12] Blumenberg vertrat die Auffassung, daß solcher bereits von Descartes vorgedachte Abstraktionsschub durch den Bau der Eisenbahn seine erste Materialisierung vor dem Computer erfuhr, insofern nämlich, als die eiserne Schiene »indifferent ist gegen den Vorgang, der sich auf ihr abspielt, und dessen Schnelligkeit«. Züge der Deutschen Reichsbahn transportierten zum gleichen Gruppentarif ebenso ins Blaue wie nach Auschwitz, Datenleitungen transportieren freundliche Unterhaltung ebenso wie Dokumente der Barbarei. Damit aber, fährt Blumenberg fort, ist eine fundamentale Abweichung von der gesamten traditionellen Metaphorik eingetreten, »die sich vom Vorgang des Bauens und der Errichtung von Gebäuden bis hin zu Systemen als babylonischen Türmen ableitet.«[13] Es geht nur noch um Fortschritte durch materielle und immaterielle Formen der Fortbewegung.

Was bleibt am Beginn des 21. von den Anstößen der Aufklärung des 18. Jahrhunderts, die, wie Harro Zimmermann sagt, selbst nicht von Dauer war, dafür aber »dauerhafte Wirkungen entfaltet« hat? Die den Aufklärern nach dem Verblassen der christlichen Heilsgeschichte dämmernde Erkenntnis, daß die Menschen selbst es sind, die ihre Geschichte machen, hat sich zweihundert Jahre später zu der Einsicht verdünnt, daß das, was die Menschen bei fortschreitender Naturbeherrschung tatsächlich zustande brachten, nicht die wachsende Beherrschung ihrer Geschichte ist, sondern die irreparable Schädigung der Biosphäre. Die Beschleunigung, ursprünglich als Hilfe bei der Anstrengung gedacht, die Geschichte selbst in die Hand zu nehmen, ist der Aufklärung entglitten und hat sich am Ende mit Technik und Ökonomie zu einer nicht mehr steuerbaren Gewalt verbunden.

In Mitleidenschaft gezogen wurde dadurch vor allem das große Befreiungsprojekt, in das die klassischen Aufklärer ihre Hoffnung setzten: das Mündigwerden der Menschen. Auch hier hatten die Aufklärer Zeiterfordernisse unterschätzt. Kants »Ausgang aus der selbstverschuldeten Unmündigkeit« zog und zieht sich viel länger hin, als es Verhältnissen angemessen wäre, die sich beschleunigt verändern. Zurückgeblieben ist von der Aufforderung zum Mündigwerden nicht viel mehr als eine soziale Konvention, die untersagt, zu erkennen zu geben, daß man etwas nicht weiß, nicht informiert ist, zu etwas keine Meinung hat. Das gälte dann als nicht aufgeklärt. Man muß, will man sich nicht selbst disqualifizieren, alles Neue bereits mitbekommen haben, zu allem einen Kommentar auf Lager haben, eine Einschätzung, eine Erklärung, womöglich eine Theorie. Da diese Anforderungen kaum jemals zu erfüllen sind, hat sich als guter Ton eine eigenartige Wissens- und Aufklärungsheuchelei eingenistet, die früheren Epochen unbekannt war.

Durchbricht einmal jemand die Konvention und nennt diese Heuchelei beim Namen, zieht er Aggressionen auf sich, die sich häufig in antiintellektuellen Ausfällen entladen. Es kommt dann zum Vorschein, in welchem Ausmaß die Nachgeschichte der Aufklärung etwas Trübes am Leben hielt, wenn sie nicht gar selbst die Widerstände mit produzierte, die den Prozeß des Mündigwerdens aufhalten. Diese Widerstände entspringen nicht schlicht der Borniertheit von Individuen, sondern sind eine naheliegende Reaktion auf das Auseinanderklaffen von Aufklärungsimperativ und sich beschleunigt wandelnder Wirklichkeit. Auf der einen Seite wird den Menschen behendes Bescheidwissen – Karl Kraus nannte das »Bescheidwissenschaft« – abverlangt, auf der anderen wird ihnen die Zeit weggenommen, die sie benötigten, um Instrumente und Erkenntnisse zu erwerben, die dem Weltlauf kritisch gerecht werden könnten. So klammern sie sich innerlich an einmal erworbene, oft längst entwertete Deutungen und passen sich äußerlich an den Wechsel der Themen und Schlagwörter an, um nicht sichtbar aus der Zeit zu fallen.

Bleibt ihnen eine andere Wahl, nachdem sich eine müde gewordene Aufklärung an die Beschleunigung angehängt hat, die dann eben die Zeit nicht läßt, derer das Durcharbeiten der abgelagerten wie der neu auftauchenden Motive bedarf? Zumal die Beschleunigung unter modernen Bedingungen sich selbst als paradoxe Veranstaltung erweist, da sie ihrem Zweck, dem Gewinnen von Zeit, nur um den Preis näherkommt, daß sie gleichzeitig den Zeitaufwand steigert, der betrieben werden muß, um einen Zeitvorsprung zu erreichen. Der moderne Zeitgewinn kostet selbst immer mehr Zeit (siehe Kapitel 4), eine Zeit, die dann, einmal verbraucht, für Zwecke, die nicht dem Zeitgewinn dienen, nicht mehr zur Verfügung steht, sei es für Kindererziehung oder die langwierige Arbeit des Mündigwerdens.

Die Analogie von Geld und Zeit stößt hier an eine unüberschreitbare Grenze: Während sich Geld dadurch vermehren läßt, daß in Kauf genommen wird, erst einmal viel davon zu verlieren, kann der Stoff Zeit, einmal verloren, nicht in beliebiger Menge wie bei der Bank wiederbeschafft werden. Alle Beschleunigung hilft da nicht weiter. Oskar Negt hat durchaus recht, wenn er die Beschleunigung heute als »eine Zeitform der Akkumulation abgebrochener Anfänge« definiert.[14] Jeder dieser Anfänge erfordert einen neuen Anlauf, womit die Beschleunigung Zeiterfordernisse insgesamt ansteigen läßt, statt sie zu vermindern. Positive Beschleunigung schlägt in negative um.

Das System, das von manch liegengebliebener Hinterlassenschaft der Aufklärung zehrt, hat offensichtlich schneller gelernt, sich auf radikal gewandelte Ausgangsbedingungen einzustellen, als ein Denken, das der historischen Aufklärung die Treue zu halten bestrebt ist. Um zu funktionieren, muß das System nicht warten, bis der »Ausgang aus der selbstverschuldeten Unmündigkeit« stattgefunden hat; solange Minderheiten von Eliten, auf die es ankommt, mitmachen, ist alles in Ordnung. Auf mündig gewordene Bürger kann es verzichten, nicht aber auf die stetig beschleunigte Umsetzung des Prinzips Beschleunigung, mag diese längerfristig auch den alles anhaltenden Kollaps in ökologischer, sozialer und politischer Hinsicht heraufbeschwören.[15]

# BENUTZEROBERFLÄCHE
## Die Welt als Nippes

*Benutzerabfrage* (user inquiry)
*Benutzerakzeptanz* (user acceptance)
*Benutzeranfangskennsatz* (user header label)
*Benutzeranforderung* (user requirement)
*Benutzerausgang* (user exit)
*Benutzerbeteiligung* (user participation)
*Benutzerdatei* (user file)
*Benutzerebene* (user level)
*Benutzerendkennsatz* (user trailer label)
*benutzerfreundlich* (userfriendly)
*benutzergesteuert* (user-driven)
*Benutzerklasse* (user class)
*Benutzerkennzeichen* (user identification)
*Benutzerkontrolle* (user supervision)
*Benutzername* (user name)
*Benutzeroberfläche* (user interface)[1]

*Benutzeroberfläche* ist eine geniale Wortschöpfung, deren zukunftsträchtige Bedeutung den dafür verantwortlichen Übersetzern wahrscheinlich nicht bewußt gewesen ist. Sie sollten lediglich einen deutschen Ausdruck für die *user interface* genannte Gestaltung des Mac- oder Windows-Bildschirms finden, der dem Computerbenutzer anstelle einer trüben leeren Fläche eine Palette kleiner bunter Bildchen und Symbole vorführt. Während das englische

Wort *interface* den technischen Charakter der Sache hervorhebt, sie den verschiedenen, die Peripherie mit dem Zentrum des Rechners verbindenden Anschlüsse zuordnet, verweist das Wort *Benutzeroberfläche* auf eine die bloße technische Architektur des Computers transzendierende Dimension.

Technisch gesehen, erlaubt es bekanntlich die *Benutzeroberfläche*, statt einen Befehl durch Tippen der entsprechenden Zeichenfolge an einer Eingabeaufforderung einzugeben, mit der Maus auf das dem Befehl zugeordnete Bild oder Symbol zu klicken. Was sich unterhalb der bunten Fläche abspielt, entgeht dem Benutzer. Er kennt die Zeichenfolgen der Befehle nicht, die durch das Klicken auf ein Bildsymbol aktiviert werden, und muß sie auch nicht kennen. »Was die meisten Benutzer wünschen, hat Microsoft uns eben geschenkt: Betriebssysteme und Anwendungen, die so einfach zu bedienen sind, daß wir schreiben, drucken und Informationen austauschen können, ohne darüber nachzudenken, wie wir das tun«, schrieb die Benutzerin Devorah Slavin aus Atlanta in einem Leserbrief an das Magazin *The New Yorker*[2], in dem eine Diskussion über die Qualität der Produkte der Softwarefirma Microsoft in Gang gekommen war. Dem *user* kommt es nur darauf an, daß das Programm die gewünschten Operationen ausführt, gleichgültig wie. Die Architektur der Programme unter der Oberfläche bleibt ihm verborgen, was ihn jedoch nicht im geringsten stört. Es bleibt ihm verborgen, daß es sich bei der Architektur dieser Betriebssysteme um eine verhältnismäßig träge Architektur handelt, die das veränderbare und auch ständig veränderte Aussehen der *Benutzeroberfläche* keineswegs adäquat abbildet.

Die *Benutzeroberfläche* ist deshalb etwas ganz anderes als eine gewöhnliche Oberfläche. »Was du siehst, ist ja nur die Oberfläche!« – Gewiß, aber was sonst könnte man denn sehen! Man muß nur bereit sein, sie überhaupt wahrzunehmen und als wesentlich, weil eben als Oberfläche des Wesens, anzuerkennen, dann sagt sie, wenn man sie mustert, vieles und weist, wenn man sie durchdenkt, fast auf alles hin. Auch die Oberfläche, die um ein fiktives Wesen herum erbaut wird, ist aufschlußreich.« Mit diesen Worten formuliert Franz Fühmann in seinem ungarischen Tagebuch[3] das herkömmliche Verständnis von Oberfläche: Oberflächen mögen Schein sein, mit Elementen versehen, die täuschen und verführen sollen, doch der Schein als Ganzes ist nicht beliebig veränderbar oder austauschbar, da seine Eigenschaften mit dem »Wesen« oder wenigstens der Herstellung der Sache selbst zusammenhängen. Oscar Wildes berühmter Satz, daß nur Flachköpfe sich nicht an die Oberfläche halten, lebt gerade als Provokation von der Einsicht, daß die Oberfläche nicht nur Oberfläche ist.

Aus Oberflächen lassen sich in der Regel Rückschlüsse auf den Bau selbst ziehen; die Fassaden moderner Hochhäuser sind viel weniger als die Fassaden von Gebäuden des 19. Jahrhunderts extra hergestellte dekorative Hülle, sie sind auch konstitutives Element der gesamten Bauweise, so wie es der gegen die Fassadenarchitektur protestierende Funktionalismus im frühen 20. Jahrhundert gewünscht hatte. Ihre Oberflächen sind für alle Betrachter identisch, sie werden nicht je nach dem umgestaltet, ob Spaziergänger oder Bankkunden sich ihr nähern. Die *Benutzeroberfläche* hingegen ist nicht die bloße sichtbare Außenseite eines Artefakts, sondern eine speziell hergestellte eigene Ebene, die für eine bestimmte Kategorie, jene der *Benutzer*, die Funktion der Oberfläche erfüllen soll. Sie ist dem Apparat selbst gegenüber weitgehend autonom und kann deswegen laufend umgestaltet und verändert werden, ohne daß am Apparat selbst etwas verändert wird. Sie ist für eine eigene Welt bestimmt, die Welt der *Benutzer*, in deren Wahrnehmung die Oberfläche dann mit der Sache selbst verschmilzt.

Umberto Eco hat einmal vorgeschlagen, die Verbreitung der *Benutzeroberfläche* als Triumph katholischer Mentalitäten zu deuten. Das hätte gewiß Marshall McLuhan erfreut, wäre dieser zum Katholizismus konvertierte Sohn eines kanadischen methodistischen Versicherungsvertreters noch am Leben gewesen; denn der 1980 verstorbene Schöpfer der Schlagwörter »Globales Dorf« und »Gutenberg-Galaxis« war davon überzeugt, daß die Reformation die größte kulturelle Katastrophe in der Geschichte der westlichen Zivilisation gewesen sei und daß mit den elektronischen Medien die Chance heraufziehe, dem mit dem Buchdruck eng verbundenen Zeitalter des Protestantismus ein Ende zu setzen und die Renaissance des wahren, des dann elektronischen katholischen Christentums einzuleiten.

Macintosh und Windows, das ist für Umberto Eco jedenfalls »katholische Gegenreformation und leidet unter der Erziehungsvorschrift ›Ratio studiorum‹ der Jesuiten. Er ist heiter, freundlich, konziliant, und er sagt seinem Gläubigen, was er zu tun hat, Schritt für Schritt, um, wenn schon nicht das Himmelreich, so doch den endgültigen Druck eines Dokuments zuwege zu bringen. Er ist katechetisch, das Wesen der Offenbarung löst sich auf in verständliche Formeln und prächtige Ikonen. Alle haben ein Recht auf das Heil.«

Der fast gänzlich verschwundene schmucklose Bildschirm der Dos-Betriebssysteme dagegen ist »protestantisch, nachgerade calvinistisch. Er sieht eine freie Interpretation der Schriften vor, er fordert persönliche und quälende Entscheidungen, er nötigt zu feinsinniger Deutung und setzt voraus, daß das Heil nicht für alle in Reichweite ist. Um das System in Gang zu setzen, sind persönliche Aktionen des Benutzers zur Auslegung des Programms nötig: Weit entfernt von der barocken Gemeinschaft der Frohsinnigen, ist der MS-Dos-Benutzer eingeschlossen in die Einsamkeit der eigenen, inneren Werte.«[4]

Konfessionell oder nicht, mir scheint die *Benutzeroberfläche*, weit jenseits des Computerbildschirms, eine Schlüsselmetapher unserer gegenwärtigen Zivilisation zu sein. Weil die *Benutzeroberfläche* die sichtbare Seite ist, die uns die Systemhardware zukehrt, neigen wir aufgrund verwurzelter Denkgewohnheiten stets dazu, ihr Aussehen und das, was auf ihr vorgeht, für ein Abbild der Eigenschaften des Systems selbst zu halten. Dann aber geraten bestimmte technisch-ökonomische Zusammenhänge aus dem Blick. Nach dem Prinzip der *Benutzeroberfläche* arbeitet beispielsweise die internationale Automobilindustrie: Hinter der Vielzahl von unterschiedlich gestalteten, mit verschiedenen Namen versehenen Modellen, stecken nur einige wenige, »Plattformen« genannte Kernaggregate, die je nach Exportmarkt mit unterschiedlich gestylten Karosserien, Innenausstattungen und Armaturen versehen werden. Unter der bunten Pluralität der Formen, Farben und Namen steckt eine einzige Standardmaschine.

Viele Zeitgenossen, die unter zunehmendem Tempo stöhnen und bei Befürwortern der Entschleunigung tröstenden Zuspruch suchen, scheinen mir subjektiv zwar recht zu haben, gleichzeitig aber auch Opfer der Illusion der *Benutzeroberfläche* geworden zu sein. Auf der farbenfrohen graphischen Oberfläche, die uns nicht nur der Bildschirm, sondern die gesellschaftliche Realität überhaupt zukehrt, findet in der Tat pausenloser Umbau statt; neue, durch Privatisierung und Fusionen entstandene Firmennamen, neue Symbole, neue Icons, ständig wechselnde Adressen, Telefon- und Faxnummern ersetzen die alten und werden morgen wieder durch neue ersetzt.

Die Einführung des Euro bringt zusätzliche Bewegung auf den öffentlichen Bildschirm, der die alte Geschichte, aus alt mach neu, in immer neuen Variationen wiedererzählt. Vielen leuchtendrot gespritzten E-Loks der Deutschen Bahn AG ist nicht anzusehen, daß sie aus Beständen der Reichsbahn der DDR stammen, diesem als verrottet abgeschriebenen, inzwischen geschlossenen Hinterhof der Moderne; manche der schweren sechsachsigen Reichsbahnloks dürfen sogar das supermoderne Label »DB Cargo« tragen und rücken somit benutzeroberflächensymbolisch an die Cargo-Boeings der Lufthansa heran. Der Anblick solch permanenten, als »Modernisierung« ausgegebenen Umspritzens, Umgruppierens und Umbenennens macht viele Leute begreiflicherweise kopfscheu, kann sie eben deshalb aber auch zu der fragwürdigen Annahme verleiten, sie befänden sich inmitten einer sich insgesamt beschleunigt umwälzenden Wirklichkeit.

Während sich *Benutzeroberflächen* mit recht geringem Aufwand revolutionieren lassen, kostet es schon erheblich mehr Anstren-

gungen, die dahinter verborgene Architektur der sozialen, ökonomischen, politischen »Hardware« umzumodeln. Erreicht haben
die Oberflächenmodernisierer bisher nur, daß vor ihren Bildschirm gezwungene Benutzer, die an Wahl- und Feiertagen zuweilen noch als *Bürgerinnen und Bürger* angesprochen werden, müde
geworden der unaufhörlichen Umgewöhnung, dann gerade für
solche Veränderungen nicht mehr zu gewinnen sind, die tatsächlich etwas verändern könnten (dazu Kapitel 13).

Die Welt der *Benutzeroberfläche* mag auf den ersten Blick zwar
verwirrend erscheinen und deshalb für ein Abbild der unver-
gleichlichen »Komplexität« gehalten werden, die Soziologen wie
Luhmann den höchstentwickelten Gesellschaften nachsagen, doch
straft das, was auf der *Benutzeroberfläche* tatsächlich vorgeführt wird,
diese Lesart Lügen. Komplexität ist dort auf wenige, einfache Parameter reduziert, worunter der Parameter Geld die Hauptrolle
spielt. Das Geld hat den großen Benutzervorzug, sich in einer einzigen Dimension darstellen zu lassen. Es mag zwar eine verwir-
rende Vielzahl von Ziffern und Summen auf dem Bildschirm erscheinen, Tarife zum Beispiel, die sich nach der Privatisierung
früherer Monopole wie Telekommunikation, Post und Energie
vervielfachen und ausdifferenzieren, aber mit Hilfe der einfachen
Frage nach dem Mehr und nach dem Weniger läßt sich rasch Ordnung schaffen. Man klickt dann die Zahl an, die sich im Vergleich
als die günstigste herausstellt, und alle weiteren Überlegungen zu
Sinn und Zweck der Veranstaltung und zu möglichen Alternativen
dazu erübrigen sich.

Die Rede von der »Komplexität von Entscheidungen« in demo-
kratischen Gesellschaften, die immer dafür verantwortlich gemacht wird, daß alternative Lösungen nicht ernsthaft zur Debatte
gestellt werden können, ist, zeigt der Linguist Clemens Knobloch,
angesichts vorüberziehender Zahlenkolonnen und der sie begleitenden Kommentare einigermaßen verwegen:

»Tatsächlich vereinfacht sich der Regulationsmechanismus der
›komplexen‹ Massendemokratie beständig, weil alles in Mark und

Pfennig berechnet und dann mit der provozierenden rhetorischen Frage versehen wird: Können wir uns das überhaupt leisten? Es ist völlig gleichgültig, worum es dabei geht, ob es die Rechtschreibreform, das Sozialsystem, die Universitätsausbildung oder ein Museum ist. Derzeit wird in der Presse ventiliert, was es kostet, einen Schüler eine Klasse wiederholen zu lassen, gesamtgesellschaftlich natürlich. Offenbar können wir uns nicht einmal mehr leisten, jemanden, der es braucht, ein Jahr länger zur Schule zu schicken. Das Rezept ist unglaublich einfach und taugt für jeden Fall. Man rechnet durch, was etwas kostet, und damit ist die Frage, ob eine Mehrheit es will oder für richtig hält, bereits vom Tisch. Wenn es viel kostet – umsonst ist bekanntlich nicht einmal der Tod – erübrigt sich die Frage nach dem politischen Willen von vornherein.«[5]

In der entsprechend kalkulierenden Gesellschaft, der die bunte, in den Dimensionen aber radikal vereinfachte *Benutzeroberfläche* als Forum der Öffentlichkeit dient, nimmt der Finanzminister die Rolle des umlagerten Gurus, wenn nicht des führenden Gesellschaftstheoretikers ein, und die Rechnungsabteilungen der verschiedenen Branchen können Orakel spielen. Der Kölner Wirtschaftsprofessor Herbert Baum hat beispielsweise ausgerechnet, daß der Schaden, der der deutschen Volkswirtschaft entsteht, wenn jemand in arbeitsfähigem Alter bei einem Verkehrsunfall ums Leben kommt, 1,5 Millionen Mark beträgt. Der Betrag errechnet sich aus dem Beitrag zum Sozialprodukt, den der einzelne voraussichtlich geleistet hätte, wäre er am Leben geblieben. Der Wert eines Kindes, das dazu noch nicht viel Krankheitskosten verursacht hat, ist entsprechend höher zu veranschlagen. Wem nützen solche Berechnungen? »Den Politikern«, sagt Professor Baum, »weil damit Kosten-Nutzen-Vergleiche möglich sind. Ein Beispiel: Sagen wir, der Wert derjenigen Autofahrer, die jährlich umkommen, weil sie keinen Airbag haben, ist höher als die Kosten für die Installation solcher Luftpolster. Dies würde rechtfertigen, daß die Autoindustrie gesetzlich gezwungen wird, in jedes Fahrzeug einen Airbag einzubauen.«[6]

Was Ulrich Beck »Risikogesellschaft« nennt, beruht also auf der Allianz des Publikums mit Rechnungsprüfern und Versicherungsmathematikern, die auf alle strittigen Fragen eine Antwort wissen beziehungsweise diese mit Hilfe ihrer Taschenrechner in Sekundenschnelle errechnen können. Bertolt Brechts einstige Anregung für Marxisten, doch eine Liste der Fragen aufzustellen, auf die sie keine Antwort wissen, da man Marxisten immer vorwurfsvoll nachsage, auf alle Fragen eine Antwort parat zu haben, prallt an den auf der *Benutzeroberfläche* erscheinenden Rechenlehren ab. Zieht man diese zu Rate, wissen sie auf sämtliche Fragen eine Antwort, in Mark und Pfennig oder demnächst in Euro ausgedrückt. Die dann unvermeidlich folgende Frage, ob wir uns das leisten können, ist jedoch kein Gegenwartsprodukt, sie war vielmehr bereits in einer Zeit beliebt, als man noch in Reichsmark rechnete und noch nicht von einer Beckschen »Risikogesellschaft« sprach, obwohl man bereits in ihr lebte.

Im Zuge der Neuen Sachlichkeit der zwanziger Jahre ging man dazu über, die Kassenlage als Argument heranzuziehen, wenn ethisch und ideologisch umstrittene Fragen zur Diskussion anstanden, wie die Frage der Eugenik, die in zahlreichen Ländern auf die Tagesordnung gekommen war, allen voran in den USA. Gottfried Benn, Dichter und Arzt, schrieb dazu in dem Aufsatz »Geist und Seele künftiger Geschlechter«:

»Daß diese Reinigung des Volkskörpers nicht nur aus Gründen der Rasseertüchtigung, sondern auch aus volkswirtschaftlichen Gründen erfolgen muß, wird einem klar, wenn man hört, daß in Deutschland die an sich viel zu geringe Kinderzahl heute nur von den Schwachsinnigen erreicht wird, diese aber überschreiten den Durchschnitt sogar um vierundsechzig vom Hundert, und ihr meistens auch wieder schwachsinniger Nachwuchs kostet den Staat enorme Summen, wenn nämlich der staatliche Aufwand für ein normales Kind jährlich hundertzwanzig Mark beträgt, so für ein schwachsinniges Hilfsschulkind zweihundertfünfzig Mark, für einen idiotischen Anstaltszögling neunhundert Mark. Die Formulierung, die Muckermann für diese Verhältnisse gefunden hat, ist wirklich sehr vielsagend: ›Man muß deutlich minderwertig sein, um Hilfe zu finden.‹ Und diese Hilfe geht natürlich zu Lasten der Gesunden.«[7]

Was heute auf der für die Öffentlichkeit hergerichteten *Benutzeroberfläche* als Icon, Schlagwort und Zahlenspiel auftaucht, hat sich offenbar in einem längeren Prozeß herausgebildet, der lange vor der Erfindung des Computers eingesetzt hat. Das gilt selbst für den weichen Bereich der Kultur, in dem die Frage, was die Dinge finanziell wert sind und ob man sie sich leisten kann, traditionell als banausenhaft gegolten hat. Das hat sich jedoch schon vor Mitte des 20. Jahrhunderts zu ändern begonnen, wie der französische Schriftsteller und Kunstkritiker Léon Werth in einer Tagebucheintragung vom 8. März 1942 notierte: »Sie (die Bürger und Industriellen, L.B.) haben über Bücher keine Meinungen. Sie haben ihre Kultur verschoben. Ihre Kultur ist nun die Malerei. Ein Bild läßt sich schneller betrachten, als ein Buch sich lesen läßt. Und es gibt eine Preisskala. Die Kunst ist ein Überbau der Kursentwicklung.«[8]

»Es gibt nur noch Oberflächenvorgänge, hinter denen nichts mehr vorgeht. Das ist das Neue: die Substanz hat sich verbraucht. Ohne Substanz gibt es keine Literatur mehr«, schrieb Heiner Müller fünfzig Jahre später.[9] Das mag schon sein, nur sprach Müller von einer Oberfläche, die noch nicht ganz zur *Benutzeroberfläche* mutiert war. Denn gerade hinter der geht sehr viel vor, was aber nicht zum Vorschein kommt oder von dem Vorschein, den die *Benutzeroberfläche* darbietet, überstrahlt wird. Was Günther Anders in den fünfziger Jahren des 20. Jahrhunderts nach Einführung des Fernsehens in den USA beobachtet hat, nämlich die Reduzierung verwickelter Realitäten auf einfache »Nippes-Szenen«, gilt auch für die zeitgenössische *Benutzeroberfläche*, deren Bildschirmversion dem Fernsehbildschirm nachgebildet wurde.

»Ich sage ›Nippes‹, weil das Miniaturformat des Bildschirms heute jene Funktion übernommen hat, die ehemals Nippesfiguren ausgefüllt haben. Jene porzellanenen Napoleonköpfchen z.B., die auf den Kaminsimsen unserer Urgroßväter standen, haben ja mehr dafür getan, die Katastrophe der großen Armee zu verwischen als die dickleibigsten Geschichtsfolianten. Nur ist man heute eben rascher bei der Hand: Denn wenn man heute ein harmloses Dasein in einer harmlosen Welt einreden will, serviert man ihm die verharmlosende Version nicht erst nachträglich, sondern gleichzeitig mit dem Geschehen, als ›synchrone Nippes‹ (wenn nicht sogar, besonders ›zuvorkommend‹ und aus Prophylaxegründen, schon vor dem Geschehen). Sitzen wir vor der winzigen Fläche, dann sind uns plötzlich Augen eingepflanzt, die, umgekehrten Operngläsern gleich, uns befähigen, jede Szene dieser Welt als harmlos und human zu sehen; oder richtiger – denn die meisten heutigen Geschenke sind ja getarnte Verhinderungen –, die uns unfähig machen, auf andere Weise zu sehen; uns also verhindern, zu erkennen, daß die Welt, die Ereignisse, die Entschlüsse, die Niedertrachten, zu deren Zeugen und Opfern wir gemacht werden, unübersehbar und unabsehbar sind.«[10]

Die Verwandlung der Welt in eine alles verharmlosende Nippes-Welt, wie Anders das bald nach Einführung des Fernsehens in den USA scharfsinnig und vorausschauend als eigentümlichen Effekt des Fernsehens erkannte, ist danach von den Designern auch ganz anderer Bildschirme als Gestaltungsprinzip übernommen worden. Auf der ersten *Benutzeroberfläche*, die die mit dem Fernsehen groß gewordenen Erfinder des Apple-Writers eingeführt hatten, wimmelte es von visuellen Nippes. Eine winzige Hausfrau mit Besen in der Hand symbolisierte etwa den Befehl »löschen«. Nicht nur die Konkurrenzfirma Microsoft hat das Nippes-Prinzip in seinem Windows kopiert, auch die Städtebauer und Raumordner scheinen von der Idee besessen, das Prinzip des Mac-Bildschirms urbanistisch umzusetzen, diesmal im Maßstab 1 : 1.

Leere Flächen und offene Plätze fordern sie dazu heraus, Leere und Offenheit dadurch zu beseitigen, daß sie alles mit Bildern, Symbolen und Figürchen bepflastern und vollstellen. So gleicht sich die Atmosphäre öffentlicher Plätze der Atmosphäre von

Wohnzimmern mit ihren Zimmerpflanzen und Glasvitrinen voller Nippes an. Selbst Bäume von normaler Größe, wie sie aus den Betonflächen ehemals freier Plätze wachsen, wirken in solcher Umgebung wie Bonsai-Bäumchen. Sogenannte »Kuschel-Klassik« liefert die Begleitmusik. Es fehlt nur noch das Sofa, auf dem man sich derweil ausstrecken kann. Im Hintergrund allerdings observiert ganz und gar nicht wohnzimmerüblich die mit Video und Funkgeräten ausgerüstete Polizei. Ähnliches geschieht auch im häuslichen Wohnzimmer, in dem der Familiencomputer aufgestellt ist.

Seit das Internet dem Kommerz und den großen Marken in die Hände gefallen ist, sind auch seine *User* verborgener, doch genauester Beobachtung ausgesetzt. Spezielle Programme registrieren, wie oft ein *User* welche Website anwählt, welche Art Bildschirmgestaltung seine Kaufentscheidungen günstig beeinflußt, welchen Marken er aufgrund welcher Kriterien treu bleibt. Douglas Rushkoff, ein US-amerikanischer Netzenthusiast, der sich von der Verbreitung des Internet, wie er in seinem Buch *Media Virus!* darlegte, den Aufbau einer autonomen, von Regierungs- und Kommerzeinfluß freien elektronischen Gegenkultur versprach, kommt nun angesichts der inzwischen gelungenen Besetzung des Internet durch die Konsumgüterindustrie zu dem desillusionierten Schluß: »Der Benutzer ist eine Fliege, und die Marken-Website ist der Fliegenfänger. In einem bestimmten Sinn hat sich überhaupt nichts geändert; die gleichen Techniken, die Kaiser, Könige, Päpste und Priester jahrhundertelang benutzten, sind nun von den großen Firmen in Dienst genommen. Mit dem Unterschied, daß nun Technologien zur Verfügung stehen, die diese Zwangstechniken automatisieren.«[II]

Ein »Fliegenfänger« ist auch die Stadt in ihrer gegenwärtigen Form als mit Nippes aller Art bepflasterter, jeglicher historischen Tiefendimension beraubter, multimedial umspielter *Benutzeroberfläche*. Als Vorzeichen dieser Entwicklung läßt sich die in den achtziger Jahren aufgekommene Angewohnheit der Konsumenten gelten, sich mit immer bunteren, sichtbar mit Bildern, Symbolen, Schriftzügen und Markenzeichen aller Art bedruckten Kleidungsstücken in der Öffentlichkeit zu bewegen. Der Körper hat sich seither von der herkömmlichen Werbefläche entfernt und der wandelnden *Benutzeroberfläche* angenähert. Analog zum *touch screen*, der es erlaubt, durch Berühren des Bildschirms bestimmte Operationen wie Fahrkartenausgabe in Gang zu setzen, wurde jüngst der *touch suit* kreiert, eine Art Digitaltauchanzug, der bestimmte vom vernetzten Partner gewünschte Körperempfindungen, etwa erotische Reizungen, auszulösen vermag.[12]

Der Technik, die Individuen als *user interfaces* zu behandeln und sie dann auch in solche zu verwandeln, bedient sich vor allem die Politik. Die Politik selbst präsentiert sich zunehmend als *user interface*, über das die als Staatsbürgerinnen und Staatsbürger verbal Angesprochenen, aber als *user* Behandelten mit dem Apparat der Politik kommunizieren dürfen. Stehen Wahlen auf dem Programm, wird ein besonders farbenfroher und entsprechend kostspieliger Bildschirm aufgebaut, der die *user* der Politik anziehen soll. Es gilt auch dort, wie bei den Betreibern von *homepages* im Internet, schon als Erfolg, wenn die Seite überhaupt angeklickt worden ist. In der traditionellen Politiksprache heißt das meistens noch Wahlbeteiligung. Man könnte dazu aber auch *visit frequency* sagen. Wählen heißt, eines der mit einem Namen und einem Porträt versehenen Icons anzuklicken, die nebeneinander auf dem Bildschirm blinken. Es kann jedoch sein, wie es auch beim Drücken gewöhnlicher Bedienungsknöpfe vorkommt: zwischen Knopf und Maschine besteht gar keine reale Verbindung.

Wenn nun geklickt wird, nach welchen Kriterien wird dann dieses und nicht ein anderes Icon angeklickt? Da niemand genau weiß, welche Art Verbindung das Bild mit der unsichtbaren Hardware und ihren Komponenten unterhält und was es dort bewirkt, orientiert man sich an dem, was man auf der *Benutzeroberfläche* sehen kann, und das sind, wie weiter oben gezeigt, Zahlen und noch einmal Zahlen. Man klickt am besten dort, wo die günstigsten Zahlen (Steuern, Sozialbeiträge, Zinserträge etc.) erscheinen, so wie man es bereits beim Verwalten seiner Aktien gelernt hat.

In Zahlen ausdrücken läßt sich heute selbst das, was die *Benutzer* zustande bringen, wenn sie zwischendurch in der Aufmachung jener altehrwürdigen Bürger auftreten, für die es zu ihrer Zeit eine nicht weiter zu beredende Selbstverständlichkeit gewesen war, sich nicht ausschließlich um die unmittelbaren Privatangelegenheiten zu kümmern. Heute ist das etwas ganz Besonderes, keineswegs Selbstverständliches, und trägt auch einen besonderen Namen: »Engagement«. Es muß sich um etwas recht Wichtiges und Wertvolles handeln, denn seiner Förderung dienen aufwendige Werbekampagnen. Dabei ist »Engagement« nichts anderes als der hübsche *user name* für Arbeit, die zur Erhaltung einer gewissen sozialen Balance getan werden muß, für die aber weder Staat noch Industrie Geld ausgeben mögen. Beim zeitgenössischen »Engagement« handelt es sich, pragmatisch betrachtet, schlicht um unbezahlte Arbeit; als Arbeit, für die keine Kosten anfallen, schöpft sie jedoch einigen Wert. Solcher Wert, soll er beeindrucken, muß dann aber auch beziffert werden: »Über alle Engagementbereiche hinweg«, hat der Verwaltungswissenschaftler Helmut Klages ausgerechnet, ergeben sich »Milliardensummen«.[13]

Es kann trotz auf diese Weise erwirtschafteter Milliardensummen vorkommen, daß die Zahlen in der Schlußbilanz doch nicht so günstig ausgefallen sind, wie vorher versprochen worden war. Die *Benutzer* wissen dann schon, was sie zu tun haben: Beim nächsten Wahltermin klicken sie auf ein anderes Icon, ein Icon, das mit einem besseren Bilanzentwurf gekoppelt ist. Haben sehr viele gleichzeitig das andere Icon angeklickt, wird hinterher seltsamerweise von einem »politischen Erdbeben« gesprochen, obwohl sich außer auf der *Benutzeroberfläche* gar nichts bewegt hat, schon gar nicht die Erde.

Außerdem gibt es die Möglichkeit, zwischen den Wahlterminen, bei pausenlos veranstalteten Meinungsumfragen, in der Zwischenzeit gewandelte Präferenzen zur Kenntnis zu bringen. Jean

Baudrillard hat bereits in den achtziger Jahren etwas kommen sehen, was erst im Zeitalter der vollen Entfaltung der *Benutzeroberfläche* offenkundig wird: Der Unterschied zwischen Wahlen und Meinungsumfragen ebnet sich ein, wobei sich das Gewicht zugunsten der Meinungsumfragen verschiebt. Wahlen sinken in ihrer Bedeutung herab, werden Veranstaltungen der bloßen Gegenkontrolle dessen, was sich bei den Meinungsumfragen als Tendenz herausgestellt hat. Da die Homepage mit dem Titel »Wahlen« nur alle paar Jahre geöffnet wird, die Homepage »Meinungsumfragen« aber jederzeit angewählt werden kann, neigt die Gunst des tempogewohnten Publikums immer stärker den Meinungsumfragen zu. 1998 haben sich nur noch 36 Prozent der wahlberechtigten US-Amerikaner an den Wahlen zum Abgeordetenhaus beteiligt. Meinungsumfragen bedeuten den *Benutzern* das, was Wahlen einmal den Bürgern bedeuteten, bevor diese von den Konsumenten und dann den *Benutzern* abgelöst wurden: Ausübung von Mitwirkungsrechten. Registriert die Homepage der Meinungsumfragen sehr starke Ausschläge, kann es sein, daß sogar die politische Hardware zuckt, was im Fall von Wahlen immer seltener vorkommt. Nach Wahlen werden meistens nur die politischen *Benutzeroberflächen* umgestaltet.

Geschieht das auffallend schnell, wird hinterher häufig vom beschleunigten Tempo der Politik gesprochen, was jedoch einer der zahlreichen benutzeroptischen Täuschungen zu verdanken ist, die sich im Zeitalter der *user interfaces* exponentiell vermehren. Wenn das Tempo der dort präsentierten Hochgeschwindigkeitszüge ICE, TGV und Transrapid beeindrucken kann, verleitet solcher Eindruck rasch zu der Annahme, die Fortbewegung insgesamt habe sich weiter beschleunigt. Daß das Gegenteil der Fall ist, hat sogar der *Spiegel* in seiner Titelgeschichte »Das mobile Chaos« konstatiert: »Trotz moderner Züge und Autos sinkt das Tempo der Fortbewegung.«[14] Die von dem Magazin angebotene Erklärung, »inkompetente Planer« seien daran schuld, greift jedoch viel zu kurz. Was sich auf Straßen, Schienen und Flughäfen abspielt, hat keinen bestimmten identifizierbaren Verursacher, es gibt nur sichtbar wieder, was sich in unseren Gesellschaften überhaupt ereignet.

Robert Musil hat das Prinzip *Benutzeroberfläche* als Prinzip moderner Realitätssubstitution bereits sehr früh, im in den zwanziger Jahren geschriebenen *Mann ohne Eigenschaften* erfaßt. »Es geschah unaufhörlich etwas. Und wenn unaufhörlich etwas geschieht, hat man leicht den Eindruck, daß man etwas Reales bewirkt. So sollten die Prunkgemächer des Leinsdorfschen Palais dem Publikum bei einem großen Fest zugunsten lungenleidender Kinder geöffnet werden, und diesem Ereignis liefen eingehende Unterredungen zwischen zwischen Sr. Erlaucht und deren Hausverwalter voraus, in denen bestimmte Tage genannt wurden, an denen bestimmte Leistungen vollzogen sein mußten.«[15]

Alle kleinen Geschehnisse und Beschleunigungen zusammengenommen treiben nichts an, schon gar nicht die Gesellschaft, sondern zurren das System nur noch stärker in der buntbewimpelten Trägheit fest, die die unter Sachzwangbedingungen vorherrschende Art der Fortbewegung ist. Was in den achtziger Jahren im Süden Frankreichs von anonymer Hand auf eine Steinmauer, nicht auf eine *Benutzeroberfläche* geschrieben worden war, beschreibt die Lage treffender denn je: »Dans le fond, il ne se passe rien.«

## ALTE ZEITEN
Als die Zukunft schneller kam

Der Schwabe Karl Saussele, ein entfernter Verwandter mütter-licherseits, entschied sich 1851 für die Auswanderung nach Ame-rika. Der Zweiundzwanzigjährige sah an seinem Heimatort keinen Platz mehr für sich und sein berufliches Fortkommen. Mit der Ei-senbahn fuhr er nach Le Havre und bestieg dort ein Auswanderer-schiff, einen alten Dreimaster. Die Überfahrt nach New York dau-erte üblicherweise etwa vier Wochen. Bald nach der Ankunft fand der Auswanderer Beschäftigung als Landarbeiter in der Nähe von New York. Später zog er in die Nähe anderer schwäbischer Aus-wanderer nach Minnesota und gründete dort eine Farm. Während des Bürgerkriegs trat der inzwischen verheiratete Saussele dem 11. Minnesota-Volontär-Regiment bei und verdiente dabei, weil Verheiratete besser entlohnt wurden, einige zusätzliche Dollars, die er anschließend in seine Farm investieren konnte. Der Erlös aus der Landwirtschaft erlaubte ihm und seiner Familie in den Jahrzehnten danach ein offenbar recht befriedigendes Auskom-men. Gegen Ende seines Lebens, im Jahr 1912, brachte er für deut-sche Verwandte und Freunde »Erinnerungen aus dem Leben eines alten amerikanischen Farmers« zu Papier.

Der Dreiundachtzigjährige zeigt sich darin rundum zufrieden mit seinem Auswandererleben, lobt den amerikanischen Sinn fürs Praktische, gibt aber auch zu erkennen, daß er mit dem modernen Amerika nicht mehr zurechtkommt: »Wer hätte je gedacht, daß für den Ackerbau solche Maschinen erfunden werden könnten, wie sie heutzutage der Landmann besitzt, einfach unglaublich. Da ist es keine Kunst mehr, Farmer zu sein, und wohl wird auch bald die Zeit kommen, wo die Pferde ganz verschwinden und nur noch Automobile zu finden sind, wo ferner die Damen mit ihren mächtigen Hüten und enganliegenden Kleidern vielleicht in Luftschiffen ankommen, um ihre Einkäufe in der Stadt zu besorgen. Und wie anders sieht's jetzt im Farmerhause aus, früher ein höchst einfacher Tisch mit ein paar bescheidenen Stühlen und einer Ofenbank, ein kleiner Spiegel und ein paar einfache Bilder an der Wand, und heute steht bei fast jedem das unentbehrliche Möbel, das man Klavier nennt, welches ich früher nur beim Schulmeister gesehen hatte, ein feines gepolstertes Sofa, ringsum lauter Schaukelstühle auf mit Teppichen belegtem Boden, an den ölgemalten Wänden die feinsten Kunstgemälde, in der Ecke die Nähmaschine, dann der Phonograph, ein schöner Bücherschrank, mit den neuesten Romanen ausstaffiert, von einer Bibel oder einem Gebetbuch keine Spur. Die beschmutzten Stiefel muß man in der Küche ausziehen, um die Frau nicht zu ärgern. Silberne Bestecke und feines Porzellangeschirr finden sich auf der weiß gedeckten Tafel usw. Abends nach dem Essen werden die benachbarten Farmerskinder per Telefon, welches in keinem Haus fehlen darf, zusammengerufen, und dann wird musiziert und gejodelt wie bei einer Fastnachtsaufführung. Ja, in solche Welt passen die alten, bescheidenen Farmer nicht mehr hinein...«

Gewiß, reaktionäres Gerede eines frömmelnden und entsprechend frauenfeindlichen alten Amerikaners, der die Jungen nicht mehr versteht und der die Entwertung einer durch Fleiß, Bibel und Gebetbuch geordneten Welt durch den technisch zusätzlich in Fahrt gebrachten Kapitalismus nicht hinnehmen will. Diese »Erinnerungen« können jedoch auch dazu anregen, sich die Erfahrung der ungeheuren Veränderungen zu vergegenwärtigen, die ihr Verfasser im Lauf seines Lebens zu verarbeiten hatte.

Als er 1851 den Atlantik überquerte, war es nicht ungewöhnlich, auf die gleiche Weise und in gleichem Tempo zu reisen, wie es dreihundert Jahre vorher der Entdecker Kanadas, Jacques Cartier, getan hatte, der 1534 von Saint-Malo in der Bretagne bis zur der nordamerikanischen Küste vorgelagerten Insel Neufundland dreieinhalb Wochen unterwegs gewesen war. Sechzig Jahre nach der Atlantiküberquerung an Bord eines Segelschiffs fand sich der Auswanderer Karl Saussele in einer technisch vollkommen umgekrempelten Welt wieder. In der Zwischenzeit waren Verbrennungsmotor, Auto, Elektromotor, Glühbirne, Telefon, Schallplatte nicht nur erfunden, sondern auch allgemein eingeführt worden. Im Jahr 1900 wurde das Schallplattenlabel »His Master's Voice« gesetzlich registriert. 1903 starteten die Brüder Wright zum ersten motorisierten Flug, 1909 überquerte Blériot im Flugzeug den Ärmelkanal. Im Jahr der Niederschrift von Karl Sausseles Erinnerungen begab sich die schnelle *Titanic* auf ihre Jungfernfahrt von England nach Amerika.

Es gibt einen Text des amerikanischen Schriftstellers Sherwood Anderson, des ersten Förderers des jungen William Faulkner, in dem das, was der Farmer Saussele spürte, aber nicht oder nur verzerrt ausdrücken konnte, in eine nüchterne, Nähe und Distanz vereinende Sprache gefaßt ist. Es handelt sich um ein bezeichnenderweise »Frömmigkeit« (»Godliness«) überschriebenes Kapitel aus Andersons 1919 veröffentlichtem Roman *Winesburg, Ohio*, das in der von Hans-Erich Nossack übersetzten und bei Suhrkamp erschienenen deutschen Fassung nicht enthalten ist. Es heißt darin:

»Es wird Männern und Frauen einer späteren Zeit vielleicht schwerfallen, Jesse Bentley zu verstehen. In den vergangenen fünfzig Jahren hat eine ungeheure Veränderung ins Leben unseres Volkes eingegriffen. In der Tat hat sich eine Revolution ereignet. Das Heraufkommen des Industrialismus, begleitet vom Getön und Gerassel des Geschäfts, den schrillen Schreien von Millionen neuer Stimmen, die über den Ozean zu uns gekommen sind, vom Ankommen und Abfahren der Züge, vom Wachsen der Städte, der Einrichtung von Buslinien, die in die Städte hinein- und aus ihnen herausführen bis zum letzten Farmhaus, und nun in jüngster Zeit von der Verbreitung des Automobils, das alles hat die Lebensweise und die Denkgewohnheiten unserer Leute Inner-Amerikas in einem ungeheuren Ausmaß verändert. Armselig ausgedachte und, was zur Hetze der Zeit gehört, schlecht geschriebene Bücher, finden sich in jedem Haushalt, Magazine zirkulieren in Millionenauflage, Zeitungen kommen überall hin. Einem Farmer, der im Dorfladen am Ofen steht, quillt der Kopf über von den Wörtern anderer Menschen. Die Zeitungen und Magazine haben ihn vollgepumpt. Viel von dem rohen Unwissen, das vorher darin war, ist ein für allemal verschwunden, damit aber auch eine Art schöner kindlicher Unschuld. Der am Ofen stehende Farmer ist den Stadtmenschen nahegerückt, und wenn man ihm zuhört, drückt er sich ebenso gewandt und inhaltslos aus wie der erstbeste von uns Stadtbewohnern.«[1]

Der der gleichen Generation wie Anderson entstammende Walter Benjamin übersetzt solche Erfahrung in dieses wunderbare Bild: »Eine Generation, die noch mit der Pferdebahn zur Schule gefahren war«, heißt es im Essay über Nikolai Lesskow, »stand unter freiem Himmel in einer Landschaft, in der nichts unverändert geblieben war als die Wolken und unter ihnen, in einem Kraftfeld zerstörender Ströme und Explosionen, der winzige, gebrechliche Menschenkörper.«[2]

Das Ausmaß der Veränderungen ihrer Welt, die die Menschen Europas und Amerikas zwischen etwa 1860 und dem Ersten Weltkrieg zu verkraften hatten, ist vielleicht nicht mehr angemessen vorstellbar in einer späteren Epoche, die sich selbst von einer technischen Revolution zur anderen gejagt fühlt und deshalb alles, was vorher war, als zurückgeblieben und gemütlich, wenn nicht statisch empfindet. Wenn die Ur- oder Ururenkel jener Farmerskinder in Minnesota von 1912 heute außer am Telefon auch noch am Internet hängen, wenn der Phonograph durch den tragbaren CD-Player ersetzt ist und der Fernseher das Piano aus dem Salon verdrängt hat, hat sich in der Zwischenzeit tatsächlich, wie lyrische Cyber-Propheten behaupten, eine alles umwälzende Gesellschaftsrevolution ereignet, weit radikaler und totaler als alles, was vorher war, auch als jene Revolution, die Sherwood Anderson 1919 beschrieb? Gewiß, nach den Wörtern aus der Stadt sind über das Fernsehen auch die Bilder nicht nur aus der Stadt, sondern auch aus allen Teilen der Welt gekommen und in die Köpfe eingedrungen, aber es läßt sich fragen, ob durch sie eine der landesweiten Verbreitung von Zeitungen, Magazinen, Büchern Anfang des 20. Jahrhunderts nicht nur vergleichbare, sondern noch viel tiefer ins Alltagsdasein eingreifende Erschütterung hervorgerufen worden ist.

In seinem 1940 geschriebenen und erst 1990 in Paris aus dem Nachlaß veröffentlichten Buch *L'étrange défaite* ist der große Historiker Marc Bloch den Ursachen der militärischen Niederlage Frankreichs im Krieg gegen Nazideutschland nachgegangen und auf die Unfähigkeit der französischen Armeeführung gestoßen, auf den seit Beginn des Jahrhunderts eingetretenen Wandel der Begriffe von Raum und Zeit angemessen zu reagieren. »Seit Beginn des Jahrhunderts hat sich der Begriff der Entfernung in seiner Bedeutung radikal gewandelt. Diese Metamorphose hat sich so schnell vollzogen, nämlich etwa im Lauf einer Generation, und ist uns bereits so sehr zur Gewohnheit geworden, daß wir ihren revolutionären Charakter zunächst gar nicht richtig bemerkt haben. Doch die jetzige Situation sorgt dafür, daß uns die Augen geöffnet werden. Denn die durch den Krieg oder die Niederlage hervorgerufenen Entbehrungen haben wie eine Zeitmaschine auf Europa gewirkt und uns plötzlich in Lebensweisen zurückversetzt, von denen wir gestern noch glaubten, sie seien ein für allemal verschwunden.«[3]

Der viele überwältigende Eindruck einer mit technischem Zusatzschub versehenen Beschleunigung, die in den letzten Jahrzehnten des 20. Jahrhunderts unerhörten Spitzenwerten zustrebt, verstärkt sich noch durch den Effekt des einfachen Vergessens der früheren Metamorphosen revolutionären Charakters, derer sich der 1944 von den Nazis ermordete Marc Bloch zu seiner Zeit durchaus noch bewußt war. Wiederbelebte Erinnerung wäre deshalb ein erster Schritt zur Befreiung von der Übermacht der Beschleunigungsfurcht. Weil Erinnerung aber Zeit benötigt, um sich zu entfalten, leidet gerade sie unter dem Regime knapp werdender Zeit. Es sind ihr zwar zahllose, auch technische Museen aller Art gewidmet, doch weil das Museum als räumliche Veranstaltung naturgemäß eines nicht sichtbar machen kann, die Zeitdistanzen nämlich, die ihre Exponate voneinander trennten, als sie noch keine Exponate waren, erscheint Erinnerung dort in komprimierter und museifizierter und somit ihrer Zeitdimension beraubter Form. Wenn die Zeitdimension verschwindet, verschwindet auch die Möglichkeit, Beschleunigungen, die sich nur in der Zeit bestimmen lassen, zueinander in Beziehung zu setzen und miteinander zu vergleichen. Die Neigung, das augenblickliche Tempo für etwas geschichtlich ganz und gar Neues und Einzigartiges zu halten, ist selbst ein Produkt der sowohl realen als auch imaginierten Zeitverknappung, unter der viele Menschen leiden.

An die einstmalige Existenz der Pferdebahn, mit der laut Benjamin eine Generation zur Schule gefahren war, erinnerte in meiner Kinderzeit noch der von Älteren gebrauchte Ausdruck »Die Elektrische«, die Straßenbahn bezeichnend, mit der ich ab 1952 zur Schule fuhr. Zur gleichen Zeit fanden jedoch ungeheure technische Entwicklungsschübe statt. 1945, als ich drei Jahre alt war, begann mit der Detonation einer Uran- und einer Plutoniumbombe – in einem »Superfurz«, wie Brecht in sein Tagebuch notierte – das Atomzeitalter. 1947 stellten Physiker der amerikanischen Bell Telephone Laboratories als neueste Erfindung den Transistor vor, die erste industriell verwertbare Anwendung der Halbleitertechnik, an der seit den dreißiger Jahren aufgrund der Erkenntnisse der Quantenmechanik gearbeitet worden war. Der Transistor löste in der Radiotechnik danach die energiefressende und voluminöse Vakuumröhre ab und bildete den Ausgangspunkt für die Entwicklung integrierter Schaltkreise, die als Chips wenig später den Bau von Computern in vertretbaren Ausmaßen ermöglichten.

Als Schüler interessierte ich mich für die Radiotechnik. Mein erster Empfänger war ein selbst zusammengebauter Kristalldetektor, der es erlaubte, abends im Bett mit dem Kopfhörer auf Mittelwelle amerikanische Musik oder deutsche Hörspiele – von Günter Eich oder Ingeborg Bachmann – zu hören, ohne daß jemand in der Wohnung davon etwas mitbekam. Diese Kristalldetektoren, die keine eigene Stromquelle brauchten, waren seit den zwanziger Jahren in Gebrauch gewesen. Später kam ein nach einer Bauanleitung angefertigter Röhrenempfänger hinzu, dessen Komponenten aus Beständen der deutschen Wehrmacht stammten. Als der Transistor im Handel auftauchte, der es möglich machte, einen leistungsfähigen UKW-Radioempfänger in einer Seifendose unterzubringen, war es mit Kristalldetektoren und Röhrengeräten vorbei. Solche um 1950 entwickelten batteriebetriebenen Transistorempfänger sind am Ende des 20. Jahrhunderts in großen Teilen der Welt das wichtigste Instrument der Kommunikation, viel weiter verbreitet als Telephone oder gar als PCs mit Netzanschluß.

1958 wurde die Boeing 707 in Dienst gestellt, die erste vierstrahlige Düsenverkehrsmaschine, die das Muster für die danach entwickelten Passagierjets abgab. 1959, zwei Jahre nach dem durch den Start des ersten sowjetischen Satelliten ausgelösten sogenannten »Sputnik-Schock«, waren in den USA die ersten mit atomaren Sprengköpfen versehenen Interkontinentalraketen, »Titan« und »Atlas«, einsatzbereit, gleich darauf gefolgt von sowjetischen und auch chinesischen Langstreckenraketen.[4]

Meinem Eindruck nach ist in den letzten vier Jahrzehnten des 20. Jahrhunderts technologisch nichts erfunden und entwickelt worden, was an die Bedeutung der technischen Neuerungen der ersten Jahrhunderthälfte – von der das Fax vorwegnehmenden Bildtelegraphie, die bereits vor 1914 funktionierte, über die frequenzmodulierte UKW-Technik, die 1934 sendereif war, bis zum erst durch UKW ermöglichten Fernsehen – auch nur entfernt heranreicht. Die marktsynchronisierte »Wissensgesellschaft«, die, den umlaufenden Parolen zufolge, die alte Industriegesellschaft vollständig abgelöst haben soll, erweist sich bei näherem Hinsehen als in innovativer Hinsicht erstaunlich sterile Veranstaltung. Sie ist zwar in der Lage, vorgefundene Erfindungen immer profitabler zu verwerten und zu vermarkten, sie zu miniaturisieren, mit anderen Komponenten zu kombinieren, alles bunter zu machen und zu verpacken und das Ganze auch noch der »Kommunikation« zuzuführen, aber viel umwerfend Neues bringt sie nicht hervor.

Selbst das Internet ist abseits der Privatwirtschaft in staatlichen Institutionen der USA entwickelt worden, das World Wide Web wurde im öffentlich finanzierten europäischen Teilchenforschungszentrum CERN ausgedacht, die ersten Internet-Browser wurden von Informatikstudenten amerikanischer Staatsuniversitäten geschrieben und kostenlos in Umlauf gebracht. Die Hauptbeschäftigung der liberalen Wissensgesellschaft scheint derzeit die Erforschung von Sparmöglichkeiten zu sein, was unvermeidlich zu allererst auf Kosten eines Wissens geht, das nicht vorwiegend der Verwertung, Kommunikation und farbenfrohen Unterhaltung dient.

Es kann demnach nicht allein am atemberaubenden Tempo liegen, mit dem einschneidende technische Neuerungen aufeinander folgen, daß viele Menschen heute sich von der Entwicklung überrollt und überfordert fühlen. Im Hinblick auf die Technik haben sie vielleicht sogar ein weit gemütlicheres Leben, als der amerikanische Farmer Karl Saussele es haben konnte, der mit dem Segelschiff in Amerika ankam und sich Jahrzehnte später selbst auf dem flachen Land von Telefonmasten und Automobilen umgeben sah. Zeitgenossen, die am Gefühl des Gehetztseins, der Überforderung, der Desorientierung leiden und dann Zuflucht bei Therapeuten und Propheten aller Art, auch denen der Langsamkeit, suchen, sind solche Geschichten unendlich ferngerückt. Was sie jagt und hetzt, ist ein Ensemble von vorwiegend arbeitsplatzvernichtenden Anwendungen der Informatik, von sich teilweise gegenseitig neutralisierenden Mikrotransformationen und von groß angekündigten, doch bei näherem Hinsehen bloß benutzeroberflächlichen

Umwälzungen. Vieles von dem, was da in Atem hält, zeichnet sich dadurch aus, daß es, keinerlei erkennbaren »Fortschritt« befördernd, von der Sache her eigentlich unnötig ist.

In diesem Mißverhältnis zwischen verspürten Leiden und nicht wahrnehmbarer Zweckbestimmung könnte eine Zeitbombe langsam scharf werden. Eine Anekdote, die der schwedische Schriftsteller Lars Gustafsson einmal mitgeteilt hat, erscheint mir in dieser Beziehung aufschlußreich. In einer Fabrik, die Metallteile herstellte, waren Arbeiterinnen damit beschäftigt, diese Metallteile in großen Bottichen zu waschen. Das Wasser darin war kalt, so daß die Hände der Arbeiterinnen im Lauf der Zeit schrundig und rissig wurden, die Haut sich entzündete. Beschwerten sich die Arbeiterinnen bei der Direktion, erhielten sie die Auskunft, eine Umstellung auf Warmwasserbetrieb sei technisch für die Fabrik viel zu aufwendig und unbezahlbar. Die Arbeiterinnen verdarben sich weiterhin murrend die Hände.

Eines Tages besichtigte ein neu eingestellter junger Ingenieur die Waschabteilung und schüttelte beim Anblick der Arbeiterinnen, die sich im kalten Wasser die Hände verdarben, ungläubig den Kopf. Er machte sich dann kurze Zeit an den Wasserleitungen und ihren Ventilen zu schaffen. Am Ende strömte warmes Wasser in die Kessel. Als die waschenden Arbeiterinnen die angenehme Temperatur auf den geschundenen Händen spürten, fielen sie nicht dem Ingenieur um den Hals, sondern legten zornig die Arbeit nieder und schlugen dann alles kurz und klein. Die späte Erkenntnis, daß die vergangenen Schmerzen vollkommen unnötig gewesen waren, überstieg das Maß ihrer Leidensfähigkeit.

Das Warten auf solch einen jungen Ingenieur, der mit ein paar Handgriffen die Quellen unnötiger Hetzleiden abstellt, ist wahrscheinlich nicht aussichtsreicher als das Warten auf den Messias.

## ZEITSCHLUCKER
### Fetisch Computer

Wäre der Computer nicht erfunden worden, kämen wir wahrscheinlich recht gut ohne ihn aus, meint der italienische Philosoph Sergio Benvenuto und hat wahrscheinlich recht.[1] Allerdings wäre uns, wäre der Computer nicht in Form von PC und Mac in den Publikumshandel gebracht worden, das aufregende Erlebnis einer ununterbrochenen Folge von Revolutionen entgangen, wie sie die Menschheit lange nicht mehr hat in Atem halten dürfen.

»Die Computerindustrie bereitet sich auf die nächste Revolution vor«, meldete *Die Zeit*.[2] Worin wird diese Revolution bestehen? Der PC soll abgeschafft und durch lauter Kleingeräte abgelöst werden: Set-Top-Boxen machen den Fernseher zur Surfmaschine. Intelligente Telefone mit Display rufen E-Mail ab. Bordrechner warnen Autofahrer vor dem nächsten Stau. Elektronische »Bücher« laden täglich die Zeitung aus dem Netz. Handys wählen sich in Großrechner ein. Das Hauptproblem des PC, behauptet ein Experte namens Donald Norman laut *Die Zeit*, sei seine »Komplexität«. Und die muß offenbar wegrevolutioniert werden, wenn man schon die Komplexität der Verhältnisse nicht loswird.

Eine »Revolution des Papiers« verspricht eine Anzeige der Firma International Paper. »Das digitale Zeitalter hat keine papierlose Gesellschaft hervorgebracht. Nur eine Revolution des Papiers... Seit der Morgenröte des Computerzeitalters war sie angesagt worden. Eine Zukunft, in der alles Wissenswerte auf dem Bildschirm erscheint. Doch wie sich herausstellt, wollen die Leute

Informationen nicht nur in Griffweite haben. Sie wollen sie greifen können. Sie wollen anfassen, falten, mit Eselsohren versehen können; faxen, kopieren, darauf Bezug nehmen; auf die Ränder kritzeln oder etwas stolz auf die Kühlschranktür kleben. Und vor allem wollen sie ausdrucken – schnell, fleckenlos und in lebhaften Farben … Vom Druckpapier über Zeichenpapier bis zu digitalem Fotopapier – wir machen es uns zur Aufgabe, die ›papierlose Gesellschaft‹ mit all dem Papier zu versehen, das sie braucht.«[3]

Hat der Computer uns noch etwas anderes gebracht als eine Parade derartiger Revolutionen, angefangen mit der »von einem Kapitalisten angeführten Revolution«, wie die Markteinführung des Macintosh-Rechners im Jahr 1984 angepriesen worden war? Viel war es nicht, meint der Wissenschaftsjournalist Louis Uchitelle. Sehr viel von den Möglichkeiten des Computers bleibt ungenutzt oder wird dazu verwandt, unsinnige E-Mails auszusortieren oder einsam im Büro herumzuspielen. Die ökonomische Bedeutung des Computers (in den USA) hält der Autor für weit überschätzt: »Computer machen nur 2% des gesamten nationalen fixen Kapitals aus, das meint alle Maschinen, Einrichtungen, Fabriken und Gebäude, mit deren Hilfe die Wirtschaft Güter und Dienstleistungen produziert. Zum Vergleich: In ihrer großen Zeit machten die Eisenbahnen mehr als 12% aus. Und die Eisenbahnen wurden zu Werkzeugen, Land für die Landwirtschaft, für den Bau neuer Städte und Industrien zu erschließen. Zur gleichen Zeit verschafften Elektromotoren, die die Dampfmaschinen ablösten, der Nation eine sehr viel flexiblere und effizientere Energiequelle und ermöglichten die Fließbandproduktion.«[4]

Wie groß oder klein die strikt ökonomische Bedeutung des Computers für die Volkswirtschaften hochentwickelter Länder tatsächlich ist, kann hier selbstverständlich nicht entschieden werden. Viel spricht dafür, daß sie weitgehend überschätzt wird, nicht zuletzt das Ausbleiben des großen Crash am 1. Januar 2000 (siehe Kapitel 17). Im Gegensatz zu den Elektronenrechnern haben die Eisenbahnen nicht nur bei der Erschließung von Ländern und deren Ressourcen eine überragende Rolle gespielt, sondern auch durch die Einführung von Einheitszeiten die Zeitwahrnehmung nachdrücklich verändert.

Mit dem Computer ist ein technisches Gerät in Gebrauch gekommen, das vor allem in den Gefühlshaushalt ihrer Benutzer eingegriffen und erst dadurch auch deren Zeitempfinden in Mitleidenschaft gezogen hat. Wenn zahlreiche PC-Benutzer behaupten, sie gebrauchten ihren Rechner lediglich als verbesserte Schreibmaschine, führen sie sich natürlich selbst hinters Licht; es mag zwar zutreffen, daß sie die meisten Möglichkeiten ihres Computers ungenutzt lassen und sich des Rechners insofern lediglich als einer verbesserten Schreibmaschine bedienen, aber die Auskunft sagt nichts über die Motive, die dazu getrieben haben, statt einer neuen Schreibmaschine einen Computer zu erwerben und auf den Schreibtisch zu stellen, und sie sagt noch weniger über die Folgewirkungen des Computergebrauchs.

Das Motiv, sich einen Computer zu beschaffen, muß wenigstens in den ersten Jahren nach Einführung des PC und Mac außerordentlich stark gewesen sein, denn für ein solches Gerät mußte sehr viel Geld auf den Tisch gelegt werden. Auf der Rückseite des Nachrufs auf Simone de Beauvoir in *Libération* steht eine Anzeige des Computerherstellers Victor, der für sein neuestes Modell warb: »Schneller als die PCs der ersten Stunde, leistungsfähiger und kompakter, und zwar in zwei Versionen: eine Version mit einer Festplatte von 20 Megabyte (das Doppelte des Marktstandards) zu 24 900 Francs (ohne Mehrwertsteuer) und eine Version für zwei 360-KB-Disketten für 11 900 Francs (ohne Mehrwertsteuer).«[5] Rechnet man zu den 24 900 Francs für das Festplattenmodell die Steuer und die hohen Preise für Monitor und Drucker hinzu, ist der damalige Gegenwert eines Kleinwagens rasch überschritten. Dafür nichts als eine verbesserte Schreibmaschine ins Haus bekommen?

Der begrenzte praktische Gebrauchswert der ersten Generationen von PCs und Apple-Schreibern wurde von einem anderen

Wert, einem irrationalen Wert magischen Charakters, weit über-
troffen. Die Werbung für diese Geräte zielte auf eben diesen Über-
schuß: Macintosh, verkündete die vom Hersteller 1984 für Frankreich konzipierte Kampagne, sei nicht einfach der »Markenname
revolutionärer Produkte. Es ist ein Anti-Establishment-Unterneh-
men.« Die Seite Magie überlebt aufs schönste in der ständig weiter-
erzählten Legende, wonach es ein Blick in die vergleichende Statistik über PC-Besitz in den USA und in der UdSSR gewesen sei, der
den 1985 ins Amt gewählten neuen Generalsekretär der KPdSU,
Michail Gorbatschow, zu der Einsicht gebracht habe, daß die Sowjetunion und damit auch das ganze Lager des Warschauer Pakts
nicht mehr zu halten seien. 38 Millionen amerikanischer PCs in
Privatbesitz gegenüber 3000 sowjetischen, da sei im Jahr 1985 dem
klugen Gorbatschow aufgegangen, daß sein Land im Zeitalter der
globalen Vernetzung den Wettlauf verloren habe. Mögen damals in
den USA auch tatsächlich so viele Millionen von PCs verkauft
worden sein, woran man im Hinblick auf den hohen damaligen
Stückpreis allerdings seine Zweifel haben kann, so waren doch die
wenigsten dieser privat genutzten Rechner der ersten Generation
aufgrund fehlender technischer Voraussetzungen an irgendein
Netz angeschlossen. Das Internet wurde erst in den Jahren nach
1990 allgemein zugänglich. Daß die Sowjetunion am Mangel an privaten PCs und deren Vernetzung zugrunde gegangen sein soll, ist
eine der zahllosen zeitgenössischen Legenden, die im von Irratio-
nalität durchdrungenen Einzugsbereich des Computers besonders
üppig wuchern. Nur dank Computer habe Arno Schmidt, behauptet der italienische Germanist Cesare Cases, *Zettels Traum* und *Schule
der Atheisten* schreiben können. Nur starb Arno Schmidt im Jahr
1979, drei Jahre, bevor IBM den ersten PC in den Handel brachte.[6]
    Die PC-Käufer der ersten Stunde waren nicht wirklich ange-
schlossen, sie fühlten sich aber angeschlossen, und zwar an die sowohl unheimlich gewordene als auch von ferne bang bewunderte
Welt moderner Datenverarbeitung. Ein wenig war man nun mit
dabei, wenn IBM seine neuesten Entwicklungsprojekte vorstellte,

und vor allem war man all denen überlegen, die unter stirnrunzelndem Hinweis auf den dank Rechnervernetzung näherrückenden totalen Überwachungsstaat in Bedenken verharrten: Diese Leute wußten ja nicht, wovon sie redeten, wenn sie von Computern sprachen. Wer sich für den Preis eines kleinen Autos jedoch eine solche blecherne Kiste auf den Schreibtisch gestellt hatte, der war nun *in* und mittendrin. Die netten kleinen Mickey-Mouse-Figürchen auf dem kleinen Mac-Bildschirm, was hatten die denn mit dem Big Brother zu tun? In den *User* oder *Benutzer* verwandelt, wußte der Besitzer eines Heimcomputers sehr viel, jedenfalls sehr viel mehr als die armseligen computerlosen Zeitgenossen. Und für dieses Gefühl legte er, wie auch sonst beim dem Distinktionsgewinn dienenden Konsum, bereitwillig sehr viel Geld auf den Ladentisch.

Für den Massenmarkt waren die Geräte immer noch viel zu teuer. Das begann sich um 1990 herum zu ändern, als die Preise für die Rechner und ihre verschiedenen Komponenten und Peripheriegeräte langsam sanken. Gleichzeitig jedoch verlangten neuentwickelte Betriebssysteme, wie das dem Mac-Bildschirm nachgebaute Windows, und neue Textverarbeitungen höhere Rechen- und Speicherleistungen. Ein wenig erfahrene Computerbenutzer gingen dazu über, ihre alten Geräte durch Zukauf von Speicherchips aufzurüsten, was jedoch gar nicht im Sinn der Industrie war, die ihre neu auf den Markt gebrachten leistungsfähigeren kompletten Geräte massenhaft verkaufen wollte. Vorübergehend stiegen die Preise für Speicherchips in astronomische Höhen, angeblich als Folge einer Materialverknappung, die durch den Brand in einer japanischen Chemiefabrik verursacht worden war. Nachrüsten lohnte sich da nicht mehr, also durften die Umsätze der Computerindustrie erneut ansteigen.

Die damals in den Handel gebrachten PCs waren mit einem Prozessor vom Typ 386 DX ausgerüstet, der alle gängigen Aufgaben wie Textverarbeitung, Tabellenkalkulation, Verschicken und Empfangen von E-Mail, auch den Zugang zur damaligen Form des

Internet deutlich schneller als die früheren Prozessortypen erledigte. Computerbenutzer waren damit gut bedient, auch der Mitgründer von Intel Gordon Moore, wie er dem *Spiegel* [7] anvertraute, nur die von ihm geführte Industrie war nicht zufrieden. Sie war dabei, noch schnellere Prozessoren und Festplatten mit mehr Kapazität herzustellen, und stand vor dem Problem, Argumente zu finden, die die Käufer davon überzeugten, daß nur mit den neuesten Modellen zufriedenstellend zu arbeiten war.

Besonders überzeugende Argumente fand sie zwar nicht, statt dessen wurde zwischen der Computer- und der Softwareindustrie ein außerordentlich profitables Zusammenspiel ausgedacht und in die Praxis umgesetzt. Erwarb jemand eine neue Version seiner Textverarbeitung und lud sie auf seinen Rechner, mußte er nämlich schnell feststellen, daß sie trotz einiger Verbesserung im Detail deutlich langsamer arbeitete als die alte, manchmal ganz versagte und Fehlermeldungen ausspuckte. Wollte er von der Investition in die neue Software etwas haben, sah er sich gezwungen, einen leistungsfähigeren Rechner zu kaufen. Gordon Moore von Intel hat das Verfahren mit entwaffnender Offenheit beschrieben:

»Die Softwarehersteller sind unsere besten Verbündeten. Sie haben die Tendenz, Programme zu schreiben, die auf der aktuellen Prozessorgeneration gar nicht optimal laufen. Man braucht stets die nächste Generation, damit die Post abgeht. Das ist zu unserem Vorteil. Es ist wie eine Spirale: Ein neuer Prozessor macht neue Software möglich, die neue Software braucht einen neuen Prozessor, so daß wir uns auf dieser Spirale zu immer höheren Rechenleistungen bewegen.«[8]

Von diesen höheren Rechenleistungen haben Computerbenutzer jedoch nur so lange etwas, wie sie bei ihrer alten Software bleiben. Greifen sie auf eine neue Version zurück, werden sie rasch feststellen müssen, daß die höhere Prozessorleistung gleich wieder vom Volumen der Software aufgefressen wird, so als habe man den Kofferraum des neuerworbenen PS-starken Wagens gleich anschließend mit Bleiplatten vollgestopft, die dann den theoretisch höheren Beschleunigungswert vernichten, den starken Wagen nur noch keuchend eine Steigung hinaufkriechen lassen. Und was bringt diese Zuladung? »Kauft man heute ein Textverarbeitungsprogramm«, schrieb der Computerjournalist Michael Esser, »kriegt man Tausende von Möglichkeiten in die Hand, von denen kein Mensch im Alltag mehr als einen Bruchteil benötigt. Die Programme verstopfen die Festplatten mit immer mehr Extradateien und pflastern die Bildschirme mit ihren Knöpfchen und Menüleisten zu, und kein Programm zeigt einen Ausweg aus der Spirale. Immer locken noch mehr Befehle, immer kauft man einen ganzen Baumarkt, auch wenn es nur die Gartenlaube zu streichen gilt.«[9]

Windows 95 heißt deshalb Windows 95, lautet ein Branchenscherz, weil 95 Prozent der Computerbenutzer mit 95 Prozent dieses Betriebssystems der Firma Microsoft nichts anfangen können. Als das mit ungeheurem Tamtam angekündigte neue System im September 1995 in den USA in den Handel kam, war im Publikum eine solche Hysterie ausgebrochen, daß zahlreiche Käufer die ganze Nacht vor den Türen der Läden ausharrten, um bei Geschäftsöffnung als erste an das magische Objekt zu kommen. Den Berichten nach zu schließen, die in den Tagen danach in amerikanischen Zeitungen standen, entpuppte sich das, was zahlreiche Käufer glücklich nach Hause trugen, als Zeitbombe in Form einer CD-ROM.

Hatten die Fans vorher andächtig aus der Firma dringenden Nachrichten gelauscht, die erzählten, daß die Programmierer von Microsoft Tag und Nacht geschuftet hatten, um termingerecht alle »Bugs« genannten Fehlfunktionen des neuen Systems zu beseitigen, so erfuhren sie nun am eigenen Leib, was Nacht- und Wochenendarbeit vor dem Bildschirm heißt. Viele von ihnen verbrachten Stunde um Stunde vor ihrem Rechner, um das neue Betriebssystem, das so viele Wunder versprach, zum Laufen zu bringen, versuchten, wenn es eben nicht lief, über die Hotlines von Microsoft Hilfe zu bekommen, aber die Leitungen waren, weil es zahllosen anderen ebenso ging, vollkommen überlastet. Nervenzusammenbrüche und Familiendramen in Massen sollen laut Zeitungsberichten die Folge gewesen sein. Irgendwann kamen viele Käufer des Systems nicht um die Erkenntnis herum, daß ein neuer Computer her mußte, weil der alte, vielleicht erst vor Jahresfrist gekaufte, mit dem gegenüber dem Vorgängersystem gewaltig angewachsenen Datenvolumen von Windows 95 nicht zurechtkam.

Vor dem Heraufdämmern dieser Erkenntnis, die dann ein paar tausend Mark für ein neues Gerät kostete, waren ungezählte Stunden umsonst verbraucht worden. Nicht nur über den Geldbeutel der *Benutzer* gelingt es der Computerindustrie, Macht auszuüben, sondern auch über deren Zeit. Das bißchen Zeitgewinn, den der schnellere Prozessor ermöglichte, war durch den vorausgegangenen Zeitverbrauch beim Installieren, Konfigurieren und Umgewöhnen längst aufgefressen worden. Möglich geworden war diese Form von Machtausübung durch das beschriebene ausgeklügelte Zusammenspiel der beiden Giganten der Industrie: Intel baut einen neuen Prozessor, und Microsoft bringt neue Software heraus, die die höhere Rechengeschwindigkeit gleich wieder konsumiert, so daß im Erwerb eines neuen Geräts bereits die Nachfrage nach dem nächsten mit eingebaut ist. Kein neuer Rechner ohne neues Microsoft-System, das beim Kauf mitbezahlt werden muß.

Diese Spirale wird selbstverständlich nicht aus irgendwelchen technischen, sondern aus rein kommerziellen Gründen in Gang gehalten. Vielbenutzte Programme wie Textverarbeitung und Tabellenkalkulation sind nach Einschätzung Marc Andreessens, des Erfinders des Internet-Browsers Netscape, völlig ausgereift und haben ihre »maximale Komplexität« erreicht.[10] Zur ununterbrochenen Aufrüstung der Rechner für den Hausgebrauch besteht also kein anderer Grund als der Hunger der monopolartig operierenden Industrien nach Umsatz, Kasse und Marktbeherrschung.

Unter den vielen, teilweise ganz irrationalen Motiven wie Milieudruck und Angst vor Anschlußverlust, die mit Schreiben der einen oder anderen Art befaßte Leute dazu brachten, von der Schreibmaschine auf den Computer umzusteigen, gehört zu den wenigen rational einleuchtenden das Motiv Zeitgewinn. Statt mit dem getippten Manuskript zum Kopierladen zu laufen, wenn eine Abschrift verschickt werden muß, einfach zu Hause den Drucker einschalten und eine Kopie der gespeicherten Textdatei ausdrucken; statt spätabends zum Bahnhof zu fahren, um eine Eilsendung aufzugeben, die am nächsten Morgen unbedingt ankommen muß, zu Hause sitzenbleiben und die Datei über die Telefonleitung an den Empfänger schicken, der, wenn es sich um eine Redaktion handelt, die empfangene Textdatei nach dem Redigieren gleich an den Satzcomputer weitergeben kann. Soweit alles sehr schön und in Maßen auch so funktionierend. Ob sich solche Zeiteinsparungen letzten Endes aber zu einem größeren Zeitgewinn summieren, der als Mehr an Lebenszeit zur Verfügung steht, das möchte ich nach meinen Erfahrungen jedenfalls stark bezweifeln.

Der Anblick meines ersten, immer noch betriebsfähigen, mit nicht vom Monopolisten Microsoft stammenden Systemen arbeitenden PC ruft mir den schönen Moment in Erinnerung, da es noch allerhand Gründe gab, an die effektive Zeitersparnis zu glauben. Später erworbene Maschinen, vor allem ein auch noch schwarzgefärbter, mit Pentium-Prozessor und allerlei Multimedia-Schnickschnack ausgestatteter Laptop, kommen mir wie Zeitsärge vor, sobald ich an die Stunden denke, die darin begraben wurden. Begraben bei zeitraubenden Versuchen, abgestürzte Programme wieder zu starten, begraben beim Konfigurieren der Peripheriegeräte, begraben beim Umlernen auf ein anderes System. Auch in der Vernetzung lauert ein gieriger Zeitfresser. Zu der Zeit, die beim Redigieren eines Manuskripts verbracht werden muß, kommt häufig noch die Zeit dazu, die das zuweilen umständliche Konvertieren der in der Mailbox angekommenen, manchmal mit Hilfe exotischer Programme geschriebenen jeweiligen Dateien verbraucht.

Auch das Internet, das schnellsten Zugriff auf entfernt gespeicherte Informationen verspricht, kann unübersehbare Mengen Zeit schlucken, und zwar gerade dann, wenn es so genutzt wird, wie es der Jargon empfiehlt, nämlich »surfend«. »Nur durch striktes Verfolgen begrenzter Ziele und scheuklappenartiges Ignorieren von allem, was irgend vom eigenen Weg abliegt«, hat Christoph Türcke richtig erkannt, »kann man mit dem neuen Medium effektiv arbeiten – also wenn man seine Möglichkeitsfülle *nicht* nutzt.«[11] Die Cyber-Zivilisation mit der gewaltig angewachsenen Zahl seiner Teilnehmer und Website-Inhaber hat aus dem Internet das gemacht, was auch die gewöhnliche Konsumentenzivilisation aus Terrains macht, die ihr in die Hände fallen: eine ausgedehnte, mit Datenkehrricht aller Art vollgeschüttete Müllkippe. Keine Rede kann mehr sein von dem einst angekündigten weltumspannenden und zuverlässigen elektronischen Katalog. Das Kramen in den Internet-Halden kostet weitere Unmengen Zeit, doch wird der Zeitverlust von Werbeeinlagen versüßt, die in den Wartezeiten, bis endlich die gesuchte Auskunft erscheint, über den Bildschirm ziehen.

Eine Ewigkeit scheint seit dem Zeitpunkt vergangen, da das Internet von Enthusiasten libertärer Demokratie in den USA als Erfüllung des Traums vom Ende der Einbahnstraßenwelt der Massenmedien begrüßt werden konnte. Zu ihnen gehörte der Autor Douglas Rushkoff, der in mehreren Büchern[12] das Netz in fast religiöser Verzückung als irdisches Reich der Freiheit pries, in dem Gemeinschaften ganz neuer Art aufblühen werden, da jeder mit jedem unreglementiert in Verbindung treten kann. Ein Jahrzehnt später zeigt sich Rushkoff, der heute an der New York University Kommunikationswissenschaften lehrt, gründlich ernüchtert; religiöse Bedürfnisse befriedigt er nun lieber in der Synagoge als am Bildschirm.

Gegenüber dem World Wide Web, sagt er Anfang 2000, »haben wir als Gesellschaft eine wunderbare Gelegenheit verstreichen lassen. Wir haben damit begonnen, das, was als Internet eine wunderbare Infrastruktur der Kommunikation gewesen war, in ein elektronisches Einkaufszentrum zu verwandeln.« Der Kampf gegen den Zugriff des Staats auf das Netz war zwar erfolgreich, aber vergeblich, denn anstelle des Staats hat sich inzwischen das große Geschäft in ihm breitgemacht. Für den einstigen Cyber-Hippie Rushkoff bedeutet das Internet keine Kraft kulturellen oder erzieherischen Wandels mehr. »Es ist nicht einmal mehr ein Medium. Es ist ein Köder, der Investitionen anziehen soll.«[13]

Kulturkritische Bedenken dieser Art erübrigen sich jedoch, ebenso wie Fragen nach Nutzen und tatsächlich zeitsparender Effektivität dieser Techniken, hat sich erst einmal, wie bei immer mehr Zuarbeitern der Medien- und Buchindustrie, Abhängigkeit vom mit dem Netz verbundenen Computer eingestellt. Man hat dann sowieso keine Alternative mehr. Abhängigkeit vereitelt rationale Entscheidungen über Sinn und Unsinn des Gerätegebrauchs. Einmal in die elektronische Mühle geraten, kann man sich nur noch mitdrehen lassen. Gewinn an Zeitsouveränität, einst ein ebenso verlockendes Versprechen wie das papierlose Büro, verkehrt sich ins Gegenteil. Als »Aufmerksamkeitsprothese« ist der Rechner gelegentlich bezeichnet worden: Wie andere Maschinen auch, entlaste er die Benutzer von der Mühe, allen möglichen Nebensachen oder Routinevorgängen Aufmerksamkeit zu schenken, so daß sie sich ganz der Hauptsache zuwenden können. Die Frage ist nur, wo diese Hauptsache zu finden ist.

Das Tempo des Ausstoßes neuer Rechner- und Programmgenerationen läßt sie mehr und mehr im elektronischen Smog verschwinden: Der Unterhaltung und Aufrüstung der »Aufmerksamkeitsprothese« Computer muß inzwischen wahrscheinlich sehr viel mehr Aufmerksamkeit geschenkt werden, als der Computer dann von Aufmerksamkeitsaufwand entlasten kann. Und selbst wenn man mit Hilfe dieser Technik tatsächlich Zeit gewinnt, ist es fraglich, ob die durch Aktionsverkürzung gewonnene Zeit danach zu Buche schlägt, denn mit der gewonnenen Zeit, hat Günther Anders richtig erkannt, wissen wir nichts anzufangen: »Vom Horror vacui erschreckt«, sehen wir uns gezwungen, »dieses Vakuum in möglichst viele zeitauslöschende Aktivitäten zu zerteilen bzw. mit solchen zeitauslöschenden Aktivitäten vollzustopfen.«[14] Der

PC ist insofern eine durch und durch zeitgemäße Konstruktion, als er es erlaubt, beides zusammen, Zeitersparnis und zeitauslöschende Aktionen, einem einzigen Gerät anzuvertrauen.

Wer sich weigert, sich in die von der Industrie ins Werk gesetzte Spirale ständiger Geräte- und Programmaufrüstung hineinziehen zu lassen, dem mag zwar eine vorübergehende Verschnaufpause vergönnt sein, doch kann es ihm passieren, daß er für seinen kleinen privaten Boykott am Ende mit Ausschluß aus der elektronischen Kommunikation überhaupt bestraft wird. Wer nicht der informationellen Reichsschrifttumskammer beigetreten ist und seine Mitgliedschaft durch regelmäßiges Entrichten der Mitgliedsbeiträge in Form von Kauf jeder Neuigkeit erneuert, kann eines Tages nur noch in die eigene Schublade »kommunizieren«. Es erscheint dann eine Meldung auf dem Bildschirm, die zu verstehen gibt, daß die einwandfrei funktionierende, doch kommerziell veraltete Zugangssoftware mit dem neuen Standard nicht mehr kompatibel ist und daß deshalb der Zugang zum Netz verwehrt wird.

»Your program made an illegal operation and will be shut down.« Ein informationelles Todesurteil, das nicht einmal sagen muß, für welches »illegal operation« genannte Delikt es verhängt wird. Das Erscheinen solcher Meldungen auf dem Bildschirm kann einen Tagtraum heraufrufen: Was für ein relativ nützliches und in Maßen in der Tat zeitsparendes Instrument hätte aus dem Personal Computer werden können, wäre er nicht, nach der Beseitigung seiner Kinderkrankheiten, den Weltmarkt inzwischen beherrschenden Monopolunternehmen in die Hände gefallen. Da keine ernsthafte Konkurrenz mehr zu fürchten ist, die besser durchdachte, flexiblere, einfachere und stabilere Konzeptionen anbietet, können sich Monopole wie Microsoft damit begnügen, ihre Produkte lediglich weiter aufzublähen; wer auf den Computer nicht verzichten will, ist gezwungen, nach ihnen zu greifen, da er ohnehin keine Auswahl unter verschiedenen Lösungen mehr hat. Die Bedürfnisse individueller Benutzer zählen für Microsoft auch nicht, erkannte der Informatiker James Fallows, nachdem er einige

Zeit im Unternehmen Bill Gates' gearbeitet hatte. Fallows' Erkenntnis nach verdankt Microsoft seinen überwältigenden wirtschaftlichen Erfolg der eisern durchgehaltenen Strategie, sich ausschließlich auf einige wenige Großkunden einzustellen, auf Computerhersteller, die seine Programme in großen Massen aufkaufen, und auf Großorganisationen wie Verwaltungen. Individuen dagegen zählen nicht zu den »wichtigen Kunden ... Die Softwareindustrie scheint keinen Raum mehr für kleine Unternehmen zu lassen, die sich auf die Bedürfnisse bestimmter Kundengruppen einstellen – von Leuten zum Beispiel, die beruflich schreiben.«[15]

Dennoch rennen auch mit Texten arbeitende Leute unverdrossen in die Computerkaufhäuser, um das neueste Rechnermodell mit der neuesten Softwareversion zu erwerben, das danach, zu Hause in Gang gebracht, statt die Zeit der *Benutzer* zu schonen, sie erst recht malträtiert. Oft entdecken sie dabei auch noch, daß die brandneue Software die Texte, die erst vor wenigen Jahren geschrieben und gespeichert wurden, bereits nicht mehr lesen kann. Eine Schülerin brach zu Hause in Tränen aus, als sie entdeckte, daß der mit Word 6.0 geladene häusliche Computer die in der Schule auf dem neueren Word 97 geschriebenen Hausaufgaben nicht entzifferte; ihr Vater, der Anwalt T. K. Chang, ein ehemaliger College-Kollege von Bill Gates, sah sich gezwungen, einen neuen Rechner zu kaufen und mit ihm ein ganzes Microsoft-Softwarepaket, das er nicht braucht. Als er begriff, was da gespielt wurde, verging dem Anwalt der Stolz auf die Bekanntschaft mit Bill Gates, und er reihte sich unter die Befürworter der Zerschlagung des bisher respektierten Konzerns ein.[16]

Was den PC tatsächlich von der Schreibmaschine unterscheidet, die Möglichkeit nämlich, ihn als raumsparendes, geordnetes, rasch zugängliches Archiv zu gebrauchen, wird durch solche Verfahren wieder zunichte gemacht. Während die Werte der auch noch »Memory« genannten Speicherchips weiter steigen, wird dem Computer insgesamt, und zwar mit voller Absicht, die technisch mögliche beträchtliche Gedächtnisleistung wieder ausgetrieben. Wenn es nach den Visionen mancher Computerhersteller geht, soll man gar kein eigenes, jederzeit verfügbares Datenarchiv mehr besitzen dürfen, sondern sich das gewünschte Anwendungssystem samt von anderen geführten Archiven jeweils neu aus dem Netz herunterladen. Der PC mutiert somit zum bloßen Anschluß an den gigantischen Kollektivrechner. Die Welt von Ray Bradburys *Fahrenheit 451*, in der privater Buchbesitz und damit ein eigenes Gedächtnis verboten sind, erscheint am elektronischen Horizont. Unterdessen hat sich das Tempo auf der *Benutzeroberfläche* weiter gesteigert: Ein Internet-Jahr, hieß auf der Computermesse CeBit im März 2000 die große Neuigkeit, konnte auf die Dauer von drei Monaten verkürzt werden.

Als Konsumgegenstand scheint sich der PC insofern von einer Vielzahl anderer, sichtlich nur das Design wechselnder Konsumgüter zu unterscheiden, als es das Tempo des technischen Fortschritts selbst ist, was als Antrieb des Konsumptionstempos vermutet wird. Das ist selbstverständlich eine Täuschung, die sich bei etwas Sachkenntnis leicht durchschauen läßt, da nicht der technische Fortschritt das Tempo des Geräteumschlags bestimmt, sondern die Gewinnentwicklung bei den Herstellern.

Solche bereitwillig geglaubte Täuschung aber verschafft dem Konsum die Unwiderstehlichkeit, die Adorno Jahrzehnte vor Auftauchen des PC, dieser zeitschluckenden Gefühls- und Illusionsmaschine, als verborgenen Motor des Massenkonsums erfaßt hat: »Der faszinierte Eifer, die jeweils neuesten Verfahren zu konsumieren, macht nicht nur gegen das Übermittelte gleichgültig, sondern kommt dem stationären Schund und der kalkulierten Idiotie entgegen. Sie bestätigt den alten Kitsch in immer neuen Paraphrasen als haute nouveauté. Auf den technischen Fortschritt antwortet der trotzige und borniert Wunsch, nur ja keinen Ladenhüter zu kaufen, hinter dem losgelassenen Produktionsprozeß nicht zurückzubleiben, ganz gleichgültig, was der Sinn des Produzierten ist. Mitläufertum, das sich Drängeln, Schlangestehen substituiert das einigermaßen rationale Bedürfnis.«[17]

# 5

## MAIL TIME
### Zeit des Briefs und der elektronischen Post

»Kein Rodolphe kommt auf die Idee, seinen Bildschirm mit Wassertropfen zu benetzen, um Schmerz vorzutäuschen; der Rodolphe der *Madame Bovary* verkniff sich das nicht. Man umarmt genausowenig seinen Macintosh, wie man über seinem PC Tränen vergießt«, schreibt der Epistologe, Experte der Briefkultur des 18. Jahrhunderts, Benoît Melançon, in einem kleinen Buch, das sich mit dem epistologischen Status der elektronischen Post, genannt E-Mail, beschäftigt und darin nachdenkenswerte Befunde vorträgt.[1]

Der Computer ist vor seiner Verwandlung in ein Fetischobjekt vielleicht doch nicht so sicher, wie der Briefforscher Melançon annimmt. Ein US-amerikanischer Eingeweihter, Michael Wolff, Gründer des Unternehmens Wolff New Media, berichtet davon[2], wie Larry Kirshbaum, der Verlagschef von Time Warner, beim Besuch in Wolffs Büro dessen Computer und Modem mit einer Andacht berührte, als handelte es sich um religiöse Kultgegenstände. Time Warner umschmeichelte den damaligen Internet-Unternehmer Wolff, schlug ihm die Fusion zum Unternehmen »Time Wolff« vor, mit der Begründung, in fünf Jahren gäbe es ohnehin keine gedruckten Zeitungen, Magazine und Bücher mehr. Statt dieser Fusion kam in der Zwischenzeit eine andere zustande, und zwar mit AOL, doch vorerst gibt es immer noch gedruckte Bücher, Magazine und Zeitungen. Daß es nicht mehr ganz dieselben Bücher, Magazine und Zeitungen sind, steht auf einem anderen Blatt (siehe Kapitel 6).

Es werden auch nach wie vor Briefe geschrieben, auch nachdem sich immer mehr Leute der elektronischen Post bedienen, einschließlich des Epistologen Melançon. In der Vorbemerkung zu seinem Buch betont er, daß hinter seinen Betrachtungen keinerlei Nostalgie steckt und daß sein Arbeitstag mit dem Nachschauen im E-Briefkasten beginnt. Der Arbeitstag vieler anderer Leute, einschließlich des meinigen, ebenfalls; wenn nach Einschalten des Programms am Bildschirm die Meldung erscheint: »No mail is waiting«, fühle ich eine flimmernde Enttäuschung wie an manchen Tagen beim Anblick eines leeren Briefkastens.

E-Mail ist ein eigenartiges Zwittermedium, weder Fisch noch Fleisch, weder lediglich transportbeschleunigter Brief noch schriftlich aufgezeichnete Telefonkonversation. Weil manche Leute ihre elektronischen Botschaften allerdings so rasch und unbesorgt um Grammatik verfassen, als plapperten sie ins Telefon, hat eine amerikanische Hochschuldozentin zu dieser düsteren Diagnose gelangen können: »Wenn ein Kollege aus dem Englisch-Department einen orthographisch fehlerhaften, von falsch gesetzten Satzzeichen wimmelnden, inkohärenten Mist auf meinen Bildschirm weiterschickt, drängt sich mir die Theorie auf, daß E-Mail vielleicht eine chronische Degeneration der Schreibfähigkeit verursacht. Und möglicherweise auch der Hirnzellen.«[3]

Mag sein. Wenn es sich so verhält, dann hat die E-Mail in der Zwischenzeit aber auch die gewöhnliche Post angesteckt; denn auch die Post bringt jede Menge belanglosen, fehlerhaft verfaßten, unzusammenhängenden Mist ins Haus, so daß sich häufig der Wunsch meldet, das alles wie bei der E-Mail mit dem »Delete«-Befehl per Tastendruck im schwarzen Loch eines Löschspeichers verschwinden lassen zu können. Doch die E-Mail ist nicht deshalb ein dankbares Untersuchungsobjekt, weil sich an ihr kulturkritisches Räsonnieren aufhängen läßt, sondern weil diese neue Technik der schriftlichen Kommunikation den Stoff für Nachdenken über den Zusammenhang zwischen Art des Nachrichtenaustauschs und Zeitverlauf liefert und es dabei gerade erlaubt, die

Eigenart der Kommunikation per Brief genauer zu bestimmen. Der Epistologe Melançon steuert dazu wertvolle Hinweise bei.

»Sie sehen wohl, liebe Freundin«, schrieb Denis Diderot am 18. 8. 1765 an seine Freundin Sophie Volland, »daß ich bis heute noch mit keinem einzigen Wort auf Ihre Briefe geantwortet habe. Das wird meine Reserve in der toten Saison sein, wenn alle meine Freunde abwesend sind und wenn ich wie Sie auf die kleinen häuslichen Begebenheiten zurückgeworfen bin.« Ein solches Briefschreibverhalten ist im E-Mail-Verkehr unmöglich geworden. »Der elektronische Briefschreiber, der seinem Partner antworten würde: »Ich antworte nicht gleich auf Ihre Nachricht, aber ich werde es nachholen, sobald ich die Muße dazu habe«, führte nur einen hinters Licht: ihn selbst. Die elektronische Post ist nicht dazu gemacht, etwas aufzuschieben – auch nicht um zu sagen, daß man aufschiebt, auch nicht um zu zeigen, daß man im Begriff ist, aufzuschieben. Sie ist dazu da, um es zu tun, und zwar schnell.«[4]

Erst das von der E-Mail technisch zwar nicht zwingend vorgeschriebene, aber von der elektronischen Korrespondenzsituation als gefordert suggerierte schnelle Tempo des Austauschs (erleichtert noch durch den Befehl »Reply«, der es erspart, beim Antworten die elektronische Adresse des Partners herauszusuchen) bringt zu Bewußtsein, in welchem Maß der herkömmliche Briefverkehr von den Intervallen zwischen Empfangen und Absenden gelebt hat. Diese Intervalle sind gewiß nie ein ungetrübtes Vergnügen gewesen; auf einen mit Sehnsucht herbeigewünschten Brief warten zu müssen, kann sehr weh tun; die Zwischenzeiten jedoch sind nicht nur leere Zeiten, sie haben teil an der Bedeutung des Briefschreibens selbst. Wie der Epistologe Melançon sehr schön sagt:

»Bis vor kurzem bedeutete einen Brief schreiben, adressieren und abschicken, eine bestimmte Beziehung zur Abwesenheit und damit zur Zeit zu haben. Üblicherweise (die Briefschreiber sind getrennt) bildete die Abwesenheit ein Thema des Briefs und seine Daseinsbedingung … Man akzeptierte die Intervalle, denn man sah die Notwendigkeit, sich zu schreiben, als etwas Vorübergehendes an: Eines Tages würde man es lassen können, dann, wenn die Absenz der Präsenz weicht. Um diese vorübergehende Absenz auszufüllen und das Leiden daran zu mildern, schuf man eine neue Zeitlichkeit, eine briefliche. Daß sie unbefriedigend war, fiel wenig ins Gewicht: Weil man die Vollkommenheit einer gemeinsam geteilten Präsenz entbehren mußte, erfand man eine andere Zeit, die Zeit des Briefs, der einzig gestatteten Union. Diese Intervalle, von denen der traditionelle Brief lebte, sind von der Quasiaugenblicklichkeit der elektronischen Post ›überschrieben‹ worden, so wie eine Datei eine andere überschreibt.«[5]

Na und? Zudem kennt auch die elektronische Post ihre Intervalle, denn sie funktioniert asynchron, vergleichbar einer telefonischen Kommunikation, die über die Zwischenstationen Anrufbeantworter oder Voice Box läuft. Doch diese Intervalle schrumpfen unter dem Effekt der technisch bereitgestellten, aber erst unter Zutun der Benutzer genährten Illusion elektronischer Augenblicklichkeit auf einen winzigen Rest zusammen. Die eintreffende E-Mail wird nicht wie ein Brief beiseite gelegt, der bis zu dem Zeitpunkt warten kann, an dem eine Antwort herangereift ist: Die elektronische Zwischenlagerung scheint ungeachtet des Inhalts der Nachricht für viele den Appell zu enthalten, auf ihren Empfang baldmöglichst die Antwort folgen zu lassen. Was den Austausch kurzer Nachrichten erleichtert, macht die E-Mail gerade schwer tauglich als Übertragungskanal für herkömmlichen schriftlichen Austausch.

Der amerikanische Autor Dinky Moore berichtet vom Scheitern einer per E-Mail geführten Liebeskorrespondenz an deren Übermittlungstempo: Zwei ans Netz angeschlossene Verliebte, Katie und George, beschlossen eines Tages, sich nicht mehr der elektronischen Post zu bedienen. Beide hatten erkannt, daß der Rhythmus des Austauschs der Mails dem Austausch ihrer Gefühle weit vorausgeeilt war. Die Gefühle kamen mit dem Tempo nicht mehr mit, die Zeichenfolgen, die sie übermitteln sollten, verselbständigten sich gegenüber ihrem Gehalt. Das Paar entschied sich so für die von seinen Gefühlen bestimmte Geschwindigkeit und gegen die der elektronischen Post.[6]

Auf diese Weise hat die Erfahrung mit E-Mail dazu geführt, daß ein Bewußtsein für die Eigenart der Briefkorrespondenz entstanden ist, die sich eben nicht in der technisch langsameren Übertragungsart erschöpft, sondern eine andere Qualität des Austauschs von Empfindungen und Gedanken ermöglicht. Außerdem ist die von den Amerikanern »snail-mail« genannte konventionelle Post materiell vielfach zuverlässiger als die elektronische. Der Informatiker Clifford Stoll hat das bei einem simplen Experiment herausgefunden: Zwei Monate lang schickte er jeden Tag von Kalifornien aus eine Postkarte und eine E-Mail an seinen in Buffalo im Staat New York lebenden Bruder. Die Postkarten kamen alle an, doch mehrere E-Mails waren spurlos im Netz verschwunden.

Es hängt alles davon ab, welchen Gebrauch die Leute von den Möglichkeiten machen, die der elektronische Nachrichtenaustausch bietet. Fachleute zeigen sich in dieser Hinsicht meiner Erfahrung nach viel gelassener als Computerbenutzer, die nicht viel von der Materie verstehen, doch allein im Anschluß ans elektronische Netz schon eine Quelle der Befriedigung finden. Der Montrealer Informatikprofessor Ivan Maffezini zum Beispiel, als Gründer und ehemaliger Leiter eines Softwareunternehmens ein fachlich vielfältig erfahrener Experte, will sich nicht in den rauschenden elektronischen Verkehr seiner Universität hineinziehen lassen. »Mit meinem Département korrespondiere ich nie per E-Mail. Ich lehne das ab. Ich benutze sie aber, wenn ich mit der Mongolei Verbindung aufnehme, weil es schwierig ist, direkt mit Mongolen zu sprechen. Ich glaube, daß es einen intelligenten Gebrauch der Informatik bei der Kommunikation zwischen den Menschen gibt, doch der hängt allein von uns ab. Ich glaube, daß das, was die Technik und vor allem die Informatik uns auf diesem Gebiet zur Verfügung stellt, es erlaubt, dieser gottverfluchten Globalisierung ein paar positive Konnotationen abzugewinnen.«[7]

Lange bevor es Computer und deren Vernetzung gab, hat Karl

Kraus vorausgesehen, daß nicht die Techniken selbst das Problem darstellen, sondern der Gebrauch, den wir davon machen. »Wir waren kompliziert genug, die Maschine zu bauen, und wir sind zu primitiv, uns von ihr bedienen zu lassen. Wir treiben Weltverkehr auf schmalspurigen Gehirnbahnen.«[8] Nichts könnte das schöner illustrieren als der üblich gewordene E-Mail-Weltverkehr. Wir lassen uns von seiner technischen Ausstattung das Tempo unseres Gedankenaustauschs vorschreiben, statt das dem jeweiligen Charakter des Austauschs entsprechende Tempo der Technik aufzuzwingen. Die niedrigen Kosten der elektronischen Übermittlung legen es natürlich nahe, etwa mit weit entfernt wohnenden Korrespondenten E-Mails auszutauschen, statt anzurufen oder Briefe zu schicken; solcher Austausch verliert dann allerdings seinen Sinn, wenn die schnelle und einfache Übertragungstechnik dazu benutzt wird, jeden Tageseinfall, jeden Splitter einer Idee, auch jede Unmutsäußerung mit dem Befehl »Send« sofort übers Netz loszuwerden. Innerhalb kurzer Zeit wird vollkommen unklar, worauf denn nun eigentlich geantwortet werden soll, so daß der beabsichtigte Gedankenaustausch Gefahr läuft, im grauen Rauschen der hin- und hergeschickten Bits unterzugehen. Die weltumspannenden Datenleitungen werden dann in der Tat zum Abbild »schmalspuriger Gehirnbahnen«.

Wenn ich den Briefwechsel Walter Benjamin – Theodor W. Adorno lese, staune ich, neben vielem anderen, immer wieder über den schnellen Rhythmus, in dem Briefe und Repliken aufeinander folgten, und das unter den in den dreißiger Jahren herrschenden Transportbedingungen der Post zwischen Europa und den USA. Auf einen Brief, den Gretel und Theodor W. Adorno aus Princeton in New Jersey am 7. März 1938 an Benjamin in Paris abschickten, antwortete Benjamin sechzehn Tage später, am 23. März. Selbst der Ausbruch des Zweiten Weltkriegs und Benjamins nach seiner vorübergehenden Internierung und nach der deutschen Besetzung der Nordhälfte des Landes ständig wechselnde französische Adressen konnten den Briefverkehr nicht verlang-

samen. Für den Geburtagsbrief, den Adorno am 16. Juli 1940 aus
New York abgeschickt hatte, bedankte sich Benjamin, und zwar
aus dem abgelegenen Lourdes, bereits am 2. August. Man muß also
nicht unbedingt den Laptop mit eingebautem Modem durch die
Länder schleppen, dazu allerdings versehen mit einem ganzen Sor-
timent national unterschiedlicher Telefonstecker, um sich an die
Welt seiner verstreuten Freunde angeschlossen zu fühlen.

Das scheint mehr als ein Jahrzehnt nach Verbreitung der
E-Mail einigen Zeitgenossen allmählich aufzugehen. In den neun-
ziger Jahren wurde es gerade unter Intellektuellen üblich, auf dem
Briefkopf stolz die E-Mail-Adresse mitteilen und dazu in Artikeln
über alle möglichen Gegenstände ganz nebenbei, ohne sichtbaren
Zusammenhang mit dem Thema, zu erkennen geben, daß man im
Internet ebensosehr zu Hause ist wie im eigenen Stadtviertel. Die
E-Mail-Anschlüsse haben sich zwar gewaltig vermehrt, am Ende
des Jahrzehnts aber mehrten sich auch Anzeichen dafür, daß der
Nichtanschluß hie und da zum Ausweis noch weiter fortgeschrit-
tener Distinguiertheit wird. Publikationen wissenschaftlicher Arti-
kel im Internet gelten inzwischen vielfach als Hinweis auf mindere
Qualität; erst wenn Arbeiten im Druck erscheinen, überprüft und
redigiert von einer fachlich kompetenten Redaktion, können sie
Autorität beanspruchen.

»Ich gebe es zu, ich habe keine E-Mail«, teilte der Schriftsteller
Richard Ford in einem Beitrag für die *New York Times* mit. »Ich bin
nicht im Internet. Ich habe kein Handy und keinen Anrufbeantworter und nicht einmal einen Pager.« Ford hätte natürlich andeu-
ten können, daß dieses Bekenntnis als Ausdruck von Selbstbe-
wußtsein zu verstehen ist, er fügte jedoch hinzu: »Und ich bin
nicht stolz darauf, seit meine vermutete Befürchtung ist, daß dann,
wenn jemand mich mit Hilfe dieser Mittel erreichen will, mich
aber nicht antrifft, der technisch nahegelegte Schluß gezogen wird,
daß ich nicht mehr existiere.«[9]

Absonderungsangst ist eine bei einem Schriftsteller heute naheliegende Empfindung, die dann aber, wenn sie sich nicht selbst

durchschaut, neben Angstschmerz auch Konfusion erzeugt. Viele Absonderungsängste zusammen wirken daran mit, daß die Industrien, die rettenden »Anschluß« versprechen und verkaufen, außer Reichweite jeder nüchternen und sachkundigen Kritik, begleitet nur vom Takt der Börsenmeldungen, vollkommen unbehelligt ihren flotten Geschäften nachgehen können.

# 6

## LESEZEIT, SCHREIBZEIT
### Über das Verlernen einer Fertigkeit

»In writing, as in reading, slow is better than fast.« So der amerikanische Informatiker Clifford Stoll. Läßt sich dagegen etwas Stichhaltiges einwenden? In dem Streit zwischen Anhängern der Beschleunigung und Freunden der Langsamkeit können Bücherleser und schreibende Bücherleser nicht unparteiisch sein. Denn Lesen und Schreiben verlangen und fressen sehr viel Zeit, daran vermögen ein paar technische Erleichterungen nicht viel zu ändern. Ein Flaubert hätte wahrscheinlich auch dann über das schleppende Tempo geklagt, mit dem er in der Arbeit an *Madame Bovary* vorankam, wenn er auf dem Laptop geschrieben hätte und nicht mit dem Federkiel: »Ich habe in der letzten Woche *fünf Tage gebraucht, um eine Seite zu schreiben!* Und ich hatte alles, Griechisch und Englisch, beiseite gelassen«, teilte er im Januar 1852 seiner Freundin Louise Colet mit.

Auch Essayschreiber, sofern sie es ernst meinen, brauchen viel Zeit, und zwar nicht unbedingt beim Schreiben selbst, sondern vorher, bevor es soweit ist, daß sie sich zum Schreiben hinsetzen können. »Die Heranbildung eines Essayisten braucht viel mehr Zeit als die eines Lyrikers oder Romanciers. Mit achtzehn kann man Rimbaud sein, aber nicht Essayist. Das hat einen einfachen Grund: Der Essayist arbeitet auf dem Terrain der Kultur mit den Zeichen der Kultur. Er hat das Glück, in der Semiosphäre zu leben«.[1]

Als Essayist, der diese »Semiosphäre« in alle Richtungen durchstreift, zeigt sich George Steiner besonders empfindlich gegenüber dem von der zeitgenössischen Welt ausgeübten Zeitdruck. Er wirft einen Blick zurück ins frühe 18. Jahrhundert, und zwar auf das in seinem Buch *Der Garten des Archimedes* reproduzierte Gemälde von Jean-Baptiste-Siméon Chardin, das unter dem Titel »Un philosophe occupé de sa lecture« bekannt ist (wiewohl es sich bei dem Porträtierten nicht um einen Philosophen, sondern um Chardins Malerkollegen Joseph Aved handelte). Aus der Interpretation der Bildelemente entwickelt Steiner in seinem Essay »Der ungewöhnliche Leser« eine eigenwillige und eigensinnige, doch durchaus zum Nachdenken anregende Lesezeit-Lehre. Was hat es zu bedeuten, daß der Maler Chardin den Folianten, in dem er den Porträtierten lesen läßt, mit Stundenglas, Federkiel und Totenschädel umgibt? Steiner erkennt darin Symbole der Zeit, der Dauer und der Vergänglichkeit.

Chardins Bild »philosophe occupé de sa lecture« stammt aus dem Jahr 1734. Fünfzig Jahre später zeichnete Benjamin Franklin, der unter anderem eine Kopierpresse erfunden hat, eine Totenschädel, Stundenglas und Federkiel vom Tisch fegende Devise auf, deren Karriere bis heute anhält: »Remember that time is money.« Der Ratschlag richtete sich damals noch nicht wie heute an die gesamte geschäftige Menschheit, sondern an einen jungen Kaufmann: *Advice to a young tradesman* heißt das 1784 veröffentlichte Buch, das keine Geld- und Zeittheorie entfaltet, sondern Ermahnungen enthält, bei der Arbeit nicht herumzutrödeln, besonders nicht in den gerade unabhängig gewordenen ehemals britischen Kolonien, die ihr noch rares Geld zusammenhalten mußten. Aus der gleichen Zeit wurde ein Ausspruch des amerikanischen Gründervaters George Washington überliefert: Er ziehe es vor, eine Meile zu reiten, statt die Zeit beim Lesen auch nur einer Seite zu vertrödeln. Aber vielleicht ist das auch nur eine Legende von der Art des amerikanischen Schulfibelspruchs, der behauptet, daß Washington niemals gelogen hat.

Jenseits großer politischer Umwälzungen wie der amerikanischen Unabhängigkeit haben sich seit jener Zeit, erinnert Steiner, Veränderungen angebahnt, deren Folgewirkungen gar nicht hoch genug veranschlagt werden könnten: Sie zerstörten alle Werte, die den seit der Antike eingeübten Umgang mit Büchern und schriftlicher Überlieferung überhaupt bestimmten. Die Zeit, die Geld ist, und die Zeit, die beim Lesen verstreicht, haben kein gemeinsames Maß. »Das gesamte Verhältnis zwischen Zeit und Wort, zwischen Sterblichkeit und dem Paradox des literarischen Überlebens, welches für die abendländische Kultur von Pindar bis Mallarmé von so entscheidender Bedeutung war und offensichtlich so essentiell für Chardins Gemälde ist, hat sich gewandelt.«[2]

Chardins Arrangement von Stundenglas und Buch ruft für George Steiner zweierlei in Erinnerung: einmal, daß es immer an Zeit fehlt, um zu lesen, was gelesen werden müßte, und zum zweiten, daß das Buch womöglich länger Bestand hat als das befristete menschliche Leben. Diese Aussicht kränkt natürlich den Narzißmus moderner Zeitgenossen, die in der eigenen Lebenszeit das Maß von Dauer, wenn nicht gar von Ewigkeit sehen (siehe Kapitel 14). Linderung verschafft inzwischen die Bücherindustrie, deren stetig weiterwachsende Überproduktion die Illusion unterhält, ein Menschenleben sei, verglichen mit der kurzen Lebensdauer immer hektischer verramschter und aus dem Programm verschwundener Bücher, von geradezu unbegrenzter Dauer. Denn wer erinnert sich noch an die Titel der erfolgreichen Bestseller von vor fünf Jahren, außer der Buchhaltung der jeweiligen Verlage, die damit einmal eine Menge Geld verdient haben.

Unterricht in »kreativem Lesen«, so wie der »philosophe occupé de sa lecture« es vormacht, schlägt George Steiner als Antidot gegen die Dispersion in einer Flut flüchtiger Informationen vor, die Stunde für Stunde über uns hereinbricht. Der Vorschlag hat, wie der Autor Steiner selbst, alle meine Sympathie, ebenso wie jeder Appell zur Verlangsamung (dazu Kapitel 7), doch zweifle ich an der Heilkraft dieser Therapie. Denn Leseunlust hat nicht einfach mit sich ausbreitender kultureller Legasthenie zu tun, die mit pädagogischen Maßnahmen zurückgedrängt werden könnte; sie hängt mit tiefer gehenden Veränderungen zusammen, die Vorstellung und Begriff von Dauer und Lebenszeit in Mitleidenschaft ziehen. Der Schriftsteller Anatole France gab davon einen Vorgeschmack, als er die Frage nach seinem Verhältnis zu Proust mit diesem Satz beantwortete: »Was wollen Sie? Das Leben ist zu kurz, und Proust ist zu lang.«

Der von den Surrealisten seinerzeit verspottete Anatole France hat inzwischen eine wachsende Zahl von Schülern gefunden, obgleich laut Statistik eine in der westlichen Welt weiter gestiegene Lebenserwartung die objektiven Bedingungen für mehr Geduld und also auch Lesegeduld verbessert haben könnte. Doch beim Zeitempfinden klaffen objektive und subjektive Faktoren unendlich weit auseinander. Nach Ansicht des Autors und Verlegers Michael Krüger spielt das subjektive Lebenszeitempfinden eine entscheidende Rolle, wenn heute nicht mehr Bücher und Zeitschriften das Forum intellektueller Auseinandersetzungen bilden, sondern Zeitungen und Magazine, und zwar einfach deshalb, »weil Zeitungen weniger Lebenszeit fressen.«[3] Zudem belasten Zeitungen und Magazine das Gedächtnis nicht mehr, wenn sie erst einmal weggeworfen und aus dem Gesichtskreis verschwunden sind.

Solches Lebenszeitkalkül scheint mir jedoch weit über den Bereich des Lesens hinaus das Verhalten vieler Zeitgenossen zu bestimmen. Seit Jahren hängen in U-Bahnstationen die gleichen, immer wieder erneuerten und mit ihrer Botschaft offenbar nicht veraltenden Plakate des Süßigkeitenherstellers Smarties, die nicht schlicht dazu aufrufen, Smarties zu lutschen, sondern als Slogan eine Ermahnung anbieten: »Mehr Zeit für Kinder.« Was das heißen soll, zeigen dann Bilder: Ein netter Papa läßt sich vom Töchterchen als dummer August schminken, ein anderer, mit Motorradbrille gewappneter Papa bricht mit dem Söhnchen zur Raumfahrt auf.

Die Plakate erwecken den Eindruck, als wollten sie dem Publikum eine Gebrauchsanweisung nachliefern, die der Hersteller des verbreiteten Produkts »Kinder« beizulegen unterlassen hatte. Bei der Anlieferung war offenbar nicht deutlich genug gesagt worden, daß zur sachgerechten Bedienung dieser niedlichen, wenn auch manchmal unberechenbaren zweibeinigen Geräte viel Zeit mitgebracht werden muß, und zwar Zeit, die nur dann von Nutzen ist, wenn sie beim Umgang mit den Kindern großzügig verloren und nicht zum Zweck späteren Gewinns gespart und irgendwo angelegt wird. Der Gedanke war den Erziehern bereits im 18. Jahrhundert von Jean-Jacques Rousseau mit auf den Weg gegeben worden, ist in der Zwischenzeit aber weithin in Vergessenheit geraten. Nachdem sich Ende 1999 in Houston/Texas die Fälle ausgesetzter Babies besorgniserregend häuften, sah die Stadt sich veranlaßt, auf Schrifttafeln diesen öffentlichen Appell zu verbreiten: »Lassen Sie ihr Baby nicht irgendwo liegen!«

Fürs Lesen scheint die entsprechende Gebrauchsanweisung vielfach verlorengegangen zu sein. Eine solche Anweisung liegt kurz und knapp in Form der Antwort vor, die der Romancier Jacques Poulin in seinem Roman *Volkswagen Blues* eine Indianerin auf die Frage geben läßt, warum sie Jack Kerouacs Roman *On the road* noch einmal liest: »Wer nicht wiedergelesen hat, hat nicht gelesen.«[4] In diesem Sinn verstanden, ist Lesen das Gegenteil von Konsum, der sich im Hier und Jetzt vollzieht. Es braucht Zeit, in der Innehalten, Wiederholen, Vor- und Zurückspringen Platz hat. Eben der Zeitaspekt verbietet es, Bücherlesen schlicht kulturtechnokratisch unter die »Kulturtechniken« einzureihen, die sich mit der Zeit eben ändern, sich gar rationalisieren oder durch andere gleichwertige Techniken ablösen lassen.

Unter dem Gesichtspunkt der Verbindung mit der Zeit betrachtet, bedeutet Bücherlesen keineswegs bloß einen vielleicht liebenswerten, aber letzten Endes marginalen Zeitvertreib; es kann nämlich auch als Metapher für den Umgang mit der Zeit aufgefaßt werden, den die im Sinn ihrer Vordenker verstandene Demokratie verlangt. »La démocratie fait alliance avec le temps«, schreibt Jean

Chesneaux.[5] Daher bekagt selbst der Urliberale Ralf Dahrendorf die Abneigung schneller Modernisierung verschriebener Politiker wie Tony Blair oder Gerhard Schröder gegen parlamentarische Diskussionen, die für den Modernisierungsblick nur die Umsetzung von Entscheidungen verzögern, deren alternativlose Richtigkeit von den angestellten Regierungsexperten längst festgeschrieben worden ist. Wenn aber demokratische Prozesse des politischen Abwägens und des Aushandelns sich unter das Diktat von größtmöglicher Zeitersparnis und Aktionsverkürzung stellen, sabotieren sie sich selbst. Eile schadet dem Denken, hatte bereits Platon eingesehen; sie fördert höchstens das Auftreten von Sophisten. Überlebensbedingungen des Lesens verteidigen heißt deshalb mehr als nur Überlebensbedingungen einer altehrwürdigen »Kulturtechnik« verteidigen.

»Ich reise daher zwar nie ohne Bücher, ob Krieg oder Frieden«, schrieb Montaigne anderthalb Jahrhunderte vor Entstehung des Gemäldes »Philosophe occupé de sa lecture« in seinem Essay »Über dreierlei Umgang«, »doch es pflegt Tage und Monate zu dauern, ehe ich sie zur Hand nehme. Ich werde es demnächst tun, sage ich mir, morgen vielleicht oder wann immer ich Lust hierauf habe. Inzwischen läuft die Zeit dahin und vergeht, ohne mich zu ängstigen; denn es läßt sich gar nicht sagen, ein wie beruhigendes Gefühl mir das Bewußtsein gibt, daß die Bücher mir zur Seite stehen, um mich, sobald ich ihrer bedarf, zu erfreuen. Die Erkenntnis, welch große Hilfe sie für mein Leben bereithalten, gibt mir Sicherheit. Sie sind die beste Wegzehrung, die ich für unsre irdische Reise gefunden habe, und ich bemitleide zutiefst alle Menschen von Verstand, die ihrer ermangeln.«[6] Solcher Umgang mit Büchern, der sich nicht nur beim Lesen selbst Zeit läßt, sondern der Lesezeit Zeit gibt, sich selbst ihren geeigneten Moment zu suchen, gehört einer unendlich weit zurückliegenden Epoche an, einer Zeit, in der niemand Benjamin Franklins Ermahnung »Remember that time is money« verstanden hätte. Geld gab es schon, aber ein Zusammenhang mit Zeit war nicht erkennbar. Die Zeitprobleme, mit denen Montaignes Zeitgenossen sich herumschlugen, waren völlig anderer Art, wie der Historiker des 16. Jahrhunderts Lucien Febvre in seinem Buch über Margarete von Navarra schildert:

»Die Zeit totschlagen, die Langeweile vertreiben – eine ganze Epoche spiegelt sich darin. Alle Männer und Frauen, die nicht dem unerbittlichen Gesetz mühseliger Arbeit unterworfen waren, hatten ihre liebe Not mit dem Problem der sich dahinschleppenden Zeit. Wenn die Männer nicht auf der Jagd, mit Ballspielen oder Waffenübungen beschäftigt waren, herrschte gähnende Langeweile. Große Leser waren sie gewöhnlich nicht. Daher ihre Lust auf Gespräche. Sobald im Schloß oder im Landhaus ein Gast auftauchte, wurde er mit Genugtuung begrüßt, zu Tisch gebeten, ausgefragt. Gute Zeiten für Schönredner, für alle, die aus ›fremden Landen‹ kamen. Wenn dieses Jahrhundert einen so fieberhaften Drang nach Ortswechseln, nach weiten und abenteuerlichen Reisen erlebt hat, suchen wir nicht lange nach dem Grund: Man hoffte sich damit ›die Zeit zu vertreiben‹.«[7]

Montaigne war ebenfalls nicht dem unerbittlichen Gesetz mühseliger Arbeit unterworfen, doch die Not seiner Zeitgenossen mit dem Problem der Zeit, die nicht vergehen will, war ihm unbekannt. »Ich habe mein völlig eignes Vokabular: Ich *vertreibe* die Zeit, wenn sie schlecht und unerfreulich ist; wenn aber gut, will ich sie nicht vertreiben, sondern *festhalten* und *auskosten*. Die schlechte sollte man *durcheilen*, in der guten *verweilen*. Die üblichen Ausdrücke *Zeitvertreib* und *sich die Zeit vertreiben* sind charakteristisch für das Verhalten all der Neunmalklugen, die meinen, das meiste hätten sie vom Leben, wenn sie es dahingleiten und vorüberstreichen ließen, es nicht beachteten, ihm auswichen oder, soweit es in ihrer Macht steht, die Flucht davor ergriffen: als sei es eine verdrießliche und verächtliche Sache.«[8]

Bücherlesen, so wie es sich im Lauf der Neuzeit herausgebildet und verbreitet hat, setzte folglich nicht nur freie Verfügung über die Zeit voraus, sondern auch das Bewußtsein, daß Zeit einen persönlichen Wert hat, den man nicht durch beliebiges Zeittotschlagen vernichtet. Lesen war für Montaigne das Gegenteil von Zeitvertreib; Zeit des Lesens, Zeit des bewußten Verweilens in der Zeit. Und dabei hatte Montaigne es nicht eilig; allein das Gefühl, Bücher in Reichweite zu haben und jederzeit, sobald das Bedürfnis sich meldete, nach ihnen greifen zu können, verschaffte ihm Befriedigung.

Außerdem war Montaigne Schriftsteller und wußte, wie Bücher entstehen und wieviel Zeit sie verschlingen. Schreiben, das hatten bereits die sich der Alphabetschrift bedienenden Griechen erkannt, kann dem Tempo des Denkens nicht unmittelbar folgen und seinen Verlauf insofern nicht abbilden, es hat seine eigene Geschwindigkeit. Doch die Verlangsamung, die es erzwingt, bremst nicht einfach das Denken, sondern verändert und bereichert es, läßt ihm Zeit, Einsprüche und Gegenargumente in seinen Fortgang aufzunehmen. Die Platonischen Dialoge sind *geschriebene* Dialoge, keine bloße schriftliche Aufzeichnung mündlich geführter Gespräche, mag Platon selbst auch mißtrauisch gewesen sein gegenüber der Entlastung des Gedächtnisses durchs Aufschreiben. Das von den Griechen begründete analytische Denken ist ohne seine schriftliche Form schwer vorstellbar. In dieser Hinsicht bedeutet die jüngst entwickelte Technik, die es erlaubt, gesprochene Worte vom Computer mit Hilfe einer speziellen Software in Schriftform umwandeln zu lassen, sofern mehr als nur Routineschreiben zur Debatte stehen, einen erheblichen Fortschritt in Richtung geistesgeschichtlicher Regression.

Schreiben setzt sein eigenes Zeitmaß. Der amerikanische Autor Adam Gopnik hat dafür einen einprägsamen Vergleich gefunden, als er eine Sitzung beim Psychoanalytiker beschrieb, in deren Verlauf vorübergehend Stille eintrat: »He was silent for a minute – not a writer's minute, a real one, a long time.«[9] Schreibzeit vergeht schnell, schneller als andere Zeit, fast immer viel zu schnell. Schriftsteller unterhalten deshalb zu Uhren merkwürdig gespaltene Beziehungen, zusammengesetzt aus Faszination und Aversion. Die Sanduhr auf dem Tisch des lesenden Philosophen von

1734 deutet das schon an. »Ich hatte eine Uhr auf meinem Schreibtisch«, sagte Leonard Cohen einmal, »und ich zwang mich, jeden Tag eine bestimmte Anzahl von Stunden zu schreiben, und ich sah auf diese Uhr. Die Uhr hatte keinen Glasdeckel, und ich stellte mir immer vor, ich könnte mit meinem Finger den Zeiger bewegen. Ich erinnere mich daran, im Angesicht der Uhr das Wort ›help‹ geschrieben zu haben.«[10]

Klagen über Zeitmangel füllen die autobiographischen Aufzeichnungen zahlloser Schriftsteller. Alles, was nicht dem Schreiben dient oder unmittelbar zum Schreiben gehört, erscheint als Vergeudung und Verzögerung. »Habe ich eine Arbeit begonnen, schreibe ich täglich (wobei es auch schon Zwischenfälle gegeben hat: Unser Leben besteht aus einer einzigen Hast, wir alle hängen ständig am Telefon, diesem ungeheuer aufdringlichen Apparat, der Tag und Nacht ungebeten zu einem ins Haus kommt…)«, schrieb der russische Schriftsteller Boris Pilnjak in den zwanziger Jahren.[11] Das Zeitverhältnis, das sich in solchen Klagen ausdrückt, zeigt jedoch eine merkwürdige Affinität zu der Zeitbeziehung, die der technisch zusätzlich beschleunigten zeitgenössischen Systemwelt eigen ist. Alles, was nicht dem Produktionsprozeß zufließt, wird zur Störung. Paul Valéry, ein manischer Frühaufsteher, der mit der Uhr lebte, hat das in den *Cahiers* teils selbstkritisch, teils affirmativ ausgedrückt: »Immer in höchster Eile – Kann nie mir nie *Zeit nehmen*, um … Zum Beispiel, gründlich aufzuräumen – Ausführliche Toilette. Um mich herum Ordnung zu schaffen. Ich habe das Gefühl verlorener Zeit. Und leide dann darunter. (Was den Intellekt angeht, ist das Gegenteil der Fall.) Die Unordnung, die mich umgibt, ist mir ziemlich gleichgültig – Mich beherrscht der *Augenblick*, auf Kosten der Zukunft – daher alle die Fragmente oder momentanen Sachen! Ich esse zu schnell, spreche zu schnell, *denke zu schnell* – woraus sich *gänzlich andere Gedanken* ergeben als aus langsamem Denken.«[12]

Ginge es bei Uhrenfetischismus, bei Klagen über Hetze und Zeitmangel nur um Schriftstellerschrullen, verdienten sie vielleicht keine besondere Beachtung. Nur steht die Zeit des Schreibens nicht allein für sich, sie hängt vielfältig mit der Zeit des Lesens zusammen und verweist auf sie. Denn auch die Zeit des Lesens läßt sich nicht beliebig verkürzen, es sei denn, es handelt sich um bloßes flüchtiges Cross-Reading, bei dem nicht gelesen, sondern nur nach einem bestimmten Stichwort gesucht wird. Bücherleser erleben Gegenwart und vergehende Zeit auf eine ganz bestimmte Weise, die ihnen erlaubt, etwas vom eigenartigen Wesen vergehender Zeit zu erfassen.

Ich lese in diesem Augenblick den Satz in einem meine Aufmerksamkeit fesselnden Roman; im nächsten Augenblick bin ich schon beim nächsten Satz, im darauffolgenden beim nächsten. Ich kann den ersten Satz nicht Wort für Wort behalten, aber ich läse die folgenden Sätze völlig anders, wenn die Erinnerung an die Lektüre des Satzes in meinem Bewußtsein nicht noch vorhanden wäre. Von der nicht zu greifenden Flüchtigkeit des Augenblicks, den ich gerade jetzt erlebe und der vom nächsten Augenblick verjagt sein wird, bleibt etwas zurück, wenn ich diese Folge von Augenblicken lesend erlebe. Jeder lesend verbrachte Augenblick wirkt auf diese Weise auf die anderen gegenwärtigen und künftigen Augenblicke des Lesens zurück, färbt sie mit Bedeutungen ein, die nicht in ihnen selbst entstanden sind. Das, was ich lesend als Jetzt erlebe, ist deshalb nie ganz vergangen, wenn es vergangen ist, es ist als Erinnerung an Bedeutungen auch noch in allen folgenden Jetzts präsent. Lesen bringt die Zeit nicht zum Stillstand, entzieht ihrem Vergehen aber die überlieferte christliche Konnotation der Leere und des Verlusts.

Außerdem können Leser jederzeit innehalten und zurückblättern und das, was als Erinnerung an einen zuvor gelesenen Satz irritierend zurückblieb, mit dem tatsächlich gelesenen Satz vergleichen und dadurch wieder zu neuen Einsichten kommen. Wenn ich den Satz suche, kann ich ihn nachlesen – aber so, wie er mir das erste Mal begegnete, finde ich ihn nicht wieder. Jacques Poulins Indianerin vom Stamm der Montagnais hat vollkommen recht:

»Wer nicht wiedergelesen hat, hat nicht gelesen«, und daraus folgt, daß es ganz und gar unsinnig ist, Lesen als »lineare« Form der Rezeption zu bezeichnen. Linear ist sie nur dann, wenn sie die in jedem Buch enthaltene Möglichkeit des Zurückspringens nicht nutzt, aber dann handelt es sich auch lediglich um Konsum bedruckter Seiten. Die »Kulturtechnik« Lesen, wie der scheußliche Kulturmanagerausdruck lautet, ist eben nicht nur eine Rezeptionstechnik, sondern eine durch nichts anderes ersetzbare Möglichkeit, sich, indem man sich auf die in Büchern aufgezeichnete Spur eines anderen Denkens und einer anderen Phantasie einläßt, auch anders, und nach eigenen Rhythmen, in der Zeit zu bewegen.

George Steiner gibt jedoch zu bedenken: »Das gesamte Verhältnis zwischen Zeit und Wort, zwischen Sterblichkeit und dem Paradox des literarischen Überlebens, welches für die abendländische Kultur von Pindar bis Mallarmé von so entscheidender Bedeutung war und offensichtlich so essentiell für Chardins Gemälde ist, hat sich gewandelt.« Dieser Wandel bedeutet ja nicht, daß Bücher heute schlicht im Verschwinden begriffen sind, so wie in den siebziger Jahren des 20. Jahrhunderts befürchtet wurde, als Audio- und Videokassetten massenhaft auf den Markt kamen und eine das Gedruckte hinwegfegende Invasion des Audio-Visuellen befürchten ließen. Die Buchproduktion in Ländern wie den USA, Deutschland, Frankreich, Großbritannien, Spanien ist seither sogar stetig weitergewachsen. Bücherleser sollten sich also zufrieden zurücklehnen können: Der Nachschub ist nicht gefährdet. Der Nachschub vielleicht nicht, doch etwas anderes ist ins Rutschen geraten, es betrifft das, was Steiner als das »Verhältnis zwischen Zeit und Wort« bezeichnet.

Lesen nimmt nicht nur viel Zeit in Anspruch, es setzt auch voraus, daß ein bestimmter Umgang mit der Zeit des Lesens in Übung bleibt, anerkannt ist als Wert und weitervermittelt wird. Also doch Schulen für »kreatives Lesen« nach Steiners Vorschlag? Vielleicht, aber solche Schulen dürften sich dann nicht in ein paar Kursen erschöpfen, sondern müßten lebensbegleitend arbeiten.

Denn Lesen, das über das Entziffern von Buchstaben und das Erkennen von Wortbedeutungen hinausgeht, ist eine Fertigkeit, die sich auch wieder verlieren kann, wie eine von Joachim Kaiser einmal mitgeteilte bezeichnende Anekdote zu verstehen gibt.

Ein Antiquar wurde zu einem sich auf den Ruhestand vorbereitenden Geschäftsmann an den Starnberger See gerufen und gebeten, die prächtige Bibliothek des Hauses in Augenschein zu nehmen; auf seine Frage, warum der Bibliotheksbesitzer jetzt, wo er die Zeit dazu habe, sich nicht an seinen Bücherschätzen erfreuen wolle, erhielt der Antiquar diese Antwort: »Ich habe den Umgang mit den Büchern verlernt – jetzt kann ich's nicht mehr.«

Man kann also das Bücherlesen verlernen, auch wenn das Lesen von Steuererklärungen, Magazinen oder Gebrauchsanweisungen kein Kopfzerbrechen bereitet. Selbst umgeben von Büchern kann man diese Fertigkeit verlieren. Der Fall der Programmierer, die nicht mehr in der Lage waren, die Programmiersprache zu lesen und zu schreiben, derer sich in den sechziger Jahren die Programme der großen, Ende 1999 vom »Millennium Bug« bedrohten Computersysteme bedient hatten, und durch Pensionäre oder aus dem langsameren Osteuropa stammende Informatiker ersetzt werden mußten (dazu Kapitel 17), ist in dieser Hinsicht signifikant. Er betrifft ja nicht nur technische Systeme, dort liegt das Problem lediglich offener zutage: Es kann angesichts der in rasendem Tempo neuentwickelten Programme durchaus geschehen, daß die Disketten oder Festplatten, auf denen ein zeitgenössischer Autor seine Manuskripte gespeichert hat, nur noch von Nachlaßverwaltern mit Spezialausbildung und mit Hilfe von Spezialmaschinen entziffert werden können. Solche Zukunft wird heute von einer neuen Generation von Rechnern vorweggenommen, die über kein Diskettenlaufwerk mehr verfügen, also nur noch Dateien lesen können, die einer CD-ROM eingebrannt sind oder aus dem Netz bezogen werden. Diese Entwicklungen lassen sich aber auch auf die Chancen ganz gewöhnlichen Lesens übertragen. Steigender Buchausstoß kann durchaus mit dem Verschwinden von

Fertigkeiten einhergehen, die die Lektüre etwa der Satzperioden Jean Pauls oder Marcel Prousts verlangt, gar nicht zu reden von der Entzifferung der Sprachverschränkungen bei James Joyce.

Während das Alphabet in Gesellschaft erlernt wird, ist das, was jemand hinterher mit dem Erlernten anfängt, es zum Beispiel beim Bücherlesen weiterpflegt, der jeweiligen individuellen Herausbildung von Interessen und Neigungen überlassen. Nur hat die Gesellschaft unterdessen nicht aufgehört, mit ihren unablässig, auch mittels Technik ausgesandten Botschaften ermutigend oder entmutigend auf diese Interessen einzuwirken. Daß etwa die Kopiertechnik allgemein und preiswert zugänglich wurde, wird gewiß niemand bedauern; es genügt, an das Versteckspiel zu erinnern, das in realsozialistischen Ländern wie der DDR getrieben werden mußte, um sich in einer staatlichen Institution an eines der raren Kopiergeräte zu schleichen und dort heimlich ein Manuskript zu kopieren. Nur läßt sich nicht übersehen, daß es einen Einfluß der Kopiertechnik auf die Art des Lesens gibt: Während es das Abschreiben und Exzerpieren, das jahrhundertelang innig mit dem Lesen verbunden war, technisch überflüssig macht, nährt es die Illusion, mit dem Kopieren habe, nur sehr viel schneller, bereits eine dem Abschreiben ebenbürtige Aneignung des jeweiligen Textes stattgefunden. Dabei ist der Text weniger angeeignet worden, als es beim gewöhnlichen Lesen geschieht. In der *Einbahnstraße* erinnert Walter Benjamin unter Zuhilfenahme technischer Vergleiche an den Zusammenhang zwischen Lektüre und Abschreiben:

»Die Kraft der Landstraße ist eine andere, ob einer sie geht oder im Aeroplan darüber hinfliegt. So ist auch die Kraft eines Textes eine andere, ob einer ihn liest oder abschreibt. Wer fliegt, sieht nur, wie sich die Straße durch die Landschaft schiebt, ihm rollt sie nach den gleichen Gesetzen ab wie das Terrain, das herum liegt. Nur wer die Straße geht, erfährt von ihrer Herrschaft und wie aus eben jenem Gelände, das für den Flieger nur die aufgerollte Ebene ist, sie Fernen, Belvederes, Lichtungen, Prospekte mit jeder ihrer

Wendungen so herauskommandiert wie der Ruf des Befehlshabers Soldaten aus einer Front. So kommandiert allein der abgeschriebene Text die Seele dessen, der mit ihm beschäftigt ist, während der bloße Leser die neuen Ansichten seines Innern nie kennenlernt, wie der Text, jene Straße durch den immer wieder sich verdichtenden inneren Urwald, sie bahnt: weil der Leser der Bewegung seines Ich im freieren Luftbereich der Träumerei gehorcht, der Abschreiber aber sie kommandieren läßt. Das chinesische Bücherkopieren war daher die unvergleichliche Bürgschaft literarischer Kultur und die Abschrift ein Schlüssel zu Chinas Rätseln.«[13]

Solcherart »literarische Kultur« wird aber nicht allein durchs Verschwinden des Abschreibens in Mitleidenschaft gezogen. Der Wandel, der, wie George Steiner sagt, das »gesamte Verhältnis zwischen Zeit und Wort, zwischen Sterblichkeit und dem Paradox des literarischen Überlebens« erfaßt hat, ist nicht einfach technisch, durch Entwicklung von Maschinerien vielerlei Art bedingt. Der Lauf der Maschinen unterstreicht nur das insgesamt veränderte Verhältnis zur Zeit und ihrem Vergehen (dazu Kapitel 15), das auf die Bedingungen des Lesens und des Schreibens einwirkt. Lesend »neue Ansichten seines Innern« kennenlernen, setzt jedoch nicht nur angstfreie Verfügung über Zeit voraus, sondern auch, um Lesende herum, Stille. Zusammen mit der Zeit wird aber auch Stille zu einem raren Gut. Der Betrieb, einschließlich des unablässig geräuschvoll für seinen Produktausstoß werbenden Kulturbetriebs, setzt ihren Preis ständig herauf. »Im demokratisch-technologischen Westen sind jedoch«, schreibt George Steiner, »soweit man erkennen kann, die Würfel gefallen. Der Foliant, die Privatbibliothek, das Zuhausesein in fremden Sprachen, die Kunst des Memorierens werden in zunehmendem Maße zu Angelegenheiten weniger Fachleute werden. Der Preis für Stille und Einsamkeit wird steigen.«[14]

Es ist aber nicht schlicht der angewachsene Lärm, der Stille zu einem kostbaren Gut macht, es ist ein anders erzeugter und anders wirkender Lärm. Die öffentliche Sphäre, in der es qua definitionem nicht geräuschlos zugehen kann, hat sich in ihrem Charakter verändert, zeichnet sich durch zunehmende Fragmentierung und das ihr entsprechende diffuse Rauschen aus. »Der öffentliche Raum«, schreibt Lucien Sfez, »war der gleiche Zugang von jedermann zu einer begrenzten Zahl von Quellen. Wenige Bücher, wenige Theaterstücke und Opern, und, danach, wenige Filme von Bedeutung und wenige Fernsehkanäle. Diskutiert wurde über die gleichen Gegenstände. Die Kinder hatten im Fernsehen den gleichen Film gesehen und redeten darüber auf dem Schulhof. Ähnlich die Lehrer im Lehrerzimmer oder die Arbeiter in der Fabrikkantine. Heute aber hat niemand den gleichen Film gesehen oder die gleichen Informationen empfangen, dank der Ausweitung der Kabel-, Satelliten- und Digitalprogramme und des Internet.« Diese Fragmentierung, fährt Sfez fort, bedeutet nicht mehr und nicht weniger, als daß sich die Allgemeinheit des Zugangs von der Idee der Universalität abkoppelt, die dem Begriff der Öffentlichkeit inhärent ist. »Das Allgemeine ist nicht das Universelle, und die Allgemeinheit des Zugangs zum Internet, die durch die Ungleichheit des Wissens und durch die sozialen Ungleichheiten entwertet wird, ist nicht die Universalität.«[15]

Was bedeutet diese Fragmentierung der öffentlichen Sphäre fürs Lesen und Schreiben? Gewiß nicht das Ende des Schreibens, denn vorerst wird geschrieben, was das Zeug hält, und zwar um so mehr und um so hektischer und folglich um so beliebiger, je mehr der gleichgültig beschleunigt weiterlaufende Produktionsapparat nach Futter verlangt und je mehr Schreibende aller Art sich infolge der zunehmenden Fragmentierung sozialer Milieus und des Verbindlichkeitsschwunds kultureller Überlieferungen versucht sehen, sich und das, was sie aufzuzeichnen haben, für etwas noch nie Dagewesenes, für etwas ganz und gar Unvergleichliches zu halten.

Schriftsteller in dem Sinn, wie Raymond Queneau, der nicht nur Autor, sondern auch Verlagslektor gewesen war, den Schriftsteller verstand, sind viele dieser emsig Produzierenden gerade nicht: »Ein Schriftsteller ist jemand, der sich dessen bewußt ist, daß man nicht schreibt, um lediglich sich selbst zu beschäftigen, ist jemand der ein Bewußtsein davon hat, daß er nicht allein ist. Der Mann oder die Frau, der oder die sich wahrhaft fürs Schreiben interessiert, weiß, daß man zur Gemeinschaft anderer Schreibender gehört, daß es Zeitgenossen gibt, die einen beurteilen, einen kritisieren werden und die neben einem schreiben. Der Amateur, das ist jemand, der bei sich selbst verharrt, der zwar nette Dinge schreiben kann, dem aber die notwendige Kraft fehlt, mit anderen zu kommunizieren.«[16]

Die Fragmentierung schmeichelt dem so begriffenen schreibenden Amateur, spornt ihn zum Drauflosschreiben an und fördert damit die kulturelle Überproduktion. Der immer wieder angekündigte Tod der Bücher wird deshalb fürs erste aller Voraussicht nach nicht eintreten; die Überproduktion sorgt allerdings dafür, daß die laufende und zu erwartende technische Entwicklung dann den von ihr hervorgebrachten Produkten vollkommen ihren Stempel aufdrücken und auf diese Weise das Schreiben selbst um den Rest seiner Autonomie bringen kann.

Ob digitalisierte Dateien künftig auf dem Bildschirm eines im Jahr 2000 als »E-Book« in den Handel gebrachten, ans Netz anzuschließenden Lesecomputers erscheinen oder ob sie aus dem Netz heruntergeladen und dann im Heimbetrieb ausgedruckt und womöglich von einem Zusatzgerät zu einem buchähnlichen Gebilde verklebt werden, macht keinen bedeutenden Unterschied. Olivier Nora, der Leiter des Pariser Verlags Éditions Grasset, räumt ein, daß die Buchindustrie selbst den Entwicklungen zugearbeitet hat, die Bücher in ihrer herkömmlichen Machart und Gestalt beiseite drängen: »Wir haben, scheint mir, dem Gegenstand, dessen Überleben wir angeblich verteidigen, insgesamt keine Achtung gezollt, so daß wir keinen Grund haben, den neuen Technologien den Prozeß zu machen. Die Verleger sind an erster Stelle dafür verantwortlich, daß sich der Inhalt dessen, was sich zwischen zwei Buchdeckeln befindet, banalisiert hat. Doch wie dem auch sei, was mich beschäftigt, ist die Frage, ob uns noch eine Sprache bleibt, in der wir uns mit künftigen Generationen verständigen können.«[17]

Oder auch mit vorausgegangenen Generationen. Aber genau diese Frage beschäftigt weder die Promotoren der Netztechnologien noch ihre angestellten oder freiberuflichen Werbelyriker. Das »Buch nach dem Buch«, schreibt der Medienwissenschaftler Michael Wetzel, der gegen die Verdrängung mit professioneller Sorgfalt hergestellter Bücher durch das E-Buch nichts einzuwenden hat, ist nicht mehr als »ein Datenträger unter anderen mit entsprechender Rechnerkapazität, der zugleich an das Netzwerk der globalen Schriftspeicher angeschlossen ist. Niemand behauptet dabei übrigens, daß es keine Bücher mehr im klassischen Sinne geben wird. Als Kultobjekt werden vielmehr erlesene Papiere und Einbände weiterhin Konjunktur haben, aber sie werden nur Sammlerleidenschaften befriedigen.«[18]

Wie umfassend diese digitalen Schriftspeicher dann ausfallen werden, steht noch in den Sternen, ebenso wie die Frage, wie lange sie in Betrieb gehalten und technisch zugänglich bleiben werden. Oder Leute, die immer noch lesen wollen, müssen alle zwei Jahre ihren Lesemaschinenpark aufrüsten, damit sie den Leseanschluß nicht verlieren. Aber gerade solche Ungewißheit hinsichtlich der Dauer macht vermutlich für viele die unausgesprochen überwältigende Attraktivität des Digitalen aus: In ihm schlummert die Aussicht, daß das ganze elektronisch abrufbare Wissen womöglich nicht länger Bestand hat als das eigene begrenzte Leben, das sich auf diese Weise zum Maß von Dauer überhaupt erheben darf. Bücher dagegen, deren Inhalt zu erkennen gibt, daß sie Epochen und Generationen überlebt haben, stören die narzißtisch gefärbte Aussicht. Deshalb werden sie auf »Kultobjekte« reduziert, die nicht ihres Gehalts wegen, sondern erlesener Papiere und Einbände halber Sammlerleidenschaften erregen. Ein wenig anrührende Nostalgie, die sich an handgeschöpftem Bütten, an Umschlaggestaltung und Typographie erfreut, kann der totalitäre elektronische Liberalismus durchaus dulden. Eine Barbarei wie die

Zerstörung und Ausplünderung einer alten Nationalbibliothek überläßt er den serbischen Belagerern von Sarajevo. Er muß nicht auf die Flammenwerfer aus Ray Bradburys *Fahrenheit 451* zurückgreifen, um sein Ziel zu erreichen.

Eines Tages, wenn aus den Städten Buchhandlungen herkömmlicher Art verschwunden sind (und vielleicht durch Bill-Gates-AOL-Bertelsmann-E-Book-Centers ersetzt sein werden), werden Buchnostalgiker dennoch nicht ganz auf dem Trockenen sitzen. Sie können hinaus aufs Land fahren, wo sie in extra eingerichteten Buchdörfern, wie es sie bereits heute in Südostfrankreich und in Wales gibt, Gleichgesinnten begegnen und beim Anblick alter gebundener Ausgaben der Werke Montaignes, Lord Byrons oder Heinrich Heines von den schönen alten Zeiten schwärmen. George Steiner wird stets als Ehrengast willkommen sein; seine Deutung des Gemäldes »Philosophe occupé de sa lecture« wird als Magna Charta der Bücherlesersekte gelten und, zusammen mit der Reproduktion des Gemäldes auf feinem Papier gedruckt, überall zum Mitnehmen ausliegen, gegen bescheidenes Entgelt. Touristen, die es in eines der Bücherdörfer verschlägt, werden an all dem ihre Freude haben, nicht anders als beim Besuch abgelegener Weiler, in denen freundliche Männer und Frauen in renovierten Bauernhäusern die Töpferscheibe drehen oder Seidenstoffe bemalen. Danach geht es doch irgendwie erleichtert wieder nach Hause, wo der Bildschirm darauf wartet, zeigen zu können, wie das Leben wirklich ist.

Irgendwo verstreut sitzen dann vielleicht immer noch ein paar Schriftsteller, die im Buchdorf nicht anzutreffen sind, weil sie sich in der sektenhaften Abgeschiedenheit nicht wohl fühlen. Sie haben sich von der Vorstellung noch nicht verabschieden mögen, daß sie mit dem, was sie tun, an einem breiteren Zusammenhang teilnehmen, und halten sich deshalb faute de mieux auch vom Betrieb nicht fern. Doch mit den dort abgegebenen »hastigen mündlichen Stellungnahmen, die nicht alles enthalten, was wir sagen möchten«, wie Édouard Glissant schreibt, sind sie wie mit der ganzen

Umtriebigkeit nicht zufrieden: »Dabei wären wir gerne einsam, nach dem Vorbild des Lesers, der alleine sitzt. Und in diesem Fall beweist der Schriftsteller die ganze Geduld, zu der er in seiner Arbeit fähig ist, weil er vor sich das Buch sieht, das er fertigschreiben wird, und von dem er sich nicht vorstellen kann, daß es die Menschheiten eines Tages nicht mehr brauchen werden.«[19]

## Entkomprimierte Zeit
### Julio Cortázars und Carol Dunlops Experiment

Unter Entkomprimieren, einem Ausdruck der Computerterminologie, ist das Entzerren eines Programms zu verstehen, das mit Hilfe eines Verschlüsselungscodes auf einem Datenträger platzsparend gespeichert wurde. Beim Entkomprimieren stellt ein Entschlüsselungscode gewissermaßen die ausgeschriebene Fassung des Programms wieder her, die der Rechner dann lesen und anwenden kann. Der Vorgang spielt sich in der Regel ohne Zutun der Anwender ab, da die entsprechenden Codes beim Laden des Programms automatisch in Gang gesetzt werden.

Komprimieren und Entkomprimieren, technische Begriffe, um die wir uns nicht weiter zu kümmern brauchen: Im täglichen Leben, sind wir überzeugt, kommen wir durchaus mit den Entzifferungsmöglichkeiten unserer Sinne aus, wenn wir lesen wollen, was sich uns als sichtbare Realität darbietet.

Diese Gewißheit erschüttert spielerisch ein literarisches Buch, das erst mit erheblicher Verspätung ins Deutsche übertragen und dann kaum beachtet wurde: *Die Autonauten auf der Kosmobahn*, einer der letzten, unter Mitarbeit seiner zweiten Frau Carol Dunlop entstandenen großen Texte des 1984 verstorbenen argentinischen Erzählers Julio Cortázar.[1] Es geht darin um die Zeit, und zwar um die Zeit, der eine ungewöhnliche epische Dehnung widerfahren ist: Eine banale Autobahnfahrt verwandelt sich unter der Hand in den Stoff eines Epos, das Leserinnen und Leser in ein völlig neuartiges Zeiterleben eintauchen läßt.

Astronauten vergleichbar, die sich in den Weltraum katapultieren lassen, um dort unter veränderten Bedingungen Materialien zu testen oder Reaktionen lebender Organismen zu beobachten, hatten sich Julio Cortázar und Carol Dunlop auf die erdgebundene Umlaufbahn der von ihnen »Kosmobahn« genannten Autobahn begeben, mit der Absicht, den Einfluß einer ganz und gar unüblichen Art motorisierter Fortbewegung auf die Wahrnehmung von Raum und Zeit zu untersuchen.

Ende der siebziger Jahre war ihnen die Idee gekommen, die Autobahn zur Abwechslung einmal kontraproduktiv zu benutzen, nicht zum Zweck des Zeitgewinns, sondern mit der Absicht, möglichst viel Zeit auf ihr zu verlieren, und dann zu sehen, was am Ende herauskommt. Für die von ihnen ausgewählte Strecke Paris – Marseille, die sich damals in acht bis neun Stunden zurücklegen ließ, es sei denn, das Nadelöhr des Fourvière-Tunnels in Lyon war heillos verstopft, setzten sie zweiunddreißig Tage an. Bestimmt wurde die Zahl der Reisetage nach der Anzahl der auf der Autobahnkarte verzeichneten Rastplätze; zwei von ihnen sollten jeden Tag angefahren, auf jedem zweiten sollte übernachtet werden. Verabredet war außerdem, den eingezäunten Bereich der gebührenpflichtigen Autobahn zwischen Paris und Marseille niemals zu verlassen.

Die Reise begann dann am 23. Mai 1982 und endete am 23. Juni in Marseille am Alten Hafen, wo, wie ein Foto Carol Dunlops bezeugt, ein Empfangskomitee in Gestalt einer Reihe geschäftig hockender Mittelmeermöwen zur Stelle war. Die Leser von *Die Autonauten auf der Kosmobahn* sind eingeladen, den Fortgang der Reise zu begleiten, von Rastplatz zu Rastplatz, versorgt mit Informationen über Lufttemperatur, Windrichtung, Zusammensetzung der jeweils eingenommenen Mahlzeiten, mit Wegskizzen und Fotos. Sie dürfen somit in die Fiktion eintauchen, der die Autoren in aller gebotenen Ernsthaftigkeit folgten, die Fiktion nämlich, eine klassische Entdeckungsreise im Stil des Captain Cook anzutreten, auf der gewissenhaft über alles Logbuch zu führen ist, ein-

geschlossen die Parkposition des wie ein Schiff nach dem schatz-
hütenden Drachen »Fafnir« getauften Cortázarschen VW-Cam-
pingbusses: »Donnerstag, 3. Juni ... 13.31 h. Rastplatz: AIRE DU
CHIEN-BLANC ... Ausrichtung Fafnirs: OSO...«

Die autonautische Erkundung, die geographisch der zahllosen
Ferienreisenden bekannten Strecke Paris, Beaune, Chalon, Lyon,
Valence, Avignon, Marseille folgt, fördert dabei ganz unbeachtete
und unbekannte Seiten unserer Verkehrszivilisation zutage. Auf
den Territorien des Beton- und Asphaltarchipels, den die Expedition Cortázar/Dunlop durchquert, werden fremde Völkerstämme
angetroffen, deren sonderbare Sitten und Gebräuche die Neugier
der Chronisten erregen. Eine Völkerschaft mit der Bezeichnung
französische Touristen zum Beispiel fällt durch die merkwürdige
Angewohnheit auf, nach der Einfahrt in den Rastplatz nicht wie
andere zu den schattigen und stilleren hinteren Abschnitten vorzu-
dringen, sondern sich ganz vorn auszuruhen, dicht zusammenge-
drängt und nah am Lärm der Autobahn.

»Du lieber Himmel«, fragen die observierenden Autonauten,
»sind die immer so gereist? Wie hat das denn Jacques Cartier gemacht, o Götter? Oder Bougainville?« Ihre Notiz bestätigt die Vermutung, die Friedrich Torberg 1940 auf der Flucht aus dem von
der heranrollenden Wehrmacht bedrohten Paris angestellt hat, als
er darüber rätselte, warum sich der ganze Autoverkehr auf der Na-
tionalstraße zusammendrängte, während die in die gleiche Richtung führenden Nebenstraßen fast leer waren, befahren nur von
ein paar ausländischen Flüchtlingen und Emigranten: Von der
Hauptroute abweichen und Nebenstrecken benutzen, lautete Tor-
bergs Kommentar, »auch dazu scheinen die Franzosen zu konser-
vativ zu sein«.

Seltsame Metamorphosen lassen sich aus der Perspektive des
Rastplatzes notieren. Der martialisch lichthupende, dröhnende
Sattelschlepper, der eben noch weniger PS-starke Lkws und
Wohnwagengespanne brutal von der Überholspur gescheucht hat,
spuckt, auf dem Parkplatz zur Ruhe gekommen, einen zierlichen

und sanft lächelnden Fahrer aus, gelegentlich sogar eine Fahrerin. Die Welt scheint kopfzustehen – oder kommt erst jetzt auf die Füße, wenn die andere Zeitrechnung, die von den schreibenden Autonauten eingeführt wird, zu greifen beginnt. Die Autobahn, auf der die Reisenden zwischen zwei Rastplätzen nicht mehr als zwanzig oder dreißig Minuten verbringen, verändert ihre zweckbestimmte Bedeutung; sie entpuppt sich als eine Art Zwischenparkplatz. Es sind nämlich die Rastplätze, auf denen sich im Universum der »Kosmobahn« das wahre Leben abspielt. Die Fahrbahn ist nur ein von Rauschen erfülltes Niemandsland. Fahrende und Rastende wechseln die Rollen, es sind die nach Süden rasenden Autofahrer, die auf dem Asphaltband der »Autoroute du Sud« rollend bloß verweilen, während sich bei den auf Parkplätzen Rastenden etwas tut und bewegt.

Nach Kilometerleistung pro Zeiteinheit gemessen, wäre diese Expedition durch die Galaxis der Autobahnrastplätze als nutzlose Zeitverschwendung zu betrachten. In den Augen der Autonauten jedoch erbringt sie einen unschätzbaren Gewinn – an Freiheit. »Je weiter wir vorankommen, desto größer scheint uns die Freiheit, die wir genießen. Und auf gar keinen Fall etwa, weil wir Marseille näher kommen. Im Gegenteil, wahrscheinlich ist es die Tatsache, daß wir uns vom Ausgangspunkt entfernt und gleichzeitig das *Ziel* der Reise vollkommen aus den Augen verloren haben, was diesen Zustand herstellt.« Im Zustand temporaler Schwerelosigkeit verkehrt sich die Rangordnung der Dinge; Nachrichten vom seinerzeit ablaufenden Falklandkrieg treten hinter die Beobachtung einer Lerche neben dem Rastplatz La Coucourde im Département Drôme zurück, deren Gesang den Übergang zum südlichen Klima meldet. *Die Autonauten auf der Kosmobahn* kehrt die Frage von Brechts berühmtem »Radwechsel«-Gedicht, die jedem Zeitgenossen so sehr einleuchtet, auf heitere Weise um: ja, warum eigentlich diese seltsame Ungeduld angesichts einer Pause, wenn einem am Ausgangsort so wenig liegt wie am Ziel?

Dieses dreizehn Jahre nach dem Erscheinen des Originals ins

Deutsche gebrachte Buch, manischen Kilometerfressern als intelligentes Antidot gegen ihre Sucht zu empfehlen, ist zum heiteren Vermächtnis seiner Autoren geworden. Die aus Kanada stammende Chronistin Carol Dunlop hat das Erscheinen des Buchs in Spanien nicht mehr erlebt, sie ist Ende 1982 noch nicht vierzigjährig an Leukämie gestorben. Zwei Jahre später starb Julio Cortázar.

In der Zeitordnung, die mit ihrem Buch aufgeschlossen wurde, haben diese Angaben vielleicht gar nicht viel zu bedeuten. Vielleicht steht immer noch der rote Kleinbus mit dem Namen »Fafnir« auf einem Parkplatz, und eine Frau und ein Mann sitzen daneben am Rastplatztisch vor ihren Reiseschreibmaschinen und brüten über der Frage, warum einer der gräßlichsten Orte Westeuropas, eine schmutzige und stinkende Industriesiedlung südlich von Lyon, ausgerechnet »Pierre-Bénite« heißt – zu deutsch etwa: Geweihter Stein –, oder warum ein Schild »Weinberge des Mâconnais« ankündigt, wo neben der Autobahn doch nur Kühe zu sehen sind.

Ist Entdeckung der Langsamkeit das Ergebnis des Versuchs, die Zeit erzählend zu entkomprimieren? Das wäre viel zu simpel. Sten Nadolny, der Autor des gleichzeitig mit *Die Autonauten auf der Kosmobahn* entstandenen Romans *Die Entdeckung der Langsamkeit*, wehrt sich gegen das ihm aufgeklebte Etikett Prophet des Langsamen: »Ich möchte übrigens anmerken, daß ich kein Fanatiker der Langsamkeit bin, eher ein Freund von überraschender Verlangsamung, dann, wenn bei mir oder bei anderen – das Nachdenken einsetzt! Ich fühle in solchen Momenten etwas wie Zärtlichkeit, sogar mir selbst gegenüber, was wirklich nicht alle Tage vorkommt.«[2] Bisher galt es als Eigenheit des Kinos, mit dem Tempo spielen und somit auch überraschende Verlangsamungen herstellen zu können; Carol Dunlop und Julio Cortázar zeigen mit ihrem Buch, daß auch Literatur mit den ihr eigenen Mitteln imstande ist, Nachdenken in Gang setzende Verlangsamungen eintreten zu lassen, und zwar erzählend, nicht mit Hilfe technischer

Verfahren. Das macht ihren Bericht vom Experiment entkomprimierter Zeit, das wie nebenbei Freiheit durch Verlangsamung entdecken und empfinden läßt, sowohl literarisch als auch erkenntniskritisch so kostbar.

# KEINE ZEIT!
## Zeitklassengesellschaft unter Kommunikationszwang

Keine Zeit! Die Leute im Kino biegen sich vor Lachen, wenn auf der Leinwand ein Stadtstreicher zwei anderen Stadtstreichern, die mit ihm ein Schwätzchen halten wollen, zuruft: »Je n'ai pas le temps!« Ein Penner in Eile, das gibt es nicht und ist deshalb zum Brüllen komisch. Der Mann will sich gegenüber seinen Kameraden in der Misere nur zu etwas Besserem machen, zu einem Verwandten der vielen ordentlich beschäftigten Zeitgenossen, die durch den Tag hetzen, von Termin zu Termin. Die Leute im Kino, Zuschauer des Film *Joyeux calvaire*[1] von Denys Arcand, Regisseur der auch außerhalb Kanadas bekannt gewordenen Spielfilme *Jésus de Montréal* und *Le déclin de l'empire américain* (»Jesus von Montreal« und »Der Untergang des amerikanischen Imperiums«), biegen sich vor Lachen. Sie lachen, wie wenn sie sich über eine Figur amüsierten, die sich das falsche Kostüm angezogen hat und es nicht merkt. Doch der Penner macht kein Theater, er weiß, was er sagt. Der Film läßt ihn eine ernst und wörtlich zu nehmende Einsicht aussprechen.

*Wenn wir auch sonst nichts haben, haben wir immerhin Zeit*, riefen französische Arbeitslose bei einer ihrer Demonstrationen. Der Slogan kommt an bei den Zaungästen: Sie sind zwar arm dran, die Arbeitslosen, aber in gewisser Hinsicht auch nicht ärmer als wir, die wir zwar manches haben, nur keine Zeit. Am ärmsten dran sind in dieser Hinsicht vielleicht sogar diejenigen, die in den die Arbeitschancen und Zeitbudgets zuteilenden Kommandozentralen sitzen, meint Hans Magnus Enzensberger: »Bizarrerweise sind es gerade die Funktionseliten, die über ihre eigene Lebenszeit am wenigsten frei verfügen können. Das ist nicht in erster Linie eine quantitative Frage, obwohl viele Angehörige dieser Schicht bis zu achtzig Stunden in der Woche arbeiten; viel eher sind es ihre vielfältigen Abhängigkeiten, die sie versklaven. Man erwartet von ihnen, daß sie jederzeit erreichbar sind und auf Abruf bereitstehen. Im übrigen sind sie an Terminkalender gebunden, die auf Jahre hinaus in die Zukunft reichen«, heißt es unter dem Motto: »*Die Zeit. Das wichtigste aller Luxusgüter.*«[2]

Mit dieser Lesart könnten sich auch die demonstrierenden Arbeitslosen einverstanden erklären, die darauf verweisen, daß es ihnen an dieser Luxusware, der Zeit, nicht fehlt. Der Penner in Arcands Film ist damit allerdings nicht einverstanden, wahrscheinlich deshalb nicht, weil er mit der Freiheit der Verfügung über die Zeit allerhand Erfahrung hat. Den Trost, wenn er auch sonst nichts hat, wenigstens Zeit zu haben, hat der Penner sich längst ausgeredet. Es ist ihm aufgegangen, daß er bei aller Freiheit vom Zwang zur Zeiteinteilung dennoch nicht selbst über die Zeit verfügt. Auch in Zeiten der Arbeitslosigkeit dominiert das Paradigma der Erwerbsarbeit und damit auch die von den Rhythmen der Erwerbsarbeit bestimmte Zeit. Diese Zeit hat auch den Stadtstreicher im Griff, deshalb macht er keinen Witz, sondern beschreibt seine Lage ganz richtig, wenn er sagt, daß er keine Zeit hat.

Die Stadt, die der Penner durchstreift, ist in sein Zeiterleben eingesickert, mag er ihren approbierten Geschäften auch den Rücken kehren. Er ist vom Bewußtsein der Ohnmacht durchdrungen, wie ein Gefolterter, der mit zerschlagener Nase und aufgeplatzten Lippen vor dem Verhörspezialisten kauert. Ich habe Zeit, sagt der Verhörspezialist zu seinem Opfer, ob heute, morgen oder übermorgen, reden wirst du so oder so. Besser wäre es allerdings für dich, wenn du gleich den Mund aufmachst, denn wenn du damit noch wartest, wirst du dich hinterher nicht wiedererkennen, wenn du dann überhaupt noch etwas erkennst. Früher oder später wirst du sowieso alles sagen. Je früher, desto besser – für dich, nicht für mich. Ich kann warten. Ich habe Zeit, du aber tust besser daran, dich zu beeilen. Der Folterer hat Zeit, weil er die Macht über den Körper des Gefolterten hat und die vergehende Zeit dieser Macht über den der Zeit unterworfenen Körper zuarbeitet.

Macht und Zeit hängen eng miteinander zusammen, nicht nur über die Vermittlung Geld. »Kein Zweifel: Es besteht ein geheimer Zusammenhang zwischen dem Maß der Güter und dem Maß des Lebens, will sagen, zwischen Geld und Zeit. Je nichtiger die Zeit eines Lebens erfüllt ist, desto brüchiger, vielgestaltiger, disparater sind seine Augenblicke, während die große Periode des Daseins den überlegenen Menschen bezeichnet.«[3] Macht haben heißt über die Zeit anderer zu verfügen, bis hin zum geringsten Augenblick; doch wer ist es, der da verfügt? Das sagt der Stadtstreicher nicht, der die Verfügung spürt, und kann es wahrscheinlich auch nicht sagen.

Andere können es an seiner Stelle, der Schriftsteller Florian Felix Weyh etwa, der sich eingehend mit den Techniken temporaler Machtausübung beschäftigt hat: »Auf jeden Menschen dieses Planeten wird täglich ein Vielfaches der verfügbaren Stundenzahl aufgehäuft, so daß jedermann zwischen parallelen Zeitvernichtungsfeldern wählen kann. Filme und Computer, Musikvideos und Radiosendungen, Gameboys und Werbung – alles zielt auf sein kurzes Leben«.[4]

»Zeitvernichtungsfelder« ist ein treffend gewählter Ausdruck. Interessanterweise vermehren sich diese Felder exponentiell zusammen mit eben den Rhetoriken, die die Zeit zu einem sich verknappenden Gut erklären: »Es gibt zuwenig Zeit in der Welt. Deshalb stellen wir sie selber her«, behauptete eine Bank in ihrer Werbung. Die Schlußfolgerung drängt sich auf, daß der Eindruck der Zeitknappheit in dem Maß erzeugt wird, in dem Zahl und Ausmaße der angebotenen Zeitvernichtungsfelder zunehmen. Zeit erscheint dann besonders knapp, wenn man nicht genug davon auf einmal vernichten kann. Jedes neu hinzukommende Fernsehprogramm, jedes neue Magazin, jede neue Website vermehrt die Vernichtungsmöglichkeiten. Dafür aber, werden wir getröstet, nähmen auch die Informationsmöglichkeiten entsprechend zu.

Schön wär's, wenn es so wäre. Eine Information in vollem Wortsinn kommt erst dann zustande, wenn sie sich in der Ausdehnung von Zeit entfalten kann, denn Verstand, Erinnerung und Gefühl benötigen bei Rezeption und Nachbearbeitung der empfangenen Nachricht Zeit. Ohne mitgelieferte Zeit bedeuten mehr Möglichkeiten der Information keineswegs mehr Information. Die Zeit, die wir heute bräuchten, um die zahllosen übermittelten Bilder und Signale in Informationen zu verwandeln, mit denen wir dann auch etwas anfangen können, steht in keinem irdischen Leben zur Verfügung. Sie schrumpft auch noch weiter in dem Maß zusammen, in dem allein die Abwehr der Zeitvernichtungsattacken, die von allen Seiten kommen, immer mehr Zeit frißt. Unterdessen sorgt die Industrie mit dem massenhaften Ausstoß tragbarer Telefone, tragbarer E-Mail- und Internet-Stationen und anderer Kommunikationsboxen für die Tasche dafür, daß keine Minute der Zeit, die jemand fern von den terrestrischen Datenleitungen nur so nutzlos und zum Spaß individuell mit sich herumträgt, dem Zugriff technisch übermittelter Zeitvernichtung entgeht.

Ihr arbeitet dabei die über die gleichen Kanäle massenhaft verbreitete Angst entgegen, den Anschluß zu verpassen, eine Angst, die das Erbe der mit den Fahrplänen und Bahnhofsuhren aufgekommenen Furcht vor dem Zuspätkommen angetreten hat. Nur ist die Angst vor dem Anschlußverlust nun omnipräsent und kann ihre Opfer weit abseits von Schienen und Straßen und ihren Normaluhren überfallen, beim Spaziergang im Park oder im Wald. Ein bezeichnender Werbespot von CNN spielt mit eben solchem Anschlußfrust: Finsteren Gesichts steht ein Mann in menschenleerer Landschaft, wartet an einer gottverlassenen Haltestelle; die Landschaft sagt ihm nichts, und die vergehende Zeit wird ihm sichtlich zum Feind. Auf einmal zieht er einen winzigen elekronischen

Kommunikator aus der Tasche, sieht »CNN« auf dem winzigen Display, gefolgt von einem Baseballergebnis oder ähnlichem, und schon entspannt sich der eben noch verbissene Gesichtsausdruck. Die heilige Kommunion mit der Kommunikation hat ihre heilende Wirkung entfaltet. »Wir wollen alles, und zwar sofort«, diese von kulturrevolutionären Bewegungen der frühen siebziger Jahre des 20. Jahrhunderts ausgegebene Parole hat sich Jahrzehnte danach ausgedünnt zu: *Wir wollen mit allem kommunizieren, und zwar augenblicklich.*

Das Gefühl der Zeitnot kommt infolgedessen nicht ausschließlich von dem beschleunigten Arbeitstempo, das permanente Steigerungen der Produktivität in der Industrie und »Just-In-Time«-Verfahren diktieren, die umfangreiche Lagerhaltung überflüssig machen, dies jedoch auf Kosten des unter weiter zunehmenden Zeitdruck gesetzten Personals, das mit seinen rollenden Materiallagern auf die Minute genau am Bestimmungsort ankommen muß. Dadurch, daß die losgelassene Ökonomie die Zeit in die Mangel nimmt, zerstört sie jede individuelle oder auch kollektive Ökonomie der Zeit. Doch dieses Zerstörungswerk verrichtet sie nicht allein.

Sie kann auf die Mitwirkung zahlreicher Zuträger und oft völlig ökonomieferner Kollaborateure zurückgreifen, die wie Kollaborateure aller Art in dem gut eingeredeten Glauben handeln, letzten Endes etwas ganz anderes zu tun als das, was sie kollaborierend tun. Also etwa für die freie Entfaltung der Individuen und ihrer frei gewählten Bedürfnis Möglichkeiten bereitstellen, wo es nur darum geht, sie an die Kandare der Kommunikation zu nehmen und über deren Kanäle an ihre Zeit heranzukommen. »Ihr Geld interessiert uns«, dieser Werbespruch einer französischen Bank ist in dieser Hinsicht veraltet: *Ihre Zeit interessiert uns,* lautet die allerdings nicht laut ausgesprochene Parole der vereinigten Kommunikationsindustrien.

Wenn Enzensberger um Verständnis für die Nöte der »Funktionseliten« wirbt, die »über ihre Lebenszeit am wenigsten frei verfügen können«, da sie ständig erreichbar sein müssen und so von vielerlei Abhängigkeiten versklavt werden, gibt er sich freilich mitleidsgetrübten Illusionen über die von diesen Funktionseliten selbst geschaffenen Abhängigkeitsverhältnisse hin. Es sind ja nicht die Vorstandsvorsitzenden und obersten Chefs selbst, die Tag und Nacht und bei jedem erlesenen Dîner darauf gefaßt sein müssen, vom piepsenden Handy aufgestört zu werden. Dafür, daß sie gerade nicht jederzeit aufgestört werden, sorgen Assistenten und andere Angestellte, die das, was an Kommunikation hereinkommt, erst einmal abfangen und filtern müssen. Wenn ständige Erreichbarkeit versklavt, dann gerade diese Kategorie von Beschäftigten und nicht ihre Chefs, die die Macht haben, einen ganzen dämpfenden und verarbeitenden Apparat zwischen sich und das Rauschen der technischen Kommunikation zu schieben.

Je weiter man in der sozialen Hierarchie nach unten klettert, desto unmittelbarer schlägt die Unterwerfung unter den Kommunikationszwang durch. Die ärmsten Schweine sind vermutlich diejenigen, die, kaum haben sie im Intercity Platz genommen, einen Handyanruf nach dem anderen entgegennehmen müssen und sich nicht getrauen können, den sie und die Mitreisenden nervenden Taschenquälgeist abzustellen. Arm dran sind aber auch die Fahrgäste, die ihr tragbares Telefon sichtbar vor sich aufs Tischchen legen, doch von keinem einzigen ankommenden Anruf gegenüber den nicht angeschlossenen Mitreisenden herausgehoben werden, wie verbissen sie das magische Gerät auch fixieren mögen.

Der Stadtstreicher aus Denys Arcands Film *Joyeux calvaire* trägt zwar kein Handy mit sich herum (obwohl durchaus denkbar ist, daß Wohnsitzlose eines nicht fernen Tages verpflichtet werden, sich mit einem solchen Gerät auszustatten, damit die Behörden sie jederzeit, wenn sie schon keinen festen Wohnsitz haben, wenigstens kommunikationell unter Kontrolle halten können, so wie US-amerikanische Behörden auf Bewährung entlassene Delinquenten schon heute per elektronischer Fußfessel am Schlafittchen haben), aber bei den Antipoden der geschäftigen Handyträger befindet er sich nicht unbedingt. Wie sie hat er keine Zeit; es ist zwar nicht genau die gleiche Art Zeit, die er nicht hat, aber sein Ausschluß aus der Gesellschaft geht nicht so weit, daß sie ihn auch von der kommunikationsgeladenen Atmosphäre ausschließt, die seine Zeitgenossen atmen.

Was aber fängt das System insgesamt mit den Unmassen Zeit an, die es der Verfügung der Individuen entzieht? Warum die Industrien und der Handel es auf unser Geld abgesehen haben, liegt in der von ihnen konkurrenzlos beherrschten Welt auf der Hand: Es dient der Konsolidierung und dem Wachstum ihrer Macht. Doch was haben die Industrien davon, daß sie sich auf jeden Fleck brachliegender Zeit stürzen? Neuartige Form der Vergesellschaftung, die sich dadurch realisiert, daß sie alle an die Zeitkandare nimmt? Im Innern des ganzen Zeitregimes gähnt irgendwo ein schwarzes Loch.

# HYBRIDZEIT
## In mehreren Zeiten leben

Aussprüche von Indianern, wie sie eine Zeitlang gern auf T-Shirts herumgetragen und auf die Heckscheiben von Autos geklebt wurden, stammen selten von Indianern. In der Regel wurden sie von weißen Autoren erfunden, die dann darunterschrieben, es handle sich bei ihrer Kreation beispielsweise um einen »Spruch der Cree«, eines der Algonkin-Familie angehörenden, im Norden Kanadas ansässigen Stamms. Ob es jemals jenen legendären, von Freunden der Langsamkeit gern zitierten nordamerikanischen Indianer gab, der nach seiner ersten Fahrt mit der Eisenbahn erklärte, er wisse nicht, ob ihm die schnelle Fahrt gefallen habe und ob er sich wohl fühle, da seine Seele noch nicht angekommen sei, ist entsprechend ungewiß.

Undenkbar ist es nicht, daß sich ein Indianer Nordamerikas etwa in diesem Sinn geäußert hat, ein Angehöriger des Stamms der Hopi etwa, dessen Zeitbegriffe von Ethnologen studiert worden sind. Die Sprache der Hopi kennt kein Äquivalent für das Adjektiv »schnell«. Für sie zählt nur die Intensität einer Tätigkeit oder einer Bewegung: Ihre Schnelligkeit ist ein Aspekt von ganz untergeordneter Bedeutung, der keine besondere Beachtung verdient.

Der Hopi, schrieb der Ethnologe Benjamin Lee Whorf, besitzt keine allgemeine Anschauung der Zeit als eines »gleichmäßig fließenden Kontinuums, in dem alle Teile des Universums mit gleicher Geschwindigkeit aus einer Zukunft durch eine Gegenwart in eine Vergangenheit wandern.«[1] Es liegt deshalb außerhalb seines

Horizonts, die Zeit in abstrakte Einheiten aufzuteilen und zu messen; außerdem stehen ihm Kardinalzahlen als Meßgrößen sprachlich nicht zur Verfügung. Eine der Eigenheiten der Hopi-Zeit ist, sagt Whorf, daß sie mit jedem Beobachter wechselt, daß sie null Dimensionen hat und keine Gleichzeitigkeit erlaubt. Auch in anderen nichteuropäischen Kulturen fehlt die Idee eines allgemeinen Zeitkontinuums: Zeitvorstellungen sind an bestimmte Personen und konkrete Situationen gebunden. Mit anderen Worten, es herrscht dort eine für uns undenkbar gewordene Subjektivität der Zeit.

Bei den Hopis und Pueblo-Indianern in Neu-Mexiko, auf die er unter anderem von Whorfs Lehrer Franz Boas hingewiesen worden war, hatte Aby Warburg 1894 und 1895 Entdeckungen anderer Art gemacht. Er war dort auf einen für ihn unerwarteten symbolischen Synkretismus aufmerksam geworden, der seinem eigenen Zeugnis zufolge den Anstoß gab, die europäische Renaissance ganz neu und anders zu verstehen. Die Entfernung zwischen der Region der Pueblo-Indianer in Neu-Mexiko und dem heimischen Hamburg erschien Warburg ebenso groß wie die Distanz, die die Zeit der Renaissance von seiner Gegenwart trennte. Er sah jedoch kommen, daß Begriff und Empfindung der Distanz der Dynamik des Maschinenzeitalters nicht mehr lange würden standhalten können. 1923 hielt Warburg einen Vortrag über diese Forschungsreise, der mit äußerst pessimistischen Befunden endete: »Der moderne Prometheus und der moderne Ikarus, Franklin und die Gebrüder Wright, die das lenkbare Luftschiff erfunden haben, sind eben jene verhängnisvollen Ferngefühl-Zerstörer, die den Erdball wieder ins Chaos zurückzuführen drohen. Telegramm und Telephon zerstören den Kosmos. Das mythische und das symbolische Denken schaffen im Kampf um die vergeistigte Anknüpfung zwischen Mensch und Umwelt den Raum als Andachtsraum oder Denkraum, den die elektrische Augenblicksverknüpfung mordet.«[2]

Hundert Jahre später sind Distanzen zwischen Orten und Differenzen zwischen Zeiten in der Tat noch viel umfassender geschrumpft. Das, was von ihnen übriggeblieben ist, sieht so erbärmlich aus, daß es wiederum heftigste Pflegetriebe wachruft. Differenzen aller Art sind uns auf einmal sehr teuer geworden, denn erst sichtbare Differenzen lassen jene »Pluralität« hervortreten, auf deren Errungenschaft der Westen so stolz ist. Nicht nur die Differenzen selbst sind uns teuer geworden, sondern auch die Orte, an denen sie zusammenkommen, und die Resultate, die aus solchem Zusammentreffen hervorgehen. Die seit dem Kolonialzeitalter bei Europäern eingewurzelte Abwehr aller Vermischungen ist gewiß nicht plötzlich und spurlos verschwunden, nur äußert sie sich nicht mehr so unverblümt in Erwartung allgemeinen Beifalls, wie sie das lange Zeit, bis weit ins 20. Jahrhundert hinein, hatte tun können.

Gegen die »Métis«, frankophone Angehörige der kanadisch-indianischen Mischbevölkerung, die sich im 19. Jahrhundert innerhalb der kanadischen Föderation diskriminiert und an den Rand gedrängt fühlten und deshalb eine eigene Provinz verlangten, hatte die kanadische Regierung im Jahr 1885 sogar militärisch vorgehen und den Anführer der Métis, Louis Riel, hinrichten lassen können, ohne einen allgemeinen Aufschrei der Entrüstung hervorzurufen. Heute dagegen sind die Métis beliebtes ethnologisches Studienobjekt und Gegenstand kulturhistorischer Sympathie. Wenn das Ergebnis der Vermischung lange genug abgelagert ist, bereitet es keine mentalen Verdauungsschwierigkeiten mehr. Es bereichert sogar den Vorrat dessen, was unter dem Stichwort »Multikultur« voll Zufriedenheit und Stolz auf die Leistungen der eigenen Zivilisation ausgestellt wird.

Der deutsche Ausdruck »Mestize«, Synonym für Mischling, verdeckt eine Bedeutungsgeschichte, an deren Beginn nicht, wie zu erwarten wäre, das Biologische steht. »Métis« war dem spanischen »mistos« nachgebildet: Als »mistos« wurden, noch vor der Entdeckung und Eroberung Amerikas, hispanische Christen bezeichnet, die sich beim Kampf gegen den christlichen König Rodrigo auf die Seite der Muslime schlugen.[3] In »Métissage« steckt somit ein Anteil politischer Wahl, der aus dem, was in Deutschland bis zum Ende der Naziherrschaft in aller Öffentlichkeit und danach eher nur noch privat »Rassenmischung« genannt wurde, verschwunden ist, dem Biologischen zum Opfer gebracht. In ihrem Buch über *Le métissage* tragen François Laplantine und Alexis Nouss diese Definition vor, die es untersagt, »métissage« schlicht durch das deutsche »Vermischung« wiederzugeben:

»Die Dimension der Zeit ist es, was den métissage von anderen Formen von Vermischung wie dem Mix und dem Hybriden unterscheidet, die statisch begriffen werden können. Weil er nicht ein Zustand ist, sondern eine Bedingung, eine Spannung, die nicht gelöst werden muß, ist der métissage stets in Bewegung, im Wechsel von seinen verschiedenen Komponenten in Gang gehalten. Seine Zeitlichkeit ist die des Werdens, ein beständiger, niemals abgeschlossener Wandel, eine Kraft, die weitertreibt, Vektor von Veränderungen, die den Menschen und die Wirklichkeit ausmachen. Deshalb kann man zwar Archive für den métissage anlegen, ihm aber keine Denkmäler errichten.«[4]

Der Gesichtspunkt des Zeitfaktors bringt nun das eigenartige Paradoxon zum Vorschein, in das sich die westliche Welt verstrickt sieht, die den toten métis heute gern Blumen bringt. Dank liberalisiertem Weltmarkt und dank Verkehrs- und Kommunikationsmitteln macht sie in einem vorher unvorstellbaren Ausmaß Begegnungen von Völkern, Sprachen und Traditionen möglich, entzieht diesen Begegnungen jedoch zugleich die Möglichkeit dauerhafter Folgewirkung. Der aus Martinique stammende Schriftsteller Édouard Glissant nennt den Ort, an dem solche Begegnungen in der Vergangenheit dauerhafte Früchte getragen haben, die »unbegrenzten Strände der Zeit«: Strände, auf denen sich Berührungen in Sedimentierungen verwandeln können, die dann allmählich in die Tiefe dringen und sich zu neuen Substanzen verbinden.

Die Kultur der Antillen ist wie kaum eine andere das deutlich erkennbare Produkt andauernder wechselseitiger Durchdringung. Sie besitzt keinen zentralen Ursprung, sondern hat sich im Zusammenspiel präkolumbianischer, europäischer, afrikanischer, asiatischer und amerikanischer Elemente herausgebildet. Eine unbeabsichtigte Frucht des durch die Plantagenwirtschaft erzwungenen, gewaltförmigen Zusammenlebens von afrikanischen Sklaven und französischen Pflanzern ist die kreolische Sprache, die auf einem Teil der Antillen gesprochen wird, und zwar von den Nachkommen der einstigen Sklaven und denen der einstigen Herren. Prozesse der Kreolisierung, die auf Wechselwirkungen beruhen, haben sich überall dort abspielen können, wo die »Strände der Zeit« sich weit genug hinzogen, um herangeschwemmte Einflüsse aufzunehmen und Ablagerungen entstehen zu lassen.

Seit die westliche Moderne neben den anderen Ressourcen ihrer Produktivität auch die Zeit immer rationeller bewirtschaftet, sind brachliegende Zeiträume zum teuren Luxus geworden. Die Strände der Zeit von einst sind vermessen, begradigt, eingezäunt und zubetoniert. Was dort angeschwemmt wird, kann nicht lange liegenbleiben und womöglich Wurzeln schlagen. Die Begegnungen der Kulturen vervielfältigen sich zwar, aber sie ereignen sich im Schock des Augenblicks; etwas Neues und Drittes, das weite Zeiten braucht, um sich darin zu entfalten und fortzuentwickeln, entsteht dabei kaum.

Der hochgehaltene »Multikulturalismus« unserer Gegenwart verhält sich zu den Prozessen von Kreolisierung und métissage der Vergangenheit wie safer instant sex zur altmodisch riskanten, verwickelten, langwierigen und gelegentlich folgenreichen Leidenschaftsliebe. Der moderne Kulturkontakt trägt zeitgemäß Präservativ. Und er achtet darauf, daß die Abgrenzungen zwischen den Kulturen beachtet werden, da nur so das »Multi« der Multikultur plausibel bleibt. Unsere Strände der Zeit allerdings sind schmal und steril, der Boden, auf dem sich langsam und ungeplant eine kreolische oder auch eine jiddische Sprache hat bilden können, ist abgetragen. Die Zeit der nunmehr ostgrenzenlos hegemonialen westlichen Zivilisation besitzt die merkwürdige Eigenschaft, nach ständiger Expansion zu streben und sich in einer Gegenbewegung wieder zusammenzuziehen, die Vielzeitigkeit der Welt zur homogenen Gleichzeitigkeit der Quarzuhrepoche komprimierend.

An der Gesellschaft des Landes, dessen ökonomische und technologische Macht den Prozeß der Homogenisierung unaufhaltsam vorantreibt, der Vereinigten Staaten, lassen sich deren auch nach innen wirkende Effekte immer deutlicher ablesen. Dem seit den sechziger Jahren in den USA zirkulierenden Sprachgebrauch zufolge, handelt es sich um eine extrem heterogen zusammengesetzte Gesellschaft, bestehend aus zahllosen Bindestrich-Amerikanern, Asian-Americans, Italian-Americans, African-Americans, Hispanic-Americans, Jewish-Americans und so fort. Der Bindestrich deutet an, daß beides nebeneinander besteht, das Amerikanische und das, was die Immigranten (oder die einmal als Sklaven ins Land geschleppten Schwarzen) aus ihren Herkunftsländern mitgebracht haben, und daß es neuartige Verbindungen eingegangen ist. Der »Schmelztiegel« Amerika hat das angeblich zuwege gebracht.

In diesem Schmelztiegel ist zwar tatsächlich viel geschmolzen, dabei aber ist vor allem der Herkunftsanteil weggeschmolzen. Etwas ganz und gar Neues, Drittes, vor dem Schmelzprozeß der Immigration auch in Ansätzen nicht Vorhandenes, hat sich am Ende nicht ergeben. Amerika war schon da, als die Immigranten von überall her ins Land strömten, und die allermeisten von ihnen hatten auch gar nichts anderes im Sinn, als so schnell wie möglich Amerikaner zu werden, das heißt, sich den bereits vorhandenen und kodifizierten amerikanischen Normen anzupassen. Die Konturen jenes Amerika, das Tocqueville in der ersten Hälfte des 19. Jahrhunderts beschrieb, sind auch nach anderthalb Jahrhunderten Massenimmigration immer noch deutlich erkennbar. Anpassung an dieses Amerika untersagt den Immigranten nicht, individuell bestimmte mitgebrachte Gewohnheiten beizubehalten, nach ihrer Façon zu glauben, zu essen und zu Hause zu sprechen; ja, es kann sogar als Zeichen gelungener Anpassung betrachtet werden, wenn solchen Differenzen Beachtung geschenkt wird.

Eine von dem Englischprofessor der Pennsylvania State University Christopher Clausen mitgeteilte Anekdote unterstreicht aufs schönste diesen Sachverhalt. Auf Hawaii hatten ein Chinese und eine jüdische Amerikanerin geheiratet und sich den Bindestrichnamen Schandler-Wong zugelegt. Der Ehemann entschloß sich außerdem, zum Judentum zu konvertieren. Seine chinesischen, ganz auf amerikanische Assimilation erpichten Eltern, die sich zu Hause abgewöhnt hatten, mit Stäbchen zu essen, waren überglücklich. Warum? Das Judentum selber interessierte sie nicht; der Sohn hatte mit der Konversion zu einer anderen Religion, mit der Umstellung gewissermaßen auf Essen mit jüdischen Stäbchen, aber den Beweis geliefert, daß aus ihm nun ein echter Amerikaner geworden war.[5]

Der »Multikulturalismus«, über den in den achtziger und neunziger Jahren erbittert gestritten wurde, bis hin zur Ausrufung »kultureller Kriege«, wird als Gegenbewegung und Widerstand gegen die amerikanische Assimilation falsch etikettiert: Er ist vielmehr, wie Russell Jacoby unterstreicht, ihr Produkt.[6] Nur weil das amerikanische Zivilisationsmodell, anders als von hysterischen Propheten des Auseinanderbrechens der USA befürchtet, nicht im geringsten in Frage gestellt wird, können verschiedene »Kulturen« geduldet und sogar ermutigt werden. Was aber heißt überhaupt und insbesondere im US-amerikanischen Zusammenhang »Kultur«?

Es ist in der Regel, wie Jacoby mit guten Argumenten nachweist, nur die irreführende Bezeichnung einer sozialen Gruppe. Wenn die Nachkommen italienischer Einwanderer, die kein Wort Italienisch mehr sprechen, höchstens eine gewisse Vorliebe für Spaghetti haben, sich in einem italo-amerikanischen Baseballclub zusammentun, bilden sie vielleicht ein bestimmtes soziales Milieu, aber keine »Kultur«. Solange alle anerkennen, daß Baseball für Amerikaner etwas überaus Wichtiges ist und daß man die Namen der nationalen Baseballstars kennen muß, um mitreden zu können, ist alles in bester amerikanischer Ordnung. In welche Kirche, in welchen Tempel oder in welche Synagoge Amerikaner mit oder ohne Bindestrich gehen, ist ihnen jedoch selbst überlassen. »Die Begriffe *kultureller Pluralismus, Multikulturalismus* und *kulturelle Verschiedenheit* bezeichnen heute nicht verschiedene Arten, in der amerikanischen Gesellschaft zu leben, sondern verschiedene Life-Styles. Die ›verschiedenen‹ Kulturen träumen allesamt vom selben amerikanischen Erfolg, planen für ihn und kommen zuweilen in seinen Genuß. Nur die Ideologen des Multikulturalismus haben das noch nicht mitbekommen.«[7]

Gewiß hinterlassen einzelne Einwanderergruppen Spuren in den Sitten der Mehrheitsgesellschaft, beeinflussen kulinarische Moden und manchmal auch den Sprachgebrauch. So wie die Bagels im Angebot einer New Yorker Imbißbude nicht fehlen dürfen, schmücken aus dem Hebräischen oder Jiddischen stammende Wörter wie »chutzpah« so manchen amerikanischen Zeitungsartikel. Das alles aber macht noch keinen angelsächsisch-jüdischen »métissage«. Eher weist das frühe amerikanische Englisch Spuren eines gewissen »métissage« auf, insofern nämlich, als es sich Sprech- und Ausdrucksweisen anverwandelt hat, die schottische und irische Siedler mitbrachten.

Auch die deutsche Sprache ist, wie andere europäische Sprachen, das Produkt vielfältiger Anverwandlungen fremder Sprachelemente. Etwa fünfhundert Wörter ihres Wortschatzes sind arabischer Herkunft; zahlreiche Ausdrücke der Umgangssprache wie »Sauregurkenzeit« oder »Guten Rutsch« gehen auf verballhorntes Jiddisch und Rotwelsch zurück. Ausgerechnet der »Hurra-Patriotismus« verdankt sich der Verbindung des französischen Worts »patriotisme« mit dem tatarischen, von den Russen übernommenen Ausruf »Hurra«. Solange Armeen sich großenteils aus Söldnern unterschiedlichster Herkunft zusammensetzen, glich gerade der Militärjargon einem linguistischen Patchwork. Die heutigen Militärs jedoch haben sich sprachlich den Einheitstarnanzug eines von Sprachromantikern immer noch als »Englisch« bezeichneten Nato-Pidgin übergezogen.

Verteidiger einer Sprachreinheit, die es niemals gegeben hat, sorgen sich nun sehr um die Kontamination des Deutschen (oder auch des Französischen und anderer Sprachen) durch das massenhafte Eindringen von Vokabeln aus der zur globalen lingua franca des späten 20. Jahrhunderts mutierten englischen Sprache und wiederbeleben eine eingefleischte alte Angst vor der Vermischung. Man kann versucht sein, ihnen zuzurufen, was Karl Kraus den Sprachpflegern seiner Zeit zurief: »Wenn die Herren die große Zeit, anstatt sie mit Sprachreinigung zu vertun, lieber darauf verwenden wollten, ihren Mund zu reinigen, so wären die Voraussetzungen für eine spätere internationale Verständigung vielleicht gegeben«.[8] Zu beobachten ist aber gerade kein Mischungsprozeß im Sinn von métissage, sondern nur eine im Rhythmus der Moden wechselnde Konjunktur englischer Vokabeln, die keine neue Mischsprache hervorbringt, sondern höchstens schlechtes Deutsch, das sich mit ebenso schlechtem oder gar erst – wie beim Handy – eigens erfundenen Englisch dekoriert.[9] Heraus kommt die Idealsprache der *Benutzeroberfläche*: Ein »Event« etwa liegt gerade dann vor, wenn sich nichts ereignet, den Benutzern aber suggeriert werden soll, sie versäumten etwas Entscheidendes, wenn sie das »Event« genannte Nichtereignis-Icon nicht anklicken.[10] Das »Event« wird wahrscheinlich längst wieder vergessen sein, während manche noch wissen, was mit dem »Hurra-Patriotismus« gemeint ist oder gemeint war. Unterschied zwischen kurzzeitig angelegtem Modeschmuck und sprachlichem »métissage«.

Solche Unterschiede verwischen sich allerdings, wenn, wie es heute der Fall ist, Rhetorik und Ikonographie des métissage im Kurs steigen, abzulesen an der Werbung für Luxusprodukte. Der farbige Exotismus allein tut es nicht mehr, »die Welt von morgen«, verkündet Kenzo, einer der Hoflieferanten der neuen globalisierten Aristokratie, »ist authentischer métissage«. Von dort oben, wo sich die internationalen Eliten ungeachtet ihrer nationalen Herkunft im Vollgefühl ihrer kosmopolitischen Beweglichkeit begegnen, läßt sich leicht etwas angewidert auf die gewöhnlichen, immobilen Bevölkerungen herabsehen, die Mischungen fürchten und sich an ihre Eigenarten oder das, was sie dafür halten, klammern. Prozesse von métissage und freiem Spiel der Differenzen preisen, heißt aber noch lange nicht, sie auch verstehen, und noch weniger, ihnen auch Zeit zugestehen, in der sie sich nach ihren eigenen Regeln und Dynamiken entwickeln können.

Die Abwehr aller Formen von Vermischung ist nicht ohne Grund oft mit Haß auf die Zeit einhergegangen, am extremsten vielleicht im Denken des unglückseligen Otto Weininger, dessen Phobie gegenüber der mit dem Weiblichen assoziierten Vermischung sich innig mit raumbesessenem Haß auf die Zeit verband. Das Zeitverhältnis dient François Laplantine und Alexis Nouss als entscheidendes Kriterium bei ihrer Bestimmung von »métissage« und dessen Abgrenzung vom »Hybriden«: Das Hybride könne statisch erfaßt werden, der métissage, der sich über längere Zeiträume entfaltet, dagegen nicht.

Die scharfe Abgrenzung hat jedoch etwas Willkürliches, wenn darin nicht sogar ein Zugeständnis an überlieferte Vorurteile steckt, denn am Ausdruck »hybrid« hängt eine alte Geschichte der Abwehr von Mischzuständen und Mischprodukten, wie sie in zahlreiche Redensarten eingegangen ist: »Weder Fisch noch Fleisch« im Deutschen, »mi-chèvre, mi-choux« – halb Ziege, halb Kohl – im Französischen. Die Züchtung von Hybridpflanzen für die Landwirtschaft hat die Konnotation »künstlich« und »steril« hinzugefügt, da sich botanische Kreuzungen zwar durch höhere Erträge und Resistenz gegen bestimmte Schädlinge auszeichnen, dafür vielfach aber, wie Hybridmais, nicht fortpflanzungsfähig sind. Auch das aus Kreuzung hervorgegangene Maultier ist steril. Könnte die Abwertung des Hybriden nicht vielleicht dazu dienen, den Anteil Abwehr, den die im métissage enthaltene Idee der Vermischung hervorruft, umzulenken und dem Hybriden aufzubürden, so daß métissage um so heller strahlen kann?

Unter Berufung auf Michail Bachtin plädiert die Literaturwissenschaftlerin und Migrationsforscherin Sherry Simon gerade für die Verwendung des Begriffs der »Hybridität«, wenn es darum geht, einen neuen Typus von Mischprozeß zu erfassen, der sich durch seine offene Unabgeschlossenheit vom métissage unterscheidet. Métissage hat für Sherry Simon ein Ergebnis, den métis, der fortan seine spezifischen Züge und seine spezifischen Traditionen besitzt. »Die Hybridität«, schreibt Sherry Simon, »ist keine neue Synthese, kein Ergebnis. Die Stasis der Hybridität ist illusionär, da die Hybridität eine vorübergehende Phase ist, ein Moment, der neue Ausdrucksformen hervorbringen wird, die noch unbekannt sind.«[11]

Die Notwendigkeit, auf den Begriff der Hybridität zurückzugreifen, ergibt sich für die Autorin aus der bei ihren Untersuchungen zutage getretenen Erkenntnis, daß das, was sich in zeitgenössischen Immigrationsgesellschaften abspielt, als simpler Prozeß der Assimilation und Anpassung minoritärer Gruppen an die Mehrheitskultur nicht mehr zureichend erfaßt werden kann. »Der Mangel der traditionellen Perspektiven besteht darin, anzunehmen, daß die dominierende Gruppe, die ›Aufnahmekultur‹, stabil bleibt, während sich die ›Fremden‹ anpassen. Die Kultur ist aber keine schützende Hülle, sondern ein Ensemble von Praktiken, die ständig in Bewegung sind.«[12]

In Gesellschaften, die sich durch unausgesetzte Migrationsbewegungen in ihrer Zusammensetzung permanent verändern, bedarf es nicht unbedingt des unmittelbaren Kontakts zwischen verschiedenen Gruppen oder gar der biologischen Vermischung, damit verändernder Einfluß ausgeübt wird. Sherry Simon erwähnt das Beispiel der chassidischen Gemeinden, die sich nach dem Zweiten Weltkrieg in Brooklyn und in Montreal niedergelassen haben. Die Chassiden leben ihrem religiösen Selbstverständnis entsprechend ganz unter sich, abgeschirmt gegen die sei es nichtjüdische, sei es laizistisch-jüdische Außenwelt, geschützt dabei auch von der jiddischen Sprache, in der sie sich untereinander verständigen; die Abkapselung ist dennoch nicht undurchlässig: Ihre bloße sichtbare Präsenz hat Einfluß auf die Art, in der andere den Komplex »kulturelle Verschiedenheit« wahrnehmen. Ohne die chassidischen Männer, die am Freitagabend in ihrem dem polnischen Adel des 18. Jahrhunderts abgeschauten festlichen Aufzug der Synagoge zuströmen, würde anderen Bewohnern des umgebenden Viertels wahrscheinlich ein bedeutender Anhaltspunkt für die Empfindung fehlen, in einer vielfältig zusammengesetzten Umgebung zu leben. »Der paradoxe Charakter des urbanen Raums ermöglicht es, daß Nähe zwischen Individuen und Gruppen entsteht, ohne daß es unbedingt eine Interaktion geben muß.«[13]

Muß das aber gleich »Hybridität« heißen? Ein Faktor kommt für mich zu kurz in dieser Bestimmung der Hybridität als modus vivendi in Immigrationszonen, das ist der Faktor Zeit. Zu unterscheiden wäre zwischen Formen von Hybridität, die nichts anderes als Resultanten des Prozesses der Einebnung von Ungleichzeitigkeiten sind, den etwa der weltweite gleichzeitige Empfang der gleichen Fernsehprogramme symbolisiert, und nicht vorhersehbare, sich mit der Zeit einstellende Ergebnisse von räumlicher Koexistenz und Beeinflussung. Die Parabolantennen, die so viele Elendsbehausungen in aller Welt überragen, mögen als pittoreske Zeichen von Hybridität erscheinen, doch sind sie mehr als nur Zeichen? Die Antennenschüsseln künden vom Anschluß der Bewohner an die Kommunikation der hochentwickelten Welt, die über die Satellitenprogramme verbreitet wird, und geben zugleich zu erkennen, daß der Anschluß sich auf den Bereich des Imaginären beschränkt. Die von den elektronischen Medien rund um den Globus hergestellte Gleichzeitigkeit der symbolischen Partizipation unterstreicht gerade den Ausschluß aus der realen Gegenwart der hochentwickelten Metropolen. Denn das von den Medien in alle Slums und Favelas hineingesendete Versprechen, dadurch von der Nötigung zur Emigration in die reichen Metropolen zu befreien, daß an den Peripherien selbst in Bildform zu haben ist, was das Leben in den Zentren so erstrebenswert erscheinen läßt, ist rasch als folgenloses Versprechen durchschaut; und die Bewohner der Peripherien haben begriffen, daß der symbolische Anschluß an die

Zeit der Metropolen ein Einbahnkanal ist, der sie selbst nur als Empfänger haben will. Métissage – oder Hybridität im Verständnis Sherry Simons – setzt aber Wechselspiele von Passivität und Aktivität voraus.

Und sie brauchen Zeit. Vielleicht nicht unbedingt die unbegrenzten Strände der Zeit, von denen Édouard Glissant spricht, aber doch eine bestimmte Ausdehnung, die zur Zukunft und zur Vergangenheit hin offen ist und einer Dimension Raum gibt, die quer steht zu deren linearen Abfolge. Eine der Herausforderungen des métissage besteht nach Ansicht des Historikers der Eroberung der Neuen Welt, Serge Gruzinski, darin, daß diese Linearität am geschichtlichen Auftreten des métissage zuschanden geht: »Die métissages, die sich im Amerika des 16. Jahrhunderts ereignen, im Zusammentreffen unterschiedlicher Zeitlichkeiten – der des christlichen Westens und jener der indianischen Welten –, bringen diese Zeiten auf einmal miteinander in Berührung und verzahnen sie ineinander. Die Metapher der Verkettung, der Aufeinanderfolge oder der Ablösung, die die evolutionistische Deutung der Geschichte stützt, verliert hier ihre Geltung, denn die Zeit der Besiegten wird nicht automatisch durch die Zeit der Sieger ersetzt, sie kann sogar jahrhundertelang mit ihr koexistieren. Dadurch, daß der Einbruch der Vermischungen seit langem voneinander getrennte Menschheiten plötzlich zusammenbringt, wird die Vorstellung von einer einzigen Entwicklung des geschichtlichen Werdens erschüttert, und es werden Verzweigungen, Querverbindungen und Sackgassen sichtbar, denen Rechnung getragen werden muß.«[14] Das Fazit, das der Historiker aus seiner Untersuchung der auf die Eroberung Mexikos im 16. Jahrhundert folgenden Mischungsprozesse zieht, ist auf die Gegenwart nicht ohne weiteres übertragbar. Allenfalls vielbeachtete Hybridstädte wie Hongkong oder Buenos Aires machen durch spektakuläre, sich ihrerseits wandelnde Mischformen von sich reden, die den Historiker Gruzinski an den zurückliegenden mexikanischen métissage erinnern. Entwicklungen hin zu neuen Formen urbaner Hybridität lassen sich jedoch auch an weit weniger beachteten Orten beobachten, in Vierteln nordamerikanischer Großstädte etwa, die sowohl Schauplatz aufeinanderfolgender Immigrationsschübe als auch innerstädtischer Binnenwanderungen sind.

Als Terrain der Untersuchung hat Sherry Simon ein Montrealer Viertel mit dem Namen Mile-End gewählt. Ins Auge springt dort ein Monument architektonischer Hybridität, die Kirche Saint Michael's, die mit ihrem minarettartigen Turm und ihrem Kuppeldach eher an eine Moschee denken läßt als an einen christlichen Sakralbau. Gebaut worden war die Kirche im Jahr 1915 für die sehr katholische irische Gemeinde, die sich in den Jahrzehnten danach jedoch in anderen Quartieren ansiedelte und Saint Michael's anderen Nutzern überließ. Heute versammelt sich dort eine polnische Gemeinde.

»Die Stadt durchqueren«, schreibt Sherry Simon, »heißt zuweilen, die Erfahrung des Durchquerens mehrerer raum-zeitlicher Zonen machen.«[15] Die urbane Struktur mit ihren Gebäuden und Verkehrswegen bleibt nicht völlig stabil, aber ihre Veränderungen folgen einem anderen, gemächlicheren Rhythmus als die Bewegungen der Immigration und Binnenwanderung, in deren Verlauf sich die Bevölkerung binnen weniger Jahrzehnte fast vollständig austauschen kann. Das bedeutet, daß sich die Zeit des Viertels in verschiedene Zeiten aufspaltet, die sich dann gegeneinander verschieben. Das Viertel besitzt somit nicht eine einzige Vergangenheit, sondern mehrere Vergangenheiten, je nach dem Verhältnis, das alte und neue Bewohner zum Viertel unterhalten. Das gleiche gilt für die Gegenwart. Bewohner eines solchen Viertels bewegen sich, auch wenn sie sich dessen nicht immer bewußt sind, in mehreren Zeiten und entsprechend in mehreren Arten der Erinnerung. »Die Spuren der Vergangenheit bleiben an den Häusern und den Geschäften und den öffentlichen Gebäuden mit ihren manchmal halb gelöschten Beschriftungen haften. Wer das Viertel verlassen hat, behält sie im Gedächtnis.«[16]

Wer sich im Zug innerstädtischer Wanderungsbewegungen in einem Viertel niederläßt, das vorher von den Gewohnheiten und Einrichtungen anderer Gruppen geprägt war, muß deren Hinterlassenschaften in gewissem Sinn vergessen, um sie bewohnen zu können. Eine Privatschule für Kinder wohlhabender Immigranten, im Gebäude einer imposanten ehemaligen Synagoge untergebracht, deren zugemauerte Fassade gerade noch Reste eines hebräischen Schriftzugs am Giebel erkennen läßt, mag von jenen, die sich an früher erinnern, als Barbarei empfunden werden, für andere ist nichts anstößig an dem Umstand, daß Gebäude ohne Rücksicht auf ihre Herkunft in der Gegenwart zu neuen Zwecken genutzt werden. Die jüdische Gemeinde, der die Synagoge gehörte, braucht das Gebäude nicht mehr, weil sie längst in einen anderen Stadtteil umgezogen ist. Eine aus ähnlichen Vierteln zusammengesetzte Stadt wäre der Gegenentwurf zu Jerusalem, dieser »Hauptstadt der Erinnerung«, auf deren Boden die verschiedenen Religionen um den Anspruch auf jeden Stein kämpfen, an den sich eine sakrale Erinnerung der einen oder anderen Art heften läßt.

Im Viertel Mile-End bestehen Erinnerung und Vergessen nebeneinander, und dieses Nebeneinanderbestehen macht wahrscheinlich erst ein Zusammenleben der einen mit den anderen möglich. Hybridzeit könnte die Zeit genannt werden, in der Erinnerungszeit und Vergessenszeit miteinander koexistieren, ohne sich gegenseitig zu annullieren. Solche Hybridzeit gehörte weder den einen noch den anderen, weder denen, die sich erinnern wollen, noch denen, die die Erinnerung der anderen vergessen müssen, um sich frei bewegen zu können.

In dieser Hinsicht nehmen die Bewohner solcher durch Immigration und Migration bestimmter urbaner Räume etwas vorweg, was auf alle Bewohner einer von medialen Kanälen durchzogenen Welt zukommt: die Nötigung nämlich, in mehreren Zeiten zugleich zu leben, in der eigenen Zeit ebenso wie in den Zeiten anderer. Kinogänger sind durch viele Filme daran gewöhnt worden, sich von einer Sequenz zur anderen auf wechselndes Zeitempfinden umzustellen; doch ob solche Umstellung auch in der Realität der sich wandelnden Alltagswelt gelingt, ist eine offene Frage.

In der Alten Welt jedenfalls, auch wenn diese unübersehbar mehr und mehr Züge von Hybridität annimmt, mag die Idee der Hybridzeit auf größeren Widerstand stoßen als in der Neuen. Im europäischen Zusammenhang klingt die von Sherry Simon vorgetragene These, daß Leben in einer Welt der Migrations- und Mischungsprozesse die Bereitschaft zum Vergessen voraussetzt, wie eine frivole Provokation. Denn die Aufforderung, um des Lebens in der Gegenwart willen zu vergessen, stößt sich nicht nur an der übermächtigen europäischen Tradition der Erinnerungspflege, deren Geltungsanspruch jeder restaurierte mittelalterliche Kirchturm und jedes historische Museum verkündet; sie steht nach dem nationalsozialistischen Massenmord auch unter dem durchaus begründeten Verdacht, insgeheim mit der Verleugnung der Barbarei zu paktieren, die, um Brecht zu zitieren, »den Mord gebar«. Von Brecht stammt zwar auch ein Gedicht mit dem Titel »Lob der Vergeßlichkeit«, dessen Schlußverse lauten: »Die Schwäche des Gedächtnisses / verleiht den Menschen Stärke«, doch das Gedicht entstand noch in der Zeit vor dem Mord. Fürsprache fürs Vergessen hat danach, fürs erste jedenfalls und in Europa, ihre Unschuld verloren.[17]

Die Idee einer Hybridzeit mag aber auch aus anderen Gründen auf Schwierigkeiten stoßen. Bei allem neuerlichen Lob des métissage, sagt Serge Gruzinski, hat man versäumt, einige einfache Fragen zu stellen: »Durch welche Alchimie vermischen sich die Kulturen? Zu welchen Bedingungen? Unter welchen Umständen? Nach welchen Modalitäten? In welchem Rhythmus?«[18] Solche Fragen müßten aber beantwortet werden, soll der unversöhnliche Gegensatz zwischen euphorischer, werbungsgestützter Feier globalisierter Menschheitskommunion und der Angst vor der totalen Uniformisierung des Planeten überwunden werden. Über die Bedingungen und Modalitäten, nach denen sich Zeiten miteinander verbinden, sich mischen oder sich abstoßen, ist noch viel weniger bekannt. Ist es also nichts als Schwärmerei, sich eine Hybridzeit vorzustellen, in der die Zeitbegriffe der Hopis ebenso Platz fänden wie die westlichen Uhren- und Maschinenzeiten? Oder läßt sich von Menschen, die in mehreren Sprachen leben, lernen, wie in mehreren Zeiten zu leben wäre, ohne die Orientierung zu verlieren oder in einer konturenlosen Mischzeit dahinzutreiben?

Ein auf der mehrsprachigen Insel Madagaskar nach seiner bevorzugten Sprache befragter Dozent der Universität von Antanarivo gab diese bemerkenswerte Auskunft: »Wenn ich an meine Dissertation denke, denke ich in Französisch. Wenn ich an meine Kinder denke, denke ich in Malgache.«[19]

Es gibt allerdings Regionen im europäischen Teil dieser gleichen Welt, in denen solche sprachliche Unschuld lebensgefährlich werden kann. Im Oktober 1999 wurde ein bulgarischer Angestellter der UNO in Priština im Kosovo auf offener Straße erschossen, nachdem er die Frage nach der Uhrzeit in einer falschen, nämlich nicht der albanischen Sprache, sondern vermutlich – man weiß es nicht genau, weil der Mann tot ist – in seiner slawischen Muttersprache beantwortet hatte.

# NACHRUF AUF DEN »BON MOMENT«
## Über den Zeitsinn

Wie den Ausdruck *le bon moment* im Deutschen wiedergeben?
»Der richtige Augenblick« trifft nicht genau, was *le bon moment*
meint. Im darin Gemeinten drückt sich ein Zeitverhältnis aus, das
man außerhalb bestimmter Sprach- und Alltagstraditionen in dieser Form nicht kennt, in Deutschland nicht, aber auch nicht in den
USA und manch anderen westlichen Ländern. Kurt Tucholsky,
der Jahre in Frankreich lebte, hat solche anderen Zeitvorstellungen
1927 an einem alltäglichen Beispiel erläutert. Die Franzosen,
schrieb er dort, »haben überhaupt keinen Sinn für Zeit – es ist vielleicht möglich, in Frankreich alles durchzusetzen – nur eines darf
man nicht: man darf nicht eilig sein. Sie sind grade nicht zu Hause,
oder sie sind nicht aufgelegt, oder sie brauchen den Anlauf – unmöglich, hier in ein Zimmer zu treten und grade heraus zu sagen,
was man will. Was in Deutschland kaufmännische Tugend, wäre
hier eine dicke Unmöglichkeit. Am besten, wenn man sehr viel
Zeit hat und erst einmal mit dem Mann seiner Wahl frühstücken
geht. Ah, es ist ihm nicht um das Geld! Aber nach dem Fisch wird
er aufgekratzt, und beim Kaffee ist er umgänglich, auch in Geschäften, grade in Geschäften – beim Kaffee werden die meisten
Abschlüsse gemacht, nicht im Büro. Es ist alles so anders –«[1]
   Das war dann *le bon moment* fürs Verhandeln, der aber nicht unbedingt mit Kaffee und Dessert herannahen mußte. Tucholsky hat
sich natürlich irreführend ausgedrückt, als er sagte, die Franzosen
hätten »überhaupt keinen Sinn für Zeit«. Es ist gerade der »Sinn für

Zeit«, der den rechten Augenblick wählen läßt, ein Sinn, der nicht auf Hilfsmittel wie Terminkalender und Uhr zurückgreifen muß. Lange vor Einführung von Uhr und Kalender sprachen die Griechen vom *kairós*, dem glücklichen, gut getroffenen oder von den Göttern geschenkten Augenblick, dem rechten, passenden Zeitpunkt. Die Wahl des *bon moment* setzt zweierlei voraus: eine Tradition, die der Ausbildung des Sinns für Zeit einen Wert zuerkennt, und einen gesellschaftlich bestätigten Umgang mit der Zeit, der dem Sinn für Zeit die Freiheit läßt, ohne äußeren Druck den rechten Moment zu erkennen.

In einer Zivilisation, die sich die Maxime »remember that time is money« zu eigen macht, ist wenig Platz für den nicht terminierbaren *bon moment*, sowenig wie für den Zeitsinn, der ihn erkennt. »Wir Amerikaner«, schreibt der Montrealer Autor Jean Larose, der mit Frankreich innig vertraut ist und gerade in der Auseinandersetzung mit französischen Traditionen das Spezifische nordamerikanischer Denkweisen zu erfassen versucht, »sind begriffsstutzige Wesen nach Art der Deutschen, wir wollen immerzu mit dem Kopf durch die Wand, und die meisten von uns begreifen nie, daß man die Leute beleidigt, wenn man ständig hervorhebt, daß die Umgangsformen und das Savoir-vivre mit Kunstgriffen zu tun haben, wie wenn ihnen das nicht ebenso bewußt wäre wie uns.«[2]

Sinn für Zeit hat ebenfalls etwas mit Umgangsformen und Savoir-vivre zu tun und damit auch mit Kunstgriffen, deren Kenntnis eine sozial gestützte Alltagskultur weitervermittelt; er ist ebensowenig eine ethnisch fundierte Qualität wie ein feiner Gaumen. Aber er ist keine nebensächliche Folklore, wie sich in bestimmten geschichtlichen Augenblicken zeigen kann, und zwar dann, wenn die Fähigkeit, den *bon moment* zu erfassen und auszunutzen, Dinge in Bewegung bringt, die sich zu einem anderen Zeitpunkt nicht hätten bewegen lassen.

Gelungene Revolutionen haben vielleicht viel mehr dem bei ihren Akteuren vorhandenen Sinn für den *bon moment* zu verdanken, an dem der gezielte Eingriff in einen bereits in Gang gekommenen Prozeß der Erosion des Status quo zum Kippen bringt, als Strategie und Bewaffnung. Es ist vielleicht kein Zufall, daß die einzige gelungene und danach auch von keiner Konterrevolution oder Restauration gänzlich zurückgedrehte große Revolution im Westen Europas, in Frankreich, stattgefunden hat, dem Land des *bon moment*. Überall anders, nicht zuletzt in Deutschland, sind die Revolutionen gescheitert, und zwar mit einiger Wahrscheinlichkeit deshalb, weil sich deren Akteure mangels Zeitsinn allzusehr auf Konzepte, Pläne, Kalender und Uhren verließen. Eine 1919 im *Simplicissimus* gedruckte Karikatur von Karl Arnold mit dem Titel »Gottvertrauen« hat das auf ihre Weise ausgedrückt. Ein beleibter Mann sitzt im Gras, mit dem Rücken gemütlich an einen Baum gelehnt, und sagt mit Blick auf die Taschenuhr, die er unter die Brille hält: »Halb sechs – sie muß kommen, die Weltrevolution!«

An Revolutionären, die zur falschen Zeit gekommen sind und deshalb scheiterten, ist kein Mangel, vor allem nicht in der Literatur; Romane und Bühnendramen haben sie oft zu ihren Helden gemacht. Molières *Misanthrope* war für Georg Lukács der Prototyp des zu früh gekommenen Revolutionärs, schreibt der ungarische Schriftsteller und Lukács-Schüler István Eörsi, und fügt hinzu: »Aber welcher Revolutionär kam nicht zu früh? (Oder zu spät, wie Antigone, die das Matriarchat verpaßte?) Denn zur rechten Zeit kommt keiner, das muß ich gegen meine revolutionären Neigungen einsehen – in diesem Fall nämlich würde er siegen und die strahlende Idee, in deren Namen er antrat, zu den gegebenen Möglichkeiten herunterziehen.«[3] Wenn es keine gelingenden Revolutionen mehr gibt, dann vielleicht nicht aus Mangel an Revolutionären, sondern deshalb, weil der Zeitsinn, der im Ablauf der Zeit unter zahllosen Augenblicken instinktsicher den *bon moment* erkennt, unter dem konformierenden Druck homogenisierter Zeit verkümmert ist.

Als Prothese, die Funktionen des blind und taub gewordenen Zeitsinns übernehmen soll, wird nun das »Timing« angeboten, dessen Sprachform an die Herkunft aus der Zivilisation erinnert, die »remember that time is money« als Maxime in Umlauf brachte. Es bedeutet, nicht zu warten, bis günstige Bedingungen für eine Aktion versammelt sind, sondern diese günstigen Bedingungen durch Zeitmanagement oder auch, wenn es sein muß, durch Manipulation oder Terror gewaltsam herzustellen. In bezug auf Hitler schreibt Hans Blumenberg in *Lebenszeit und Weltzeit*: »Es konnte für nichts, was er tat, den ›richtigen Zeitpunkt‹ geben.«[4]

Sichtbares Resultat modernen professionellen »Timings« ist etwa ein gelungener Militärputsch. Auf Unwägbarkeiten wie eine heranreifende gesellschaftliche Entwicklung braucht er nicht zu warten. Seine Waffen sind, neben einigen mit den Putschplanern verschworenen schlagkräftigen Militäreinheiten, Kalender und vor allem verläßliche, genau aufeinander abgestimmte Uhren. Wolfgang Pohrt hat das prägnant in einem Satz formuliert, der sich auf den von den USA mit eingefädelten Militärputsch von 1973 gegen die verfassungsmäßig amtierende chilenische Regierung unter dem sozialistischen Präsidenten Salvador Allende bezieht: »…ein letztes Kopfnicken, ein letzter Uhrenvergleich, und Chile war bis zur Unkenntlichkeit verändert.«[5] Keineswegs eine »linksradikale« Übertreibung, denn die inzwischen zum Vorschein gekommenen Dokumente der US-Regierung liefern dazu die aktenmäßige Bestätigung.[6]

Unterschied zwischen Revolution und Putsch: Revolutionäre bringen die Zeit durcheinander, schaffen womöglich einen neuen Kalender wie in der Französischen Revolution oder halten die Uhren an wie die Revolutionäre von 1830, die, einem von Walter Benjamin mitgeteilten Zeugnis zufolge, am Abend des ersten Kampftages »an mehreren Stellen von Paris unabhängig von einander und gleichzeitig nach den Turmuhren« schossen[7]; Putschisten hingegen halten die Uhren, vielleicht Schweizer Herkunft, in Ehren, deren präziser Anzeige sie unter anderem ihre Machtergreifung verdanken. Bei seinem Aufenthalt im damals von zahlreichen Anarchisten bevölkerten Schweizer Jura fiel, woran Paul Parin erinnert, dem Revolutionär Michail Bakunin die Ironie der

Geschichte auf, »daß gerade hier, im Land der größten Freiheit, die Uhrenindustrie zur Blüte gekommen ist, daß von hier aus die Welt mit jenen Maschinchen beliefert wird, die die Zeit immer genauer zerstückeln, immer wirksamer entfremden, bis sie – zuerst bei den gezwungenermaßen fleißigen Uhrenarbeiterinnen – der Lebenszeit entzogen, in Produktionseinheiten verwandelt und den Gesetzen der Rentabilität überantwortet ist«.[8]

Dem Unterschied zwischen uhrenferner Revolution und uhrenabhängigem Putsch entspricht in gewisser Weise der Unterschied zwischen den herkömmlichen, von Tucholsky benannten »Geschäften«, die an einem vorher nicht genau festzulegenden Zeitpunkt und unter nicht genau vorherbestimmbaren Umständen zustande kommen, und dem zeitgenössischen »business«. Dieses nämlich hat die geringsten Zeitintervalle zu beachten, wenn es seinen Einsatz nicht verlieren will. Die Zeitspannen, die für den gewünschten Rückfluß des eingesetzten Kapitals angesetzt werden, werden nach Auskunft von Experten gegenüber früheren Jahren immer kürzer: »Unter dem Vorzeichen des Shareholder-Value-Kalküls ändern sich dramatisch die Fristigkeiten, in denen vorgegebene Renditen erreicht werden sollen. Short-Terminism heißt die neue Parole. Der deutlich gestiegene Einfluß des Controlling steht dafür, daß nur noch in Vorhaben investiert wird, die schon nach kurzer Zeit einen wirtschaftlichen Nutzen versprechen.«[9]

Ein Zeitsinn, der den *bon moment* für eine Aktion erhascht, hat unter dem Imperativ des »Short-Terminism« keinen Platz mehr, kann sogar störend und kontraproduktiv werden. Gebieterischer noch als die Schweizer Uhr zeigt der Bildschirm die Zeitpunkte an, an denen zugegriffen werden und worauf zugegriffen werden muß. *Just in time* ist die jämmerliche Schwundstufe des *bon moment.* Sein Ableben erinnert daran, daß der Siegeszug der technisch-industriellen Zivilisation nicht nur unter Traditionen entlegener Südseeinseln restlos aufzuräumen im Begriff ist.

# ZEITENWENDE
## Über wiedergefundene Kriege

In einem Aufsatz, der sich unter der Überschrift »Theorien des deutschen Faschismus« mit dem von Ernst Jünger 1930 herausgegebenen Sammelband *Krieg und Krieger* beschäftigt (einem Buch, zu dessen Autoren Werner Best gehörte, Himmlers späterer Adlatus und Organisator der ersten SS-Einsatzgruppen), stellte Walter Benjamin Überlegungen an, die im Hinblick auf die erste Beteiligung Deutschlands an einer bewaffneten Intervention gegen ein Drittland seit der bedingungslosen Kapitulation von 1945, der an der Operation »Allied Force« gegen Serbien im Frühjahr 1999, Beachtung verdienen:

»Was heißt, einen Krieg gewinnen oder verlieren? Wie auffallend in beiden Worten der Doppelsinn. Der erste, manifeste, meint gewiß den Ausgang, der zweite aber, der den eigentümlichen Hohlraum, Resonanzboden in ihnen schafft, meint ihn ganz, spricht aus, wie sein Ausgang seinen Bestand für uns ändert. Er sagt: der Sieger behält den Krieg, dem Geschlagenen kommt er abhanden; er sagt: der Sieger schlägt ihn zum Seinigen, macht ihn zu seiner Habe, der Geschlagene besitzt ihn nicht mehr, muß ohne ihn leben. Und nicht nur den Krieg so schlechthin und im allgemeinen, sondern jeden geringsten seiner Wechselfälle, jeden subtilsten seiner Schachzüge, jede entlegenste seiner Aktionen. Einen Krieg gewinnen oder verlieren, das greift, wenn wir der Sprache folgen, so tief in das Gefüge unseres Daseins ein, daß wir damit auf Lebenszeit an Malen, Bildern, Funden reicher oder ärmer geworden sind. Und da wir einen der größten der Weltgeschichte, einen Krieg verloren, in dem die ganze stoffliche und geistige Substanz des Volkes gebunden war, so mag man ermessen, was dieser Verlust bedeutet.«[1]

Diesen durch die Niederlage Nazideutschlands 1945 ein weiteres Mal abhanden gekommenen Krieg wieder in die Hand bekommen und damit einen säkularen, »tief ins Gefüge unseres Daseins« eingreifenden Verlust wettgemacht zu haben, das hat, scheint mir, vielen Deutschen eine so tiefe Befriedigung verschafft, daß sie mehr als andere bereit waren, bei ihrer generellen Zustimmung zur deutschen Beteiligung an der Nato-Operaton »Allied Force« gegen Serbien im Frühjahr 1999 über alle damit verbundenen Ungereimtheiten, Widersprüche, offenkundigen Irreführungen und schlichten Absurditäten großzügig hinwegzusehen. Vor allem übersahen sie in ihrer Befriedigung über den in ihrem Land wiedergefundenen Krieg, der in seinem Wert um so höher stieg, als er endlich ohne die kompromittierenden Nazis zu haben war, daß das Fundstück alles mögliche sein mochte, was im Zusammenhang mit militärischer Gewaltausübung vorstellbar ist, nur eben kein Krieg.

Und zwar nicht deshalb, weil dieser Operation von der Führung der USA und anderer Nato-Länder das Label *Krieg* verweigert wurde: Das geschah erklärtermaßen lediglich aus formaljuristischen Gründen, um zu vermeiden, daß Bestimmungen des Kriegsvölkerrechts und der Genfer Konvention auf gewisse lästige Nebeneffekte von »Allied Force« angewandt werden könnten. Was zur Folge hatte, daß viele Leute gerade in Deutschland das Gefühl hatten, wenn sie vom »Kosovo-Krieg« sprachen statt von der offiziell benannten »Intervention«, gut aufklärerisch der Wahrheit gegen eine durchsichtige, dazu vom deutschen Verteidigungsministerium mit Nachdruck aufrechterhaltene Sprachregelung zum Sieg zu verhelfen. Eine nützliche Selbsttäuschung, die selbstverständlich nichts mit Wahrheit und Aufklärung zu tun hatte, sondern dem Zweck diente, den Krieg gleich den einstigen alliierten Siegermächten »wieder zur Habe nehmen« zu können, mit Benjamins Worten. Ein großartiger kollektiver Selbstbetrug.

Einen Krieg im herkömmlichen Sinn hat 1999 nur eine Seite geführt, die serbo-jugoslawische. Zunächst, lange vor der Nato-Intervention, hatte die Armee dieses Landes etwas gemacht, was sich in den vergangenen Jahrzehnten unter dem Namen »counter-insurgency war« in zahlreichen Ländern der Welt, vor allem in Zentral- und Lateinamerika, aber auch in Indonesien, häufig mit militärischer und logistischer Unterstützung durch die USA, abgespielt hat. Hier wie dort waren zahlreiche Zivilisten den Operationen mehr oder weniger regulärer, mit allerlei »Beratern« durchsetzter Armeen gegen eine bewaffnete Aufstandsbewegung zum Opfer gefallen.

Fakten dieser Art waren allerdings gründlich vergessen, nachdem der serbische Präsident Slobodan Milošević Anfang 1998 seinen Streitkräften und Polizeieinheiten befohlen hatte, in der Provinz Kosovo massiv gegen die bewaffneten Insurgenten der kosovo-albanischen Organisation UCK vorzugehen, die zuvor neben serbischen Polizisten und Soldaten auch serbische Zivilisten angegriffen hatte. Der serbische Antiguerillakrieg verwandelte sich auf den westlichen *Benutzeroberflächen* Zug um Zug in ein abscheuliches, den Untaten der Nazis nahekommendes Menschheitsverbrechen, das die »internationale Gemeinschaft«, ganz anders als im Fall vorausgegangener, rücksichtslos geführter Antiguerillakriege, mit massiven militärischen Mitteln glaubte stoppen zu können und bestrafen zu müssen.

Eine unter dem Firmenzeichen Nato angetretene kleine, aber radikale Minderheit der sogenannten internationalen Gemeinschaft schlug am 24. März 1999 aus der Luft gegen Serbien los, unter Beteiligung einer deutschen Tornadostaffel, deren sechs einsatzfähige Maschinen als Beitrag zur militärischen Schlagkraft zwar vergleichsweise bescheiden wirkten, doch fürs deutsche Publikum bedeutend genug, um ihm das Gefühl zu verschaffen, nun mit dabeizusein im richtigen Krieg. Dabei waren sie schon, nur nicht dabei in einem Krieg. Im Krieg befand sich kein einziges Land außer Serbien, das neben dem ersten, dem nach Beginn des Nato-Bombardements hemmungslos ausgeweiteten Antiguerillakrieg, nun einen zweiten zu führen begann, einen Luftabwehrkrieg. Mangels ebenbürtiger technischer Ausstattung der eigenen Luftstreitkräfte und Flugabwehrwaffen griffen die serbischen Streitkräfte auf die Verfahren zurück, die sie seit Jahrzehnten in Erwartung einer drohenden Invasion (durch die Sowjetunion) erprobt und trainiert hatten, auf Eingraben, Verstecken, Tarnen und Täuschen.

Auf diese Art der Kriegführung und der ihr eigenen Zeitordnung waren die Luftstreitkräfte der Nato aber nicht im geringsten eingestellt. Trotz Aufklärungssatelliten und ständiger Luftüberwachung durch Drohnen und das AWACS-System fielen sie auf viele der Tricks herein, auf die Miloševićs Armee mangels Feuerkraft zurückgriff. Die Langsamkeit der Bewegungen, die diese Armee mit ihren Fahrzeugen im bergigen Gelände des Kosovo auszuführen gezwungen war, war immer noch viel zu schnell für die Operationen der mit Schallgeschwindigkeit anfliegenden Jagdbomber der Nato. Mit ihren etwa 38 000 Einsätzen gelang es dieser Luftstreitmacht, gerade mal ein paar Dutzend Panzer und ein paar Dutzend Geschütze außer Gefecht zu setzen, wie sich nach dem Abzug der serbischen Armee aus dem Kosovo herausstellte. Die meisten der zigtausend gemeldeten Treffer galten Attrappen – oder nichtmilitärischen Zielen, wie einem bei Leškovać im Südosten Serbiens über eine Brücke fahrenden Personenzug.

Dieser Zug, behauptete hinterher die PR-Abteilung der Nato, sei derart schnell herangefahren, daß der Pilot, der nichts als die Brücke im Visier gehabt hatte, ihn nicht rechtzeitig habe bemerken können. Ein halbes Jahr später sah sich die Nato gezwungen, zuzugeben, daß die den Journalisten vorgeführten Videoaufnahmen manipuliert worden waren: Um die These vom schnellen Tempo des dann zerfetzten Personenzugs plausibel zu machen, hatte man die Bilder in dreifacher Geschwindigkeit ablaufen lassen. Ohne künstliche Beschleunigung kommt offenbar auch demokratische Überzeugungsarbeit nicht aus.

Das Dorf Korica im Kosovo behauptete die Nato-Aufklärung als Sammelpunkt der serbischen Armee ausgemacht zu haben (zunächst möglicherweise zu Recht, aber darum geht es in diesem Zusammenhang nicht). Als F-16-Bomber der Nato den Ort am späten Abend des 13. Mai 1999 bombardierten, befanden sich dort an der Stelle serbischer Militärs mit ihren gepanzerten Fahrzeugen jedenfalls kosovo-albanische Flüchtlinge mit ihren Traktoren und mit Hausrat beladenen Anhängern. Die Luftaufklärung der Nato war trotz ihrer modernen Infrarotausrüstung offenbar nicht in der Lage gewesen, die vorausgegangenen Fahrzeugbewegungen um das Dorf herum zu verfolgen. Am Tod der vielen bei dem Bombenangriff getroffenen kosovo-albanischen Zivilisten, hieß es danach im westlichen Fernsehen, sei gar nicht die Nato schuld, sondern die serbische Armee, die heimtückischerweise Flüchtlinge an diesen Ort gebracht hätte, von dem sie wußte, daß die Nato ihn auf ihre Zielliste gesetzt hatte. Woher wußte sie das so sicher viele Stunden vor dem Angriff der alliierten Jagdbomber? Wahrscheinlich aus Moskau, lautete die am Bildschirm gegebene Auskunft. Der Bildschirm ist geduldig.

Doch nicht nur zwischen Nato und serbischer Armee klaffte eine Geschwindigkeitslücke. Hans Magnus Enzensberger fühlte sich an einen Bodenkrieg im Stil des Dreißigjährigen Kriegs erinnert, der zeitgleich mit einem High-Tech-Luftkrieg am Ende des 20. Jahrhunderts geführt wird: »Zwischen dem Krieg der Serben im Kosovo und dem Krieg der Nato im Luftraum über dem Balkan besteht eine Zeitdifferenz von vierhundert Jahren. Wer sich von den Plünderungen, Brandschatzungen, Massakern und Greueltaten der serbischen Soldateska ein Bild machen will, sollte sich nicht auf CNN verlassen, sondern Grimmelshausen lesen«, belehrte er das Publikum[2], dabei allerdings gleich einer zweifachen Zeittäuschung unterliegend. Einmal führte die serbische Armee, wenn auch am Boden, einen durch und durch modernen Krieg, und zum anderen hätte der gebildete Kriegskommentator, der den Ausdruck »Brandschatzung« gebrauchte, besser daran getan, nicht an Grimmelshausen und an die Geschichte des Dreißigjährigen Kriegs zu erinnern. Eine Gegend »brandschatzen« hieß damals nämlich keineswegs, wie Enzensberger offenbar annimmt, blindwütend Feuer legen, es hieß, einen Landstrich durch ihrerseits verhandelbare Gewalt bedrohen. Zahlten Dörfer und Städte ein Lösegeld, kamen ihre Bewohner mit dem Schrecken davon. Nur wenn sie nicht zahlten, gingen die Häuser in Flammen auf.

Grimmelshausen haben die Zielplaner der Nato wahrscheinlich nicht gelesen. Doch auch die Programme von CNN und anderer Fernsehketten hatten sie offenbar keines Blicks gewürdigt, oder sie waren außerstande, dem Tempo zu folgen, in dem die Fernsehbilder vorüberzogen. Ende April 1999 hatte das BBC-Fernsehen in einer Reportage von einem großen Erfolg der UCK berichtet, der Eroberung eines bedeutenden Stützpunkts der serbischen Armee bei Kosare in der Nähe der albanischen Grenze. Die Kamera zeigte in liebevoll gedrehten Nahaufnahmen die serbischen Waffen und Ausrüstungen, die der UCK in die Hände gefallen waren. Wenige Wochen später, am 22. Mai, wurde eben dieses von der UCK gehaltene Areal von der Nato bombardiert, wobei eine Reihe kosovo-albanischer Freischärler den Tod fanden. Man bedaure den Vorfall und verstünde ihn nicht, erklärten hinterher verlegen die Nato-Sprecher, die Gebäude hätten als serbischer Stützpunkt auf ihrer Liste »legitimer Ziele« gestanden.

Das eigene, vom Besitzwechsel der Basis berichtende Fernsehen anzuschauen, ein Fernsehen, das die Sache der Allianz im Rahmen seiner Erzählmöglichkeiten mit größtmöglicher Ergebenheit vertrat, war den Zielplanern der Nato nicht eingefallen. Oder sie hielten die westlichen Fernsehbilder, analog zu den serbischen, auch nur für realitätsferne Propaganda, darin bestärkt vom streng aufs Humanitäre eingestellten Medienblick, der die Kosovo-Albaner, möglichst in Gestalt erschöpfter Frauen und Männer und kleiner Kinder, nur als wehrlose Opfer wahrnehmen wollte, niemals aber als erfolgreich zuschlagende Akteure. Vielleicht waren die zielplanenden Militärs auch schlicht vom Tempo des Fernsehens überfordert. Militärs haben seit jeher die Angewohnheit, so zu handeln, als hätten sie in der Gegenwart die verlorenen Kriege der Vergangenheit zu gewinnen.

Wirkungsvoll im Gegensatz zu den Luftoperationen gegen die serbische Armee im Kosovo waren zweifellos die Bombardements von Kraftwerken, Fabriken, Raffinerien, Brücken und anderer Einrichtungen im serbischen Kernland. Aber handelte es sich um Kriegsoperationen? Kriegsoperationen stoßen in einem Krieg gewöhnlich auf irgendeine Form feindlicher Gegenwehr. Die aber blieb, abgesehen von demonstrativ blitzendem und krachendem und gegen die hoch fliegenden Nato-Maschinen wirkungslosem Flakfeuer, fast vollständig aus. Angelegt war »Allied Force« auch gar nicht als mit eigenen Risiken verbundener Krieg, sondern als ein Unternehmen, das der französische Historiker Pierre Vidal-Naquet, der in den sechziger Jahren als erster die während des Algerienkriegs angewandten Folterpraktiken dokumentiert hatte, treffend als »eine Art Folter aus der Luft« definierte.[3] Es sollte so lange mit »Luftschlägen« draufgehauen werden, bis der auf diese Weise unter Zwischenschaltung der Zivilbevölkerung Geprügelte, Milošević, den Mund aufmachte und dann das vorgelegte Protokoll unterschrieb. Das hat aber nicht wie vorgesehen funktioniert.

Einmal befand sich ein großer Teil der Bande, deren Chef zur Aufgabe gezwungen werden sollte, in Freiheit und konnte sich für jeden in Belgrad empfangenen Schlag wiederum an den in ihrer Reichweite verbliebenen Opfern, den Kosovo-Albanern und ihrer bewaffneten Befreiungsbewegung UCK, schadlos halten. Zum anderen verhielt sich der aus der Luft gefolterte Bandenchef anders, als vergangene Foltererfahrungen es erwarten ließen. Er schien sich ebensoviel Zeit lassen zu können wie diejenigen, die die Schläge führten, und brachte dadurch die Zeitordnung durcheinander, die sonst in der Verfügungsgewalt des folternden Verhörspezialisten steht. Was das Regime Miloševićs nach drei Monaten

»Allied Air Torture« (wie die Operation sachgerecht hätte genannt werden müssen) letzten Endes dazu brachte, das Protokoll zu unterschreiben; ein Protokoll freilich, das nicht mehr dem im Februar 1999 in Rambouillet aufgesetzten Originaltext entsprach, sondern in der Zwischenzeit modifiziert worden war, mögen eines Tages Historiker herausfinden.

Die »Allied Force« genannte Operation ist oft mit der ebenfalls von den USA angeführten Operation »Desert Storm« von 1991 verglichen worden, unter völkerrechtlichen, waffen- und kommunikationstechnischen Gesichtspunkten. Der Vergleich mag naheliegen, führt aber nur dann zu weiterreichenden Einsichten, wenn man den Faktor Zeit mit heranzieht. Der Golfkrieg von 1991 hatte in der westlichen Öffentlichkeit heftige Affekte ausgelöst, ungleich heftigere als der zwischen dem Iran und dem Irak kurz davor acht Jahre lang ausgefochtene, auf beiden Seiten zahlose Opfer fordernde andere Golfkrieg. Dort schlugen aber auch nur muslimische Orientalen aufeinander ein, die einen im Westen nur insofern etwas angingen, als man beiden Seiten Waffen verkaufen konnte.

Auf erste, traditionell pazifistisch ausgerichtete Demonstrationen gegen den Angriff der von den USA angeführten militärischen Allianz auf den Irak am 16. Januar 1991 folgte bald eine große öffentliche Konfusion: Wer kämpft hier überhaupt gegen wen, und worum geht es? Einige vom Territorium des Irak aus auf Israel abgefeuerte und von palästinensischem Beifall begleitete Raketen des sowjetischen Typs Scud ließen den von entsprechender Bildaufbereitung verstärkten Eindruck aufkommen, die arabische Welt sei nun zum finalen Vernichtungskrieg gegen den jüdischen Staat Israel angetreten. Von dem von der UNO völkerrechtlich abgesegneten Interventionsgrund der Befreiung des souveränen Staats Kuweit von der völkerrechtswidrigen Besetzung durch den Irak war bald nur noch am Rande die Rede.

Selbst der kühl reflektierende Hans Magnus Enzensberger zeigte sich von der ausgebrochenen Konfusion in einem solchen Maß angesteckt, daß der Autor von *Der Untergang der Titanic* bereits die ganze Welt im Feuersturm vergehen sah, den seiner Einschätzung nach die Hitler an Zerstörungs- und Selbstzerstörungswahn noch übertreffenden orientalischen Diktatoren à la Saddam Hussein zu entfesseln imstande seien. Die Konfusion wurde zweifellos durch Kommunikationstechniken mit aufrechterhalten, die die Fernsehzuschauer in einen Zustand permanenter Anspannung versetzten, ohne daß ein kurzzeitig entspannender Überblick über die ganze Story möglich war.

Diese Kommunikationstechniken »in Echtzeit« überrumpelten das Publikum in ähnlicher Weise, wie die von den gleichen Kommunikationstechniken gesteuerten Bomben und Raketen die irakische Verteidigung überrumpelten. Ehe begriffen werden konnte, was da überhaupt geschehen war und was es für den Verlauf der Ereignisse bedeutete, übermittelten die in die Waffen integrierten Fernsehkameras die nächsten Bilder vom Einschlag lasergesteuerter Bomben in einem etwa als »Waffendepot« bezeichneten Gebäudekomplex. Solche Kommunikation »in Echtzeit« verabsolutierte sich rasch gegenüber den kommunizierten Inhalten. Im Zusammenspiel mit einer geschickt operierenden Militärzensur hat sie keine Informationen im herkömmlichen Sinn mehr passieren lassen, sondern nur noch das informationelle Rohmaterial, diffuse, schnell aufeinanderfolgende, nicht entzifferbare Signale. Ein eigenartiger, kalter, elektronisch erzeugter Erregungszustand erfaßte das westliche Publikum und brachte es dazu, innerhalb weniger Tage von der anfänglich überwiegenden Ablehnung dieser militärischen Intervention zur überwältigenden Zustimmung zu wechseln.

Kaum waren Bilder von dem Massaker über den Bildschirm gezogen, das die alliierte Luftwaffe auf der Autobahn in der Nähe der irakischen Grenze unter aus dem Kuweit fliehenden Irakern anrichtete, war alles auch schon vorbei; der erwartete Panzervormarsch nach Bagdad blieb aus, die gesamte Allianz räumte das Feld. Man rieb sich die Augen und sah und begriff auch hinterher immer noch nichts. Saddam Hussein blieb am Leben und an der

Macht, was der von den USA angeführten Kriegsallianz seither als Begründung dient, den als »Schurkenstaat« gebrandmarkten Irak am Boden zu halten und ihm von Zeit zu Zeit mit aus heiterem Himmel geführten Bombenangriffen diesen Status in Erinnerung zu rufen.

Unter dem Gesichtspunkt des zeitlichen Verlaufs betrachtet, hat die Nato-Intervention gegen Serbien, verglichen mit dem Golfkrieg von 1991, viel zu lange gedauert. Zwar wurde auch 1999 das Publikum ohne Unterlaß mit elektronischer Kommunikation bombardiert, doch je länger sich das sowohl militärische als auch informationelle Bombardement hinzog, desto brüchiger wurde der Zusammenhang zwischen erklärtem Interventionsziel und den sichtbar gemachten Effekten der Intervention. Von einem bestimmten Moment an begann die vergehende Zeit sich gegen die Interessen der Interventionsmächte zu kehren. Innerhalb von drei Monaten Interventionsdauer hatte das westliche Publikum doch zu viel Zeit, um über die Diskrepanz zwischen der eingängigen Nato-Parole vom »moralischen Krieg« und Bildern von massenweise über die Grenzen flüchtenden kosovo-albanischen Zivilisten nachzudenken. Zuviel Zeit auch, um sich darüber klarzuwerden, daß zwischen dem erklärten militärischen Ziel, die im Kosovo operierende serbische Armee kampfunfähig zu machen, und der Zerstörung der alten Donaubrücke in Novi Sad am entgegengesetzten Ende Serbiens ein weder faktisch noch logisch einsichtiger Zusammenhang besteht.

Im Nato-Land Italien, von dessen Flugbasen aus viele der Bomber der Nato starteten, wuchs der sichtbare Unmut, drückte sich in Demonstrationen und öffentlichen Appellen für ein Ende der Intervention aus, auch in neuen Nato-Ländern wie Ungarn und Tschechien bröckelte die anfängliche Unterstützung der Operation bedrohlich weg, es zeichnete sich also das Gegenteil der Entwicklung der Meinungen im Golfkrieg ab. Selbst innerhalb der Nato-Führung selbst, war hinterher zu erfahren, sollen derart heftige Meinungsverschiedenheiten aufgetreten sein, daß die Erleichterung groß war, als die Generäle auf das Einlenken Miloševićs hin die Operation »Allied Force« abblasen konnten.

Nur in Deutschland war es in diesen drei Monaten erstaunlich ruhig geblieben. Es wurden zwar wie während des halb so langen Golfkriegs ein paar Schaukämpfe zwischen »Pazifisten« und »Bellizisten« ausgefochten, und es wurden da und dort Bedenken geäußert, doch das Publikum zeigte sich von alledem wenig beeindruckt, hielt seine Affekte im Zaum und ging seinem sonstigen Tagewerk nach. Hauptsache, man hatte den Krieg wiedergefunden und mußte sich vor anderen seiner Kriegsarmut nicht mehr schämen. Nur war das, was die Deutschen mit ihrer allseits begrüßten Teilnahme an »Allied Force« zurückgewonnen hatten, eben nicht »der Krieg«. Der Krieg erwirbt sich nicht allein durch Waffenbesitz und Waffengebrauch, hat der tschetschenische Rebellenführer Schamil Bassajew richtig erkannt: »In Rußland gibt es Kanonen, Panzer und Flugzeuge, nur keine Kriege«, sagte er im Herbst 1999. Anfang 2000 allerdings scheint Rußland unter Wladimir Putin in Tschetschenien das Kriegführen wiedererlernt zu haben, ablesbar nicht nur am brutalen Draufschlagen, sondern auch am umstandslosen Wegstecken eigener Verluste. Davon ist Deutschland immer noch unendlich weit entfernt. Der Umstand, daß der winzige deutsche Anteil an dem die militärische Auseinandersetzung vermeidenden Nato-Unternehmen Luftfolter sogleich als Teilnahme am Krieg und als Rückgewinnung der Verfügung über ihn fehlgedeutet werden konnte, läßt sich zweifellos nicht einfach durch die Effekte politischer Propaganda erklären. Der Faktor Zeit spielt mit hinein.

Über zwei Generationen hinweg hat sich das Bild vom Krieg, das in den Jahren nach der deutschen Kapitulation vom 8. Mai 1945 noch nah und lebendig war, ins »Gefüge des Daseins eingreifend«, da fast jede Familie durch Verlust oder Gefangenschaft von Angehörigen, durch Bombenkrieg und Flucht unmittelbar in Mitleidenschaft gezogen war, offenbar vollständig gewandelt. Benjamin hatte 1930 klugerweise eingeschränkt: »Auf Lebenszeit« mache der

Krieg an »Malen, Bildern, Funden« reicher oder ärmer, nicht in alle Ewigkeit. Die Frist solcher »Lebenszeit« war 1999 deutlich sichtbar abgelaufen.

Man konnte also wieder von vorn beginnen, unter Voraussetzungen jedoch, die sich gegenüber den Voraussetzungen von Kriegen der Vergangenheit radikal gewandelt hatten. Wiedergefunden wurde nicht der Krieg, sondern sein zeitgemäß hergerichtetes Fake, das noch keinen angemessenen Namen erhalten hat. Deswegen scheint mir verfehlt zu sein, von einer »Normalisierung des Krieges« in Deutschland zu sprechen, wie es da und dort in kritischer Absicht geschehen ist. Geschehen ist etwas ganz anderes. Nicht der Krieg ist normalisiert worden, sondern die Normalität hat kurzzeitig einen kriegerisch wirkenden Tarnanzug anlegen dürfen. Das kann sich in der Zukunft durchaus wiederholen, nachdem sich 1999 herausgestellt hat, daß alles gar nicht so schlimm ist, wie es aussieht, und auch 38 000 Lufteinsätze kein unbezahlbares Vermögen kosten. Ein paar Monate nach Ende dieser Operation konnte Bundeswehrpersonal sogar bis nach Australien geschickt werden, ohne daß Sinn und Zweck dieses Einsatzes einer ernsthaften öffentlichen Diskussion unterzogen worden wären.

»Fortsetzung des politischen Verkehrs mit anderen Mitteln«, lautet die berühmte, meist nicht korrekt zitierte Clausewitzsche Bestimmung des Kriegs. Um eine Fortsetzung des Verkehrs mit anderen Mitteln hatte es sich bei der Nato-Operation schon gehandelt, jedoch nicht um eine Fortsetzung des politischen Verkehrs, sondern um die Fortsetzung des in einer westlichen Gesellschaft eingespielten zivilen Alltagsverkehrs. Was geschieht denn dort, in einer Großstadt, wenn Nothilfe angesagt ist, so wie zur Rechtfertigung des Luftüberfalls auf Serbien Nothilfe – für die akut bedrohte kosovo-albanische Bevölkerung – angesagt war?

In der Regel geschieht nicht viel. Gewalttäter wissen das, sie müssen gar nicht mehr abwarten, bis der Platz um sie herum menschenleer ist, ehe sie sich auf ihr Opfer stürzen. Oft genug werden Ausländer, Behinderte oder andere als Objekt der Aggression ausgewählte Individuen in Sichtweite von Passanten angegriffen und zusammengeschlagen. In regelmäßigen Abständen wird von Vergewaltigungen berichtet, die sich in einer U-Bahn oder einem Vorortzug abspielen konnten, obwohl andere Fahrgäste zugegen waren; die Hilfeschreie des Opfers veranlaßten die Augenzeugen des Verbrechens höchstens dazu, einen anderen Waggon aufzusuchen. Bis dann jemand aussteigt und von der Station aus die Polizei alarmiert, ist es für ein Eingreifen zu spät, das noch etwas verhindern kann. Die Täter sind über alle Berge, und der Polizei bleibt nur noch übrig, ein Protokoll aufzusetzen und das verletzte und verstörte Opfer nach Hause zu bringen.

Zeitgenossen, die eigene Hilfeleistung unterlassen und sie an dafür amtlich Zuständige wie Polizisten delegieren, sind nicht überdurchschnittlich gefühllos oder gleichgültig. Sie sind nur die durchschnittlichen Produkte von Gesellschaften, die ihren Angehörigen beigebracht haben, spontane Regungen zu unterdrücken, bei Auseinandersetzungen sogleich das eigene Risiko gegen andere Risiken abzuwägen und im Zweifelsfall Experten für Konfliktregelung zu Rate zu ziehen. Wollen nun solche Gesellschaften einen Krieg führen, der erklärtermaßen Nothilfe für eine akut bedrohte Bevölkerung zum Ziel hat, ist der Fehlschlag absehbar.

Die Art der Nato-Kampfführung entsprach genau dem erwähnten Verhalten in der U-Bahn angesichts einer Gewalttat: Eigene Risiken noch mehr scheuend als den Anblick des Verbrechens, rief man, diesmal in Gestalt von Luftflotten, Ordnungskräfte herbei, die wiederum unter Vermeidung eigener Risiken aus sicherer Distanz ihre Waffen einsetzten. Als die Nato sich aufgefordert sah, Lebensmittel für ausgehungert im Land umherirrende Kosovo-Albaner aus Transportflugzeugen abzuwerfen, lehnte sie das unter Hinweis darauf, daß die zum Zweck des gezielten Abwurfs niedrig fliegenden Maschinen von der gegnerischen Flugabwehr bedroht werden könnten, kategorisch ab.

Merkwürdige Art, einen Krieg zu führen, der nach außen mit nichts anderem als der moralisch hoch bewerteten Absicht der

Nothilfe begründet wurde, Nothilfe für die von der serbischen Armee bedrohte Zivilbevölkerung des Kosovo. Ging es um den Vorschlag eines effektiven Akts der Nothilfe und nicht nur um Rhetorik, zuckte die westliche Allianz reflexhaft zurück, als wäre ihr ein obszöner Antrag gemacht worden. Sie konzentrierte alle Kräfte auf ihre Operation Luftfolter gegen Milošević und schirmte dabei etwas vor fremden Blicken ab, was sich als die Achillesferse der mächstigsten Militärallianz der gegenwärtigen Welt zu erkennen gab: ihren eisernen Willen, um keinen Preis eigene Risiken einzugehen.

Der Imperativ der die Risikoscheu schamhaft umschreibenden »Eigensicherung«, wie der deutsche Verteidigungsminister Scharping stets betonte, umgab sich zugleich mit einem Strahlenkranz eifernder moralischer Empörung über die Untaten des Gegners, in dessen Widerschein die eigene Risikoscheu dann verschwinden konnte. Einem Bundeswehrleutnant, der die »Eigensicherung« so sehr über alles andere stellte, auch die Pflicht zur Hilfeleistung, daß er es vorzog, bei der Besetzung der Stadt Prizren im Juni 1999 im Kosovo einen von seinem Dauerfeuer schwer getroffenen bewaffneten Franktireur verbluten zu lassen, statt Sanitäter und einen Militärarzt hinzuschicken, hat der Verteidigungsminister entsprechend seiner eigenartigen Militärdoktrin hinterher die höchste Tapferkeitsauszeichnung der deutschen Armee verliehen.

Den Rückgriff auf die Rhetorik der Moral erkannte der kluge Soziologe Wolfang Sofsky als Flucht: Sie »erspart die Abwägung der Zwecke und den Einsatz der erforderlichen Mittel. Die bestürzte Rhetorik vom Völkermord und plötzlichem Zivilisationsbruch entspricht spiegelbildlich der militanten Rhetorik der Gewaltlosigkeit um jeden Preis, auch um den Preis eigener Unterlassungsschuld.«[4]

Der Hinweis auf die »militante Rhetorik der Gewaltlosigkeit« ist in diesem Zusammenhang nicht ohne Belang, da er daran erinnert, daß die für die Nato-Intervention politisch Verantwortlichen fast allesamt dem Antimilitarismus verpflichtet sind: vom Kriegsdienstverweigerer Bill Clinton über den Nato-Gegner Javier Solana bis zum Anti-Raketen-Demonstranten Rudolf Scharping. Zwar betonten diese Politiker ohne Unterlaß, daß sie sich seit ihren Jugendtagen verändert und daß sie unter dem Eindruck des Gewaltausbruchs im Bosnienkrieg und anderswo von ihren einstigen pazifistischen Überzeugungen Abschied genommen hätten, wobei sie mit dem Pfund ihrer Bekehrung propagandistisch auch noch ausgiebig wucherten, doch bringen gerade Konzeption und Verlauf der von ihnen mit getragenen Nato-Intervention zum Vorschein, daß dieser Abschied nur partiell stattgefunden hat. Zum Vorschein gekommen ist daher ein konzeptionelles Monstrum, von Ulrich Beck treffend »militaristischer Pazifismus« genannt. *Oxymoron* hieß in der klassischen Rhetorik solches Zusammenspannen kontradiktorischer Ideen und war nur in der Poesie zulässig; nun hat es auch die politische Wirklichkeit erreicht.[5]

Ein Tabu, das Anhängern der Gewaltlosigkeit heilig ist, das Tabu des Tötens anderer – »ich bin nicht auf der Welt, um arme Schlucker umzubringen«, sang Boris Vian zur Zeit des Indochinakriegs in seinem vom damaligen Innenminister François Mitterrand verbotenen Chanson »Le déserteur« –, das haben alle diese ehemaligen »68er« und »Baby-Boomer« à la Clinton in der Tat erfolgreich beiseitegeräumt: Sie töten nicht schlecht – aus der Luft –, jung und alt, Mann und Frau, Freund und Feind, Militärs und Zivilpersonen, und zwar ohne sichtbaren Zusammenhang mit der Absicht der Nothilfe. Als sich herausstellte, daß ihre Bomben, wie vor dem Angriff durchaus einkalkuliert, auch Schminkerinnen und Serviererinnen der Cafeteria des Belgrader Staatsfernsehens zerrissen hatten, erklärten sie aufgeräumt vor der Kamera, daß solche Leute nichts als Rädchen in der jugoslawischen Militärmaschine seien, somit freigegeben zum Abschuß. Die Tötungshemmung ist also erfolgreich überwunden – doch die andere, aus pazifistischen Vorzeiten geerbte Hemmung, diejenige nämlich, unter Umständen auch das eigene Leben aufs Spiel zu setzen, sie ist nach wie vor in Kraft und sogar ins Denken der Militärs eingedrungen.

Solange *diese* Hemmung nicht angetastet wird – was die Abschaffung der Tötungshemmung mit einem bizarren sadistischen Subtext versieht –, können die Führer der tonangebenden Nato-Mitgliedsländer sich der Unterstützung durch ihre jeweiligen Öffentlichkeiten sicher sein. Denn Bürger westlicher Länder, die angesichts einer in ihrer Nähe verübten Gewalttat lieber wegsehen und allenfalls hinterher zum Handy zu greifen, um amtliche Hilfe herbeizuholen, sie erkennen sich in Präsident Clinton wieder, der Woche um Woche zögerte, die mit großem Medientamtam als Wunderwaffen angelieferten Apache-Kampfhubschrauber in einen möglicherweise etwas riskanten Einsatz zu schicken. Oder im deutschen Bundeskanzler Schröder, der Soldaten der Bundeswehr nur als Sanitäter und Zeltbauer sehen wollte, wobei Regierungs- und Oppositionsparteien ihm einhellig beipflichteten. Solange die Hemmung, eigene Risiken einzugehen, intakt bleibt – und es ist nichts zu sehen, was sie abbauen könnte –, wissen die Herrscher von Ländern, mit denen die westliche Allianz künftig in einen bewaffneten Konflikt geraten könnte, ganz genau, was sie von dem Bündnis westlicher Staaten zu befürchten haben – und vor allem, was nicht.

Die Nato-Operation »Allied Force«, im Jargon der Journalisten bald in »Allied Farce« umgetauft, ist unübersehbar das Produkt der Epoche, die auch den Telefonsex hervorgebracht hat. Die an der Strippe empfundene Lust überwältigt zwar nicht, aber man geht kein Ansteckungsrisiko ein. So wie es hier mehr die Idee der Sexualität ist, die erregt, als die Sexualität selbst, so ist es im Fall der Nato-Intervention die ihr vorangetragene Idee der Moral, was den westlichen Gesellschaften gefällt, nicht die Moral der Nothilfe selbst, aus der, würde sie ernst genommen, weniger gefällige Verpflichtungen folgten. Diese wurden ihnen einerseits von Nato-Kommandanten abgenommen, die ihre Piloten von hoch oben bomben ließen, was das Zeug hielt und wen auch immer es traf, und andererseits vom Internationalen Kriegsverbrechertribunal in Den Haag, das durch die Ankündigung späterer juristischer Verbrechensbearbeitung das schlechte humanitäre Gewissen beruhigte.

Die ehemalige Chefermittlerin des Tribunals, die der nordamerikanischen Baby-Boomer-Generation entstammende Louise Arbour, Schwester im Geist der Interventionskommandeure Clinton, Solana, Blair, Scharping etc., beherrschte wie diese die überdrehte Rhetorik des moralischen Overkill, die dankbar aufgenommen wurde, weil sie indifferenten Gesellschaften wie den westlichen erspart, sich selbst im Spiegel ihrer Unterlassungen erkennen zu müssen. Wie das Beispiel der plötzlich vorzeitig aus dem Amt geschiedenen Ermittlerin Louise Arbour zeigt, läßt sich die Moralrhetorik, die die gesamte Menschheit als Zeugen anruft, von heute auf morgen auch wieder abstellen oder durch ein anderes Programm ersetzen, in diesem Fall durch den Aufstieg auf der Karriereleiter bis zum Sitz im Obersten Gericht Kanadas.

Schlechte Zeiten also für den Krieg? Nicht für den Krieg generell, denn die – größtenteils zivilen – Opfer von Kriegen, die allein seit dem etwas übereilt als Auftakt zu einer Friedensepoche gefeierten Ende der Ost-West-Konfrontation auf verschiedenen Kontinenten ausgebrochen sind, zählen nach Millionen. Aber schlechte Zeiten für den von Benjamin beschriebenen Krieg, der »tief ins Gefüge des Daseins eingreift«. Um solche tiefen Spuren zu hinterlassen, hat der Krieg dauern müssen – doch auch dafür hat niemand mehr Zeit. Ein zynisches Bonmot hat die Weltkriege des 20. Jahrhunderts als »organisierte Reisen der Arbeiterklasse« bezeichnet; wahr daran ist, daß Millionen von Deutschen, Russen, Japanern, Amerikanern, Kanadiern und anderen, in die Uniform der jeweiligen Armee gesteckt, zum ersten und oft einzigen Mal in ihrem Leben ins Ausland kamen. Die Einmaligkeit des Erlebnisses ließ sie auch dann, wenn ihnen das Kriegsziel unverständlich war, die schlimmsten Strapazen ertragen. Kriegserzählungen nahmen hinterher häufig den Charakter von touristischen Abenteuerberichten an.

Heute muß kein Krieg mehr her, um die Leute massenweise ins

Ausland reisen zu lassen. Kriege sind in diesem Sinn sogar ausgesprochen kontraproduktiv; sie schaden dem Massentourismus, wie die Länder ehemaliger Kriegsschauplätze in Kroatien und anderswo erfahren mußten. Humanitäre Interventionen, die irgendwo in Afrika oder im Pazifik stattfinden, sind als Ersatz für die Kriege von ehedem nicht besonders attraktiv, seit der Flugtourismus kaum einen mit Flughafen ausgestatteten Fleck der Erde ausgelassen hat. Wo die internationalen Helfer und militärischen Spezialeinheiten auch immer hingeschickt werden, die Touristen waren schon vor ihnen da. Und sie kommen viel billiger. 17 Millionen Mark hat es im Herbst 1999 gekostet, hundert Bundeswehrangehörige in veralteten, zu zahllosen Zwischenlandungen gezwungenen Propellermaschinen nach Australien fliegen zu lassen, wo unter der Überschrift »humanitärer Einsatz« eine Art moderates Abenteuerprogramm auf sie wartete. Ein Reiseunternehmen hätte es viel schneller und für einen winzigen Bruchteil der Kosten gemacht. Doch sobald Militärisches im Spiel ist, verhalten sich die politisch Verantwortlichen, als ob Urlaubsstimmung von ihnen Besitz ergriffen hätte, die dafür sorgt, daß in der Ferieneuphorie niemand genau auf die Höhe der Rechnung schaut. Geiz und Pfennigfuchserei sind erst für die graue zivile Zeit danach.

Jean Chesneaux, französischer Historiker Südostasiens, der zahlreiche Konfliktschauplätze in der postkolonialen Welt aufgesucht hat, macht darauf aufmerksam, daß die Diskussion über »humanitäre Interventionen« unausgesprochen auch eine Debatte über die Zeit enthält, insofern nämlich, als sich dieser Typ von Intervention strukturell einem Akt des Konsums annähert, der sich in einem aus dem Zeitverlauf herausgelösten Augenblick abspielt und bei dem Herkunft und Verfertigungsgeschichte der Sache für die Konsumenten nicht von geringstem Interesse sind. »Die humanitäre Aktion verlangt die Zeit des Hier und Jetzt und will sie legitimieren; die internationale Solidarität sieht sich aufgefordert, sowohl die Vergangenheit als auch die Zukunft zu ignorieren und nur die augenblicklichen Leiden zu beachten, ohne vergangene politische Verantwortlichkeiten für das zu berücksichtigen, was die Leiden hervorgebracht hat, und ohne einen Gedanken auf politische Prozesse und Projekte zu verschwenden, die eine Wiederkehr der Leiden in der Zukunft verhindern könnten.«[6]

## NERVENZEITEN
### Von der Neurasthenie zur Depression

»Die Kranken«, schrieb Walter Benjamin, dieser unersetzliche und deshalb hier immer wieder herbeizitierte Zeitzeuge, »haben ganz besondere Kenntnis vom Zustand der Gesellschaft; in ihnen schlägt die private Hemmungslosigkeit gewissermaßen in die inspirierte Witterung der Atmosphäre um, in der die ›Zeitgenossen‹ atmen. Die Zone dieses Umschlagens aber ist die ›Nervosität‹. Es wäre wichtig festzustellen, ob nicht selbst dies Wort zum Modewort im Jugendstil geworden ist. Die Nerven jedenfalls sind inspirierte Fäden, gleichen jenen Fasern, die sich mit unbefriedigten Verjüngungen, mit sehnsuchtsvollen Buchten um Mobiliar und Fassade zogen.«[1]

Mit den Nerven hatte es vor und nach der Wende vom 19. zum 20. Jahrhundert alle Welt, zumindest die europäische und nordamerikanische Welt (vom damaligen Zustand der chinesischen Nerven ist wenig bekannt, in Japan begannen die Nerven offenbar erst nach 1930 zu flattern). Die Nerven waren als Sitz eines Organs ausgemacht worden, das auf sich verändernde Lebensbedingungen der Menschen besonders empfindlich reagierte, durch bestimmte Störungen anzeigend, daß etwas in der menschlichen Konstruktion der sich bewegenden Außenwelt schlecht gewachsen war. »Neurasthenie«, zu deutsch Nervenschwäche, nannte der amerikanische Arzt und Spezialist für Elektrotherapie, George Miller Beard, eine Gruppe von Symptomen, die er bei einer großen Zahl von Patienten beobachtet hatte. Unter dem Titel *Nervous exhaustion, neurasthenia* veröffentlichte der 1839 geborene Beard im Jahr 1880 eine bald danach ins Deutsche und andere Sprachen übersetzte Studie, der 1881 das Buch *American nervousness with its causes and consequences* folgte.

Worin unterschied sich die »amerikanische Nervosität« von der allgemeinen »Nervenerschöpfung«? Der aus dem Neuengland-staat Connecticut stammende Predigersohn Beard vertrat in seinen Schriften die Auffassung, daß Nervenerschöpfung in den Vereinigten Staaten besonders gehäuft auftrete, weil die Menschen dort zu allem anderen an der religiös-puritanisch bedingten Unterdrückung von Gefühlsäußerungen litten. Als Gegenprobe diente ihm ein Aufenthalt im katholischen Französisch-Kanada, wo er auffallend weniger »Nervosität« angetroffen zu haben behauptete. Die Hauptursache der neuartigen Nervenerkrankung sah Beard jedoch in der allgemeinen zivilisatorischen Entwicklung, die erhöhten Leistungsdruck und, durch zunehmenden Zwang zur Pünktlichkeit bei der Arbeit und selbst beim Reisen (mit der Bahn), das Gefühl ständigen Gehetztseins mit sich brachte.

Die schnelle internationale Verbreitung der Schriften des 1885 verstorbenen Beard sorgte dafür, daß Neurasthenie und Nervosität bald in aller Munde waren. Nicht nur in aller Munde, sondern auch in Diagnosebefunden und Krankenakten, wie der Historiker Joachim Radkau feststellen konnte, als er Einblick in die erhaltenen Akten verschiedener Krankenhäuser wie der Berliner Charité, aber auch einiger zu Beginn des Jahrhunderts extra eingerichteter »Nervenheilanstalten« nahm, etwa der Kreuzlinger Kuranstalt »Bellevue« der Psychiater Robert und Ludwig Binswanger.[2] Beim Studium der Akten machte Radkau die merkwürdige Entdeckung, daß der Befund »Neurasthenie« sich nicht nur in den Aufnahmeakten, sondern als Entlassungsdiagnose auch in den Entlassungsakten findet, und zwar auffallend häufig und vielfach gerade bei solchen Patienten, die laut Akten bei der Aufnahme keineswegs unter »Nervenschwäche« gelitten hatten. Waren es also die Nervenheilanstalten, die die Neurasthenie erst erzeugten, die sie zu kurieren versprachen? So weit mag der Historiker Radkau nicht gehen, hebt aber das »Doppelgesicht« der Nervosität hervor:

»Sie war ein kulturelles Konstrukt und zugleich eine echte Leidenserfahrung. Die einzelnen Symptome – Magen- und Darmbeschwerden, Impotenz, Herzflattern, Schlaflosigkeit, Angst- und Schwächezustände – sind, für sich genommen, vieldeutig und unspezifisch; zur bedeutungsvollen Nervosität wurden sie erst durch verbindende Interpretationen. Aber diese Deutungsmuster waren zu ihrer Zeit nicht willkürlich. Eine Kultur ist kein absichtsvoll handelndes Subjekt, das sich trickreich Krankheiten ausdenkt. Und die Nervosität war eben nicht nur ein Schlagwort, sondern war und blieb auch eine beunruhigende und quälende Erfahrung.«[3]

Diese Erfahrung wurde nach zahllosen Zeugnissen Betroffener immer wieder mit dem »modernen Hetztempo« und mit dem Erlebnis mechanisierter Fortbewegung in Verbindung gebracht. In der Eisenbahnlektüre sah Walter Benjamin einen magischen Akt, dazu bestimmt, die zur Hetze antreibenden Götter der Eisenbahn milde zu stimmen. Der lesende Eisenbahnreisende, schrieb er, »weiß, die Münzen, die er diesem Opferstock weiht, empfehlen ihn der Schonung des Kesselgotts, der durch die Nacht glüht, der Rauchnajaden, die sich über dem Zuge tummeln, und des Stuckerdämons, der Herr über alle Schlaflieder ist. Sie alle kennt er aus Träumen, kennt auch die Folge mythischer Prüfungen und Gefahren, die sich als ›Eisenbahnfahrt‹ dem Zeitgeist empfohlen hält, und die unabsehbare Flucht raumzeitlicher Schwellen, über die sie sich hinbewegt, angefangen vom berühmten ›Zu spät‹ des Zurückbleibenden, dem Urbild aller Versäumnis, bis zur Einsamkeit des Abteils, zur Angst, den Anschluß zu verpassen, zum Grauen der unbekannten Halle, in die er hineinfährt.«[4]

Radkau ist der Umstand aufgefallen, daß die weite Verbreitung der Neurasthenielehre Dr. Beards in jene Zeit fiel, als die amerikanischen Eisenbahnen nach erfolgreichem Probebetrieb allgemein zum Schnellbetrieb übergingen. Der Übergang verlief jedoch nicht reibungslos, weder bei Rädern und Schienen noch bei den nun schneller transportierten Menschen, die zudem Fahrpläne noch genauer beachten und häufiger auf die Uhr schauen mußten als zuvor, und das machte »nervös«, selbst den soliden amerikanischen Yankee, den sonst nie etwas aus der Ruhe hatte bringen können. Die mechanisierte Fortbewegung forderte nicht nur Unfallopfer, sondern auch Nervenopfer, und zwar nicht nur beim Personal und bei Fahrgästen, sondern auch bei manchen Pionieren der technischen Fortbewegung. Rudolf Diesel, der Erfinder des Dieselmotors, eines der zentralen Beschleunigungsaggregate des 20. Jahrhunderts, ist nach dem Zeugnis seines Sohns Eugen Diesel an Selbstüberforderung zugrunde gegangen, nachdem er sich selbst ständige Leistungssteigerungen abverlangt habe, ähnlich denjenigen, die er aus seinem 1892 patentierten »rationellen Wärmemotor« kontinuierlich herausholte. Den angeblichen Unfalltod Rudolf Diesels, der 1913 bei der Überfahrt nach England von Deck stürzte und im Kanal ertrank, betrachtete der Sohn als Suizid.

Lassen sich Neurasthenie und Nervosität als reine Beschleunigungskrankheiten deuten? Joachim Radkau rät nach Auswertung der vom Beginn des 20. Jahrhunderts stammenden Krankenakten und nach Lektüre medizin- und technikhistorischer Literatur zur Vorsicht. Die Menschen, die damals die schneller gewordene Eisenbahn benutzten, gewöhnten sich nicht nur äußerlich allmählich an die raschere Fortbewegung, sondern sie ließen sich auch durchaus bereitwillig und durchaus genußvoll auf andere Weise beschleunigen, durch Film, Sport, Fahrrad und Auto. Gerade das Auto war zu Beginn des Jahrhunderts gar nicht als Tempomacher empfunden worden, sondern als ein Gefährt, das von Tempozwang gerade befreien kann.

In dieser Hinsicht ist das 1903 erschienene Buch *Eine empfindsame Reise im Automobil von Berlin nach Sorrent und zurück an den Rhein* von Otto Julius Bierbaum ein aufschlußreiches Zeugnis, nicht nur eine literaturhistorische Kuriosität. Der Berliner Verleger August Scherl hatte dem Schriftsteller ein Auto für diese Reise zur Verfügung gestellt und dann den abgelieferten Reisebericht in seiner

Zeitung *Die Woche* vorabgedruckt. Das Autofahren erschien Bierbaum nicht als bloße neuartig aufregende Variante der mechanischen Fortbewegung der Eisenbahn, sondern als Chance, aus der Gefangenschaft im vereinheitlichten neuen Tempo auszubrechen. Die geschundenen »Eisenbahnnerven«, wie Bierbaum sich zeitgemäß ausdrückte, konnten sich im Auto ausruhen, die Angst, zu spät zu kommen, hatte der Autofahrer abgeschüttelt. »Wir werden selber bestimmen, ob wir schnell oder langsam fahren, wo wir anhalten, wo wir ohne Aufenthalt durchfahren wollen. Wir werden ganze Tage lang in frischer, bewegter Luft sein. Wir werden nicht in greulichen, furchtbaren Höhlen durch die Berge, sondern über die Berge fahren.« Das offene Auto war damals der Standard, das geschlossene Coupé die noch viel teurer zu bezahlende Ausnahme. Souveräne Verfügung über die Zeit winkte als Belohnung.[5]

Das »Zeitalter der Nervosität«, wie Joachim Radkau die Jahrzehnte zwischen 1890 und dem Ersten Weltkrieg nennt, kannte nicht eine einzige, sich stetig beschleunigende Bewegung, sondern mehrere unterschiedliche, auch gegenläufige Bewegungsarten. Die eine konnte als Erholung von der anderen empfunden werden, Stillstand war nicht unbedingt das ersehnte Ziel. Die »Nervosität« läßt sich in ihrem Doppelcharakter als Sammelname für manifeste Erkrankungen und als kulturelle Atmosphäre nur dann angemessen erfassen, wenn sie nicht als Reaktion auf eine einzige, sich steigernde Geschwindigkeit begriffen wird. Die »inspirierten Fäden« der Nerven, von denen Benjamin sprach, legten sich um ein Knäuel aus Formen und Empfindungen widersprüchlichster Art. Joachim Radkau zieht aus seiner Lektüre von Krankenakten und Zeugnissen vielerlei Art dieses Fazit: »Es ist aussichtslos, das Zeitklima um die Jahrhundertwende einseitig auf Technikeuphorie oder auf Technikangst festlegen zu wollen: Belege genug findet man für beides. Charakteristisch war eben die Mischung widersprüchlicher Emotionen. Der grenzenlose technische Fortschritt war vielen nicht geheuer; aber man konnte sich ihm nicht entziehen, da sich mit der neuen Technik auch elementare Wunschvorstellungen verbanden. Auf diese Weise bekam das allgemeine Verhältnis zur Technik jenes nervöse Hin und Her, das einer Mischung von Angst und Begehrlichkeit entspringt.«[6]

Den italienischen Futurismus, dem neuerdings wieder Beachtung geschenkt wird, kann man in diesem Zusammenhang als einen extremen Pendelausschlag betrachten, als eine Anstrengung, der Ambivalenz der Nervosität durch Flucht nach vorn zu entkommen. Tempoambitionen werden dort jeglicher Ambivalenz entkleidet: Sie sind ausschließlich gut und verlangen nach weiterer Intensivierung. Das Auto gilt nicht mehr als Lustgefährt für »empfindsame Reisen«, sondern als Kriegswaffe: »Wir erklären, daß der Glanz der Welt um eine weitere Schönheit bereichert worden ist: die Schönheit der Geschwindigkeit. Ein Rennwagen mit seinem von dicken Röhren gezierten Gehäuse, die sich wie Explosionsodem ausfauchende Schlangen aufrecken ... ein aufheulendes Automobil, das im Kugelhagel zu fahren scheint, ist schöner als die *Nike von Samothrake ...* Zeit und Raum sind tot. Wir leben bereits im Absoluten, denn wir haben bereits die ewige, allgegenwärtige Geschwindigkeit geschaffen«, heißt es im »Ersten Manifest des Futurismus«.[7]

Filippo Tommaso Marinettis am 20. 2. 1909, mitten im »Zeitalter der Nervosität« im Pariser *Figaro* in französischer Sprache veröffentlichtes Manifest war nicht bloß eine literarische Provokation. Marinetti arbeitete nach Ausbruch des Ersten Weltkriegs mit allen ihm und seinem Freund Mussolini zur Verfügung stehenden publizistischen und finanziellen Mitteln auf den Kriegseintritt Italiens auf der Seite der Entente hin. Im Sinn der Intentionen des *Manifests* war das nur konsequent: Der Krieg erschien als ihrerseits beschleunigende Therapie. Im Ersten Weltkrieg verschwanden dann tatsächlich, wie Radkau zeigen kann, viele der auch »nervösen« Widerstände gegen Tempoambitionen, wie Marinetti sie in der martialischen Sprache seines *Manifests* anpries.

Das Eigentümliche der Nervosität Ende des 19. und Anfang des 20. Jahrhunderts wäre demnach die Uneindeutigkeit der mit Technik und industrieller Zivilisation verbundenen Belastungen, denen »die Nerven« nicht mehr gewachsen waren. Beschleunigungen konnten ihnen ebenso zu schaffen machen wie plötzliche Verlangsamungen. Da Radkau den historischen Prozeß, innerhalb dessen sich solche Tempowechsel ereigneten, nicht aus den Augen verliert, kann er eine überaus einleuchtende Bestimmung der eigentümlichen, vom Entdecker der Neurasthenie, George M. Beard, nicht einmal geahnten Spannungen innerhalb des »Zeitalters der Nervosität« vorschlagen: »Alle jene neuzeitlichen Großtrends, die sich als Langzeitursachen der Nervosität anbieten, wirkten nie ungestört, sondern riefen stets Gegenkräfte auf den Plan ... Soziale Gegenreaktionen auf die Streßeffekte der Modernisierungsprozesse erfolgen in der Regel nicht prompt, sondern mit Verzögerung; und längst nicht alle Betroffenen profitieren davon. Und gerade die Bremskräfte tragen dazu bei, daß bestimmte Modernisierungsvorgänge, sobald sich die Bremslager lockern, manchmal ruckweise erfolgen und schwere Erschütterungen hervorrufen: Das war im ›Zeitalter der Nervosität‹ offenbar der Fall. Und mehr noch: Zwischen Prozeß und Gegenreaktion entsteht längst nicht immer eine ruhige Balance, sondern nicht selten eine Verknotung, die neue Spannungen erzeugt.«[8]

Das Zeitempfinden wird aufs stärkste strapaziert, wenn die Individuen erkennen, daß sie sich auf es nicht mehr verlassen können, da es in beiden Fällen, wenn es zu schnell oder zu langsam geht, Alarm schlägt. Solche Spannung erzeugenden »Verknotungen« sind es vielleicht viel mehr gewesen als die Knoten in den TB-erkrankten Lungen, die Thomas Mann im Sanatorium »Berghof« des *Zauberberg* behandeln ließ. »Großzügige Zeitwirtschaft« heißt die dort unter der Hand angebotene Therapie. Der aus dem hanseatischen Geschäftsleben herausgerissene Hans Castorp spürt den Unterschied zwischen der einen und der anderen Zeitordnung am eigenen Leib: »Kaum hatte er abgespeist, so kehrte auch Joachim zurück, und bis er in seine Loggia ging und die Stille der großen Liegekur sich über Haus ›Berghof‹ senkte, war es soviel wie halb drei geworden. Nicht ganz, vielleicht; genaugenommen wohl erst ein Viertel über zwei. Aber solche überzähligen Viertelstunden außerhalb runder Einheiten werden nicht mitgerechnet, sondern nebenbei verschlungen, wo *großzügige Zeitwirtschaft* (Hervorhebung von L.B.) herrscht, wie etwa auf Reisen, bei vielstündiger Bahnfahrt oder sonst in leerem, wartendem Zustande, wenn alles Streben und Leben aufs Hinbringen und Zurücklegen von Zeit zurückgeführt ist. Ein Viertel über zwei Uhr – das gilt für halb drei; es gilt in Gottes Namen auch gleich für drei Uhr, da schon die Drei im Spiele ist. Die dreißig Minuten werden als Auftakt zur runden Stunde von drei bis vier Uhr verstanden und innerlich beseitigt; so macht man es unter solchen Umständen.«[9]

Manns im Zeitalter der Nervosität vor dem Ersten Weltkrieg plazierter Roman *Der Zauberberg* enthält eine bemerkenswerte Fülle an Reflexionen über die Zeit, die der Autor mit dem in der Welt des Sanatoriums sich wandelnden Zeitempfinden seiner Figuren in Zusammenhang bringt. Solche Reflexionen hatten vielleicht erst angestellt werden können, nachdem Abstand zur aufgeregten Zeitunruhe der Vorkriegszeit gewonnen war: »Man bringt dir die Mittagssuppe, wie man sie dir gestern brachte und sie dir morgen bringen wird. Und in demselben Augenblick weht es dich an – du weißt nicht, wie und woher; dir schwindelt, indes du die Suppe kommen siehst, die Zeitformen verschwimmen dir, rinnen ineinander, und was sich als wahre Form des Seins dir enthüllt, ist eine ausdehnungslose Gegenwart, in welcher man dir ewig die Suppe bringt.«[10]

Die Einsicht, daß die »großzügige Zeitwirtschaft« des Sanatoriums das Erleben der Gegenwart nicht reicher macht, sondern der Gegenwart die Ausdehnung raubt, irritiert Hans Castorp, fasziniert ihn aber auch und macht ihn für die eigentümlich erotisierende Zeitaura empfänglich, die die russische Patientin Clawdia Chauchat umgibt. Es ist der unbeirrbare Vertreter instrumenteller Vernunft, Settembrini, der sich an der Art Zeitwirtschaft stößt, die sich »Berghof« und »Russen« teilen. »Diese Freigebigkeit, diese barbarische Großzügigkeit im Zeitverbrauch ist asiatischer Stil – das mag ein Grund sein, weshalb es den Kindern des Ostens an diesem Orte behagt. Haben Sie nie bemerkt, daß, wenn ein Russe vier Stunden sagt, es mehr ist, als wenn unsereins eine sagt? Leicht zu denken, daß die Nonchalance dieser Menschen im Verhältnis zur Zeit mit der wilden Weiträumigkeit ihres Landes zusammenhängt. Wo viel Raum ist, da ist viel Zeit – man sagt ja, daß sie das Volk sind, das Zeit hat und warten kann. Wir Europäer, wir können es nicht. Wir haben so wenig Zeit, wie unser edler und zierlich gegliederter Erdteil Raum hat, wir sind auf genaue Bewirtschaftung des einen wie des anderen angewiesen, auf Nutzung, Nutzung, Ingenieur! … Die Zeit ist eine Göttergabe, dem Menschen verliehen, damit er sie nutze – sie nutze, Ingenieur, im Dienste des Menschheitsfortschritts.«[11]

Im *Doktor Faustus* kommt die »Göttergabe« Zeit verwandelt zum Vorschein, hat an Wert verloren, wie der aus ihr zu ziehende Nutzen für den Menschheitsfortschritt. Adrian Leverkühn erhält auf seine an den Teufel gerichtete Frage, ob er ihm also Zeit verkaufen wolle, die Antwort: »Zeit? Bloß so Zeit? Nein, mein Guter, das ist keine Teufelsware. Dafür verdienten wir nicht den Preis, daß das Ende uns gehöre …«[12] Was bedeutet dieser verzeichnete Wertverlust? Hat er nur innerhalb der Konstellation des Leverkühnschen Teufelspakts eine Bedeutung, oder verweist er auf eine gegenüber der im *Zauberberg* formulierten Zeitauffassung radikal gewandelte Wahrnehmung der Zeit?

Darauf vermag ich keine abschließende Antwort zu geben außer der, daß sich zwischen dem Zeitpunkt der Veröffentlichung des *Zauberberg* (1924) und dem des Erscheinens des *Doktor Faustus* (1948) offenbar ein erheblicher Wandel in der »Witterung der Atmosphäre« ereignet hat, in der die Zeitgenossen atmen und die Kranken unter ihnen dafür das feinste Gespür haben. Heutzutage fällt schon auf, daß »Neurasthenie« als Diagnose völlig verschwunden ist und daß »Nervosität« in der Alltagssprache keine spezifische Erkrankung bezeichnet, sondern nur eine vorübergehende flattrige Verfassung. Als Nachfolger der Neurasthenie könnte sich der »Streß« anbieten, von dem seit 1936 in der medizinischen Fachwelt die Rede ist.

Mit diesem der Festkörperphysik entnommenen Terminus hatte der aus Wien stammenden Mediziner Hans Selye die in seinem Montrealer Institut beobachteten Reaktionen von Ratten auf die Injektion von Eileiterhormonen bezeichnet, die zu erhöhter Drüsensekretion, manchmal auch zum Tod der Versuchstiere führten. Später übertrug Selye den Begriff Streß auch auf bei Menschen beobachtete pathologische Reaktionen wie Bluthochdruck, den er als Anpassungskrankheit bezeichnete, ausgelöst durch streßbedingte Sekretionen. Als der Streß zum ersten Mal auftrat, herrschte in seinem Ursprungskontinent ökonomisch jedoch die »Große Depression«, so daß er auf keinen besonders fruchtbaren Boden fallen konnte. Später verließ er die Klinik, hatte da aber bereits den Charakter eines Modebegriffs angenommen, mit tätiger Nachhilfe seines Entdeckers Selye, der 1974 zur Beruhigung des Publikums ein Buch mit dem Titel *Stress without distress* auf den Markt brachte. Beim Eingang in die Umgangssprache hatte sich mit dem Streß jedoch eine Metamorphose ereignet, aus dem Namen für die Reaktion des Organismus auf Belastungen war ein Synonym für diese Belastungen selbst geworden, etwa für Hetze und Druck. Das geheimnisvolle Doppelgesicht, das die Nervosität attraktiv gemacht hatte, mit ihrem Changieren zwischen Medizin und Kultur, hat der Streß sich nicht zulegen können. Seine Banalisierung könnte nicht deutlicher werden als in der Jugendsprache: »Mach kein' Streß« will nur noch schlicht sagen, mach keinen Ärger.

Die wahre Nachfolge der Neurasthenie hat nach Ansicht von Psychiatern und Medizinsoziologen nicht der Streß, sondern die Depression angetreten. »Die Neurasthenie verbirgt sich nun hinter der Maske der Depression«, sagt der Psychiater Pierre Pichot.[13] In Ländern wie Frankreich hat sich die Zahl ärztlicher Behandlungen von Symptomen, die als depressive Symptome eingestuft wurden, seit den siebziger Jahren des 20. Jahrhunderts vervielfacht; die französische Umgangssprache stellt dabei wie selbstverständlich die Verbindung zur alten Nervosität her, wenn sie von »dépression nerveuse« spricht. Die Depression also »nur« eine Zeitkrankheit wie die Nervosität, in dem Sinn, daß sie für verschiedene Formen von Leiden ein einheitliches Deutungsmuster anbietet, das sich nach Ablauf einer bestimmten Zeit verbraucht? Eine Zeitkrankheit schon, aber in einem viel präziseren Sinn insofern, als sie das Erleben von Zeit, von Gegenwart, Vergangenheit und Zukunft in Mitleidenschaft zieht. Die oben zitierten Sätze aus Thomas Manns *Zauberberg* könnten geradezu als Aufzeichnung depressiven Zeiterlebens gelten: »Die Zeitformen verschwimmen dir, rinnen ineinander, und was sich als wahre Form des Seins dir enthüllt, ist eine ausdehnungslose Gegenwart, in welcher man dir ewig die Suppe bringt.«

Seit den siebziger Jahren sind unzählige autobiographische Berichte von Frauen und Männern veröffentlicht worden, die über kürzere oder längere Zeit an Depressionen litten, von Caroline Muhrs Buch *Depression*[14] bis zu William Styrons *Sturz in die Nacht.*[15] In ihrer Eintönigkeit sind die meisten solcher Aufzeichnungen strapaziös zu lesen, nur ist diese Monotonie selbst wiederum zu entschlüsseln, und zwar als Ausdruck der Unmöglichkeit, das Spezifische der die Betroffenen überwältigenden Erfahrungen zu vermitteln. Ein amerikanischer Geschäftsmann namens J. Timothy Hogan, der den Freitod wählte, nachdem er sich vergeblich um Behandlung bemüht hatte, fand in seinem Abschiedsbrief für diese Unmöglichkeit der Vermittlung ein anschauliches Bild: »Es ist wie bei einer Frau, die einem Mann erklären will, was das Gebären eines Kindes bedeutet. Oder bei einem Schwarzen, der einem Weißen erklären will, was es heißt, mit dem Rassismus zu leben. Oder bei einem Blinden, Tauben oder Verkrüppelten, der einer gesunden Person klarmachen will, was es heißt, mit einer solchen Behinderung zu leben.«[16] Was so schwer zu vermitteln ist, scheint die Beschädigung des Zeiterlebens zu sein, die die Depression anrichtet, eines Zeiterlebens, das sich auch dann, wenn es nicht ins

Stocken geraten ist, der sprachlichen Fixierung sperrt, wie Hofmannsthal es im *Rosenkavalier* die Marschallin locker, aber treffend ausdrücken läßt: »Die Zeit, die ist ein sonderbares Ding. Wenn man so hinlebt, ist sie rein gar nichts. Aber dann auf einmal, da spürt man nichts als sie.«

Depressive spüren, ihren Zeugnissen nach zu schließen, eine Art Verknotung der Zeit, die etwas wie temporale Erstickungsanfälle hervorruft: Zwischen Vergangenheit und Zukunft zieht es nicht mehr durch. Dadurch aber verstärkt sich erst recht die Empfindung, aus einem Weltlauf herauszufallen, dem die unaufhörliche Verwandlung von Zukunft in Gegenwart und von Gegenwart in Vergangenheit selbstverständlich ist. »Unser Leben ist wesentlich auf die Zukunft ausgerichtet«, schreibt der Psychiater Eugène Minkowski. »Dort, wo eine pathologische Verlangsamung auftritt, ist diese Ausrichtung dadurch tiefgehend geändert; dem Grad der Verlangsamung entsprechend wird es bald die Gegenwart, bald die Vergangenheit sein, die einen abnormen Einfluß ausüben wird; daraus wird dann entweder die Unmöglichkeit, mit der gegenwärtigen Situation fertig zu werden, entstehen oder das Gefühl einer unentrinnbaren Determination durch die Vergangenheit.«[17]

»Pathologische Verlangsamung«, ist zu vermuten, war auch ein Kennzeichen der Störungen, die seit der Antike als »Melancholie« und im Deutschen später als »Schwermut« bezeichnet wurden.[18] Was unterscheidet nun die Depression als für die letzten Jahrzehnte des 20. Jahrhunderts offenbar charakteristische Zeitkrankheit von der Dürerschen »Melancolia«? Der Medizinsoziologe Alain Ehrenberg erkennt in der von Ärzten gehäuft diagnostizierten Depression, wie er im Titel seiner Untersuchung sagt, »die Ermüdung am Selbstsein« (*la fatigue d'être soi*) und bringt sie nicht nur mit veränderter, verlangsamter Erfahrung von Zeit, sondern auch mit Veränderung sozialer und kultureller Imperative in Zusammenhang. »Die Begriffe Projekt, Motivation und Kommunikation beherrschen unsere Normenkultur. Sie sind die Losungen unserer Zeit. Nun ist die Depression eine Pathologie der Zeit (der Depressive ist ohne Zukunft) und eine Pathologie der Motivation (der Depressive ist ohne Energie, seine Bewegung ist verlangsamt, seine Sprache zögernd). Der Deprimierte formuliert nur mühsam Projekte, ihm fehlen dazu die minimale Energie und die minimale Motivation. Inhibiert, impulsiv oder zwanghaft, kommuniziert er nur schwer mit sich selbst und mit den anderen. Der projektlose, motivationslose und kommunikationslose Depressive ist das exakte Gegenstück unserer Sozialisationsnormen.«[19]

Während die Nervosität, Krankheitssymptom *und* Kulturkonstrukt, wie verschoben auch immer, auf Veränderungen, Beschleunigungen oder Verlangsamungen der äußeren Bewegungsgeschwindigkeit reagierte oder zumindest als eine nachvollziehbare Antwort auf diese sichtbaren Veränderungen empfunden wurde, läßt sich die Depression nur gewaltsam mit äußerem Tempowechsel in Zusammenhang bringen. Denn sie tritt ja auch in Ländern wie den USA massenhaft auf, die keine Hochgeschwindigkeitszüge auf die Schienen gestellt haben und in denen der Autoverkehr durch Geschwindigkeitsbegrenzungen verlangsamt worden ist. Um eine »Pathologie der Zeit« mag es sich schon handeln, jedoch in dem bestimmten Sinne, daß es um eine Zeit geht, die auf eine neue Weise besetzt ist, nämlich von den Anforderungen, die sich aus neu aufgetauchten Verhaltensnormen ergeben. Die Zeit muß nach wie vor genutzt werden, aber nicht mehr unbedingt für Settembrinis »Menschheitsfortschritt«, sondern für die Entfaltung eines »Lebensstils«, fürs Auswählen unter Rollenangeboten, für die Arbeit an der Selbstdarstellung. Nutzung der Zeit kann dabei aber unmerklich in die Zeitvernichtung übergehen, die mit dem Einhalten bestimmter Rollen verbunden ist (dazu Kapitel 8). Aus dieser verwirrend ungeordnet erscheinenden Ordnung von Zeit, meint Alain Ehrenberg aufgrund seiner nicht psychiatrisch, sondern soziologisch ausgerichteten Untersuchungen, will der Depressive sich unbewußt verabschieden: »Die Depression ist das Geländer des führungslosen Menschen, nicht nur sein Elend, sie ist die Rückseite der Entfaltung seiner Energie.«[20]

Treffen die Befunde des Soziologen zu, wonach sich in Frankreich sieben von zehn Patienten mit Symptomen melden, die vielleicht nicht alle auf die Depression im klinischen Sinn hindeuten, aber in den Umkreis solcher »Pathologie der Zeit« gehören, dann muß ein erheblicher Teil der Bevölkerungen hochentwickelter Länder am Ende des 20. Jahrhunderts Überforderungen spüren, die nicht schlicht von tempobedingter Hetze herrühren. »Der immer schnellere Rhythmus der Veränderungen zwingt dazu, den Prozeß der Anpassung unentwegt zu beschleunigen. Um zu überleben, ist der Mensch des 20. Jahrhunderts dazu verurteilt, sich an eine in ständigem Wandel befindende Gesellschaft anzupassen, in der sich alles unter seinen Augen verändert.«[21]

Ist es aber tatsächlich nichts als »die Gesellschaft«, was sich derart rasant wandelt? Ehrenberg selbst erinnert daran, daß Anfang der siebziger Jahre ein Klima entstanden war, das auf einmal Dinge möglich und denkbar erscheinen ließ, die zuvor ausgeschlossen waren. »Der Verrückte ist nicht krank, war zu hören, er ist anders, und es ist das Nicht-Hinnehmen dieses Andersseins, an dem er leidet. Dreißig Jahre danach besteht die Gefahr, daß sich die Gegenparole durchsetzt: Nichts ist möglich. Ein Gefühl zerquetschter Gegenwart bemächtigt sich der Geister. Das Verriegeln der materiellen Lebensbedingungen und das Abschieben eines Teils der Bevölkerung aufs Abstellgleis, das mit dem Wort ›exclusion‹ bezeichnet wird, bestätigen dieses Gefühl. Vielfaches Verlangen nach Sinn ertönt von überallher. Das Gesetz beachten und gewisse Grenzen nicht zu überschreiten, dieses Thema folgt sichtbar auf das kollektive Verlangen, der Freiheit, sein Leben zu wählen, keine Grenzen mehr zu setzen.«[22]

Wenn es das ist, was den gegenwärtigen Zustand unserer Gesellschaften auszeichnet, was ist er dann anderes als höchstens ein Mischzustand von Wandel und Blockade? Und ist die Seite Wandel überhaupt echt? »Massen von Menschen [geraten] in große Identitätsnot … wenn der Film der äußeren Realität schneller läuft als der Text, den die Menschen dazu sprechen«, schreibt der Soziologe und Psychologe Götz Eisenberg[23], und benennt damit anschaulich den Hiatus, der zahllosen Zeitgenossen offensichtlich schwer zu schaffen macht. Doch ist dieser Film, von dessen Geschwindigkeit sich die Menschen überfordert fühlen, mehr als eben auch nur ein Film, das heißt, eine konstruierte Fiktion, die auf die *Benutzeroberfläche* projiziert wird? Wenn es sich so verhält, wofür es viele, in diesem Essay benannte Anzeichen gibt, dann ist das Absurde an den Leiden, die hervorgerufen werden, daß sie eigentlich unnötig sind.

Im »Zeitalter der Nervosität« war es noch möglich, die nervös gewordenen Menschen mit der Autorität des »ehernen Gesetzes des Fortschritts« zu beruhigen oder Widerspenstigen damit auch zu drohen. Den Fortschritt gibt es hundert Jahre später nicht mehr, er hat sich blamiert und keiner will mehr an ihn glauben.[24] An seine Stelle ist der »Sachzwang« getreten, an den man sich nolens volens anpassen muß, wie ehedem an den Fortschritt. Der Sachzwang kommt im Gegensatz zum Fortschritt allerdings ohne jede Idee und ohne jedes Glücksversprechen aus. Deshalb hat er auch nichts von der Art des Jugendstils hervorbringen können, dessen verführerische Girlanden einmal die vom Fortschritt geschundenen Nerven beruhigten und versöhnten. Nackt und häßlich rollt er daher, piept zwar aufgeregt wie ein tragbares Telefon, wenn er gebieterisch Anpassung verlangt, bewegt aber nichts und zeugt auch von keiner Bewegung. Wenn der Sachzwang sich anstrengt, sich zwischendurch eine Art menschlichen Gesichts zuzulegen, kommt am Ende höchstens die grinsende Maske eines Tony Blair heraus.

Wenn »die Kranken ganz besondere Kenntnis vom Zustand der Gesellschaft« haben, wie Benjamin schrieb, so sind die Depressiven, darin den Nervösen von ehedem ebenbürtig, heute wahrscheinlich die empfindlichsten Seismographen gegenwärtiger und noch kommender Verwerfungen. Ihr Stupor gibt Kunde von dem öden Stillstand, der unter bunt animierten und von neuer Unübersichtlichkeit aufgelockerten *Benutzeroberflächen* gähnt. Nicht zu vergessen jedoch, daß sich auch von der *Benutzeroberfläche* aus ein ganzes System zum Absturz bringen läßt, wie es im Februar 2000 dem E-Business in den USA widerfuhr. Die Website von CNN war um diese Zeit ebenfalls lahmgelegt worden, doch nicht von mit allen Wassern gewaschenen Hackern, sondern von einem sich »Mafiaboy« nennenden fünfzehnjährigen durchschnittlichen Computerbenutzer aus Montreal, der sich vor seinem Monitor nur einmal einen Spaß hatte erlauben wollen. In die Hardware selbst muß da gar nicht erst sabotierend eingegriffen werden.

## REFORMZEIT
### Nichts ändern, Aufmerksamkeit beanspruchen

Unter einem »Reformstau«, 1997 zum »Wort des Jahres« gewählt, was darf man sich da vorstellen? Massen von Reformen, auf der Autobahn daherrasend, sich wechselseitig überholend, auf der linken wie rechten Spur, mit Vollgas im fünften Gang, plötzlich hinter einer Kurve durch aufleuchtende rote Lichter zu heftigem Abbremsen gezwungen, weil etwas die Fahrbahn verstopft? Was ist los? Eine blinkende Leuchtschrift meldet »Stau«. Woher kommt der Stau, wenn alles sich doch nur rasch vorwärts bewegen will? Ein Unfall? Nein, ein Unfall wurde nicht gemeldet. Auch von einer Baustelle mit einspurigen Fahrbahnen ist nichts bekannt geworden. Welches Nadelöhr läßt die rasenden Reformen nicht passieren? Oder sind einfach viel zu viele Reformen unterwegs, wie Autos auf der Autobahn zwischen Erfurt und dem Hermsdorfer Kreuz? Ist das größte Reformverkehrshindernis der wilde Reformverkehr selbst?

Vielleicht aber sind es gar keine Reformen im herkömmlichen Sinn, was da massenhaft unterwegs ist und deshalb nicht vorwärts kommt. Die Vermutung drängt sich mir auf, wenn ich an die Zeit der zwanziger Jahre in Deutschland denke, eine Zeit der Reform auf allen denkbaren Gebieten. Der Ruf nach Reformen fand zu Beginn der Weimarer Republik breiten Widerhall, da die verschiedenen, den Abtritt des Kaiserreichs begleitenden revolutionären Erschütterungen wie Spartakusaufstand und bayerische Räterepublik weithin als Warnsignal verstanden worden waren. Ferdinand

Tönnies sah es damals als »fast schon feststehendes Urteil der öffentlichen Meinung« an, daß die »soziale Reform« kommen muß, das heißt, Beschränkung der Herrschaft des Kapitals und Erhebung der Arbeit zum wenigstens mitbestimmenden Faktor. Die große »soziale Reform« kam dann zwar nicht, aber auf vielen anderen Gebieten ging die positiv konnotierte Reform ihren Weg. Auf die aus der Zeit vor dem Ersten Weltkrieg hinübergerettete Lebensreform – »In Berlin«, schrieb Karl Kraus 1909, »werden Reformglücksehen geschlossen, und der Vegetarismus in Kunst und Liebe hat die Reformbühne und das Reformkleid durchgesetzt«[1] – folgten Ernährungsreform, Schulreform, Stilreform, Wohnungsreform. Wer mit der Zeit gehen wollte, konnte sich in hellen Reformwohnungen mit schnörkellosen Reformmöbeln einrichten oder wenigstens auf der Straße Reformschuhwerk tragen. Doch hat es den Anschein, daß alle diese Reformbewegungen ein Gefühl von Verlangsamung und Stillstand nicht vertreiben konnten, das sich Ende der zwanziger Jahre ausbreitete.

Zwischen Stefan Zweig und Klaus Mann kam es Ende 1930 zu einer bemerkenswerten Kontroverse über die Einschätzung von Langsamkeit und Tempo. Zweig hatte in einem Artikel das überraschende Ergebnis der Reichtagswahlen vom 14. September 1930, bei denen Sozialdemokraten und Zentrum schwer verloren, die Nationalsozialisten mit 18,3 % der Stimmen zur zweitstärksten Fraktion aufstiegen und auch die Kommunisten dazugewannen, als »Revolte gegen die Langsamkeit« begrüßt: »Was bei den deutschen Wahlen sinnfällig wurde, ist eine vielleicht nicht kluge, aber im Innersten natürliche und durchaus zu bejahende Revolte der Jugend gegen die Langsamkeit und Unentschlossenheit der hohen Politik, gegen die Feigheit und Unentschiedenheit der bürokratischen Methoden, eine Absage an das europäische Bürgertum, das den wesentlichen Gedanken Europas – nämlich Europa! – nicht verwirklichen wollte ... Das Tempo einer neuen Generation revoltiert gegen das der Vergangenheit. Eine junge Welt, gewöhnt an den Schwung der Motoren, an den sausenden Blitz ihrer Motorräder, Automobile und Flugzeuge, empört sich gegen das Postkutschentempo der europäischen Diplomatenpolitik.«[2]

Der mit Zweig befreundete Klaus Mann war mit dieser euphorischen Lesart der Entwicklung in Deutschland 1930 nicht einverstanden. Der Vierundzwanzigjährige entgegnete dem eine Generation Älteren: »Nicht alles, was Jugend tut, weist in die Zukunft. Ich spreche das aus, und ich bin selbst jung.« Ja, wenn das nur eine Revolte der Jungen gegen das Tempo der Vergangenheit wäre, hielt er Zweig entgegen: »Aber mir scheint, die Jüngeren finden, daß das Tempo der Älteren noch zu langsam zu einer Katastrophe führt. Sie wollen sie schneller haben, ihre geliebte Katastrophe und die ›Materialschlacht‹, von der ihre Philosophen hysterisch schwärmen. – Nach dem Revanchekrieg und dem Blutbad schreien, weil die Abrüstung nicht schnell genug geht? Das sind doch Perversitäten. Ich bin nicht für Perversitäten in der Politik.«[3]

Das »Tempo der Jungen«, von dem Zweig sprach, war nicht einfach ein Synonym für die Geschwindigkeit der Fortbewegung, die Autos, Motorräder und Flugzeuge erreichten, es war auch eine zeittypische kulturelle Metapher. Joseph Roth hat das 1929, ein Jahr vor der Kontroverse zwischen Stefan Zweig und Klaus Mann, in einem Feuilleton über eine neue Berliner Künstlerkneipe sehr schön festgehalten: »Der sanfte Modergeruch, der schon jenen Pariser Leichenkammern der Bohème entströmt, vermischt sich in Berlin mit dem Geruch des Asphalts, und die Lustigkeit eines Berliner Künstler-Völkchens vollzieht sich mit der Schnelligkeit des ›Tempos‹, das schon den bürgerlichen Verkehr in dieser Stadt so arg behindert.«[4]

Dieses »Tempo« war eben nicht gleichbedeutend mit Schnelligkeit, sondern eine ihrer abgeleiteten Unterformen, die sogar zum Verkehrshindernis werden konnte, analog dem »Reformstau« von heute. In ihm lebte etwas von der »Nervosität« fort, die der Erste Weltkrieg zum Verstummen gebracht hatte, aber in Gestalt des merkwürdigen Amalgams von Ursache und Wirkung, von Pathologie und der Hetze, auf die sie antwortete. Lebt dieses Amalgam unter veränderten Bedingungen nicht bis heute fort? Was die im September 1998 gewählte rotgrüne Bundesregierung nach ihrem Amtsantritt vorlegte, war eben auch nur die Schnelligkeit des »Tempos«, die dafür sorgte, daß bald gar nichts mehr vorwärtsging. Mit dem Regierungsumzug nach Berlin hat sich die Aussicht weiter erhöht, daß die Politik in Deutschland insgesamt, von welchen Parteien auch immer bestimmt, in den lärmenden Schlendrian jenes verkehrsbehindernden Berliner »Tempos« zurückfällt, der offenbar zum Genius loci gehört.

Geschichtlich hat Klaus Mann gegen Stefan Zweig recht behalten. Das von Zweig mit anerkennenden Worten bedachte »Tempo einer neuen Generation« erreichte weder die starke Beschleunigung einer revolutionären Entwicklung, noch ließ es sich in die gemächlichere Bewegung umwandeln, die der laut Tönnies von vielen erwarteten »sozialen Reform« zu Schwung verholfen hätte. Es führte nur rasanter in die Katastrophe als das Tempo der Alten, gegen das es bloß zu revoltieren vorgab. Die »deutsche Revolution« der Nazis spielte dabei die Rolle des Energiewandlers, der alle Arten von Bewegungsenergie bündelte und in Antriebskraft für Hitlers Katastrophenmaschine transformierte.

Deren erster großer militärischer Effekt wurde beim Feldzug gegen Frankreich im Mai und Juni 1940 sichtbar. Dessen durchschlagender Erfolg, bemerkte Marc Bloch, 1940 Offizier der dann geschlagenen französischen Armee, ging auf das erheblich beschleunigte Tempo auf seiten der deutschen Wehrmacht zurück. »Die Deutschen haben einen Krieg von heute geführt, im Zeichen der Geschwindigkeit. Wir dagegen haben nicht nur versucht, einen Krieg von gestern oder vorgestern zu führen, sondern waren auch unfähig oder nicht willens, den Rhythmus der deutschen Kriegsführung, der dem rascheren Wellenschlag einer neuen Ära folgte, überhaupt zu begreifen. So standen sich in Wirklichkeit zwei Gegner auf unseren Schlachtfeldern gegenüber, die jeweils einem anderen Zeitalter angehörten. Im Grunde handelte es sich um eine Neuauflage der Konfrontationen zwischen Wurfspeer und Gewehr, wie wir sie aus unserer Kolonialgeschichte kennen. Nur daß diesmal wir es waren, die die Rolle der Primitiven spielten.«[5]

Sechzig Jahre sind seither vergangen, die Konfrontation von »Wurfspeer und Gewehr« wurde mit den Entkolonisierungskriegen der fünfziger und sechziger Jahre begraben. Manche dieser Kriege nannten sich Revolution, hinterließen dann aber keine besonders attraktiven neuen Gesellschaftsordnungen. Aus diesen und aus anderen Gründen wollen wir von Revolutionen nichts mehr wissen. Reformen dagegen haben eine gute Presse, kaum jemand ist gegen ihr Prinzip. Warum kommen sie dann nur so schwer voran? Könnte es nicht auch daran liegen, daß ihnen eben der Kontrast zur Revolution abhanden gekommen ist, von deren Gewalttätigkeit und Unvorhersehbarkeit sich reformerische Verfahren beruhigend und zugleich belebend abhoben?

Die Bezugnahme auf die Revolution, auch wenn sie nur abgrenzend und negativ war, enthielt immer noch, wie bei Tönnies, die Anerkennung, daß der Ruf nach einer einschneidenden Veränderung als ungerecht empfundener Verhältnisse seine Berechtigung hatte. Das Ausrufen einer »Reformära« in den siebziger Jahren in der Bundesrepublik hing auch damit zusammen, daß die Protestbewegung Ende der sechziger Jahre die »Revolution« wieder aus den Archiven hervorgeholt und so wirkungsvoll ausgestellt hatte, daß die Politik sich genötigt sah, mit allerlei Reformvorhaben auf diese symbolische Drohung zu antworten. Doch diese Zeit ist lange vorbei.

Reformen müssen nun auf eigenen Beinen stehen, doch daran sind sie nicht gewöhnt und kommen deshalb aus dem Tritt und aus dem Konzept. Dabei sind ihre rhetorischen Voraussetzungen nicht schlechter als früher: »Reform«, schreibt der Linguist Clemens Knobloch, »gibt der Ambivalenz von Dauer und Wandel eine sanfte Fassung. Die ›reformierte‹ Demokratie, Krankenversicherung, Hochschulverfassung etc. bleibt, was sie war, nur eben besser.«[6] Die Leute scheinen das der Reform nur immer weniger abzunehmen; sie leben vielleicht schon zu lange mit einer »Moderne«, die ständig verbessernde Änderungen verspricht und am Ende nur technisch modifizierte Wiederholungen anbietet. Wenn die technische, nichts Wesentliches ändernde Modifikation allerdings zu oft zuviel Aufmerksamkeit beansprucht, kann es soweit kommen, daß zusammen mit ihr die ganze Idee der Reform auf Ablehnung stößt.

Die Affäre der Rechtschreibreform in Deutschland ist in dieser Hinsicht ein aufschlußreiches Lehrstück. Als die Reform herauskam, erwies sie sich als derart schief konzipiert, daß praktisch niemand sich mit ihr anfreunden konnte, vielleicht nicht einmal ihre eigenen bürokratischen Urheber. Denen, die Veränderungen scheuen, ging sie schon deshalb zu weit, weil sie überhaupt Umstellungen verlangte; den anderen, die seit langem eine etwa die altehrwürdige Großschreibung der Substantive beseitigende, Ausländern das Leben mit der deutschen Sprache ein wenig erleichternde, radikale und sichtbare Reform der Rechtschreibung wünschten, war sie auf der anderen Seite viel zu läppisch. Sie hat sich nicht einmal getraut, nach dem Vorbild der deutschschweizer Praxis das »ß« durchgehend abzuschaffen und durch »ss« zu ersetzen. Man hat nun ein bißchen vom einen und ein bißchen vom anderen, muß sich aber in jedem Einzelfall damit beschäftigen, ob nun »ß« oder »ss« am Platz ist. Eine Reform ganz nach den Prämissen Niklas Luhmanns, der gesagt hat, daß alles auf einmal ändern, der Zerstörung des Systems gleichkäme.

Die Abschaffung von zusammengesetzten Partizipien wie »besorgniserregend« wiederum hat mit Vereinfachung der Orthographie gar nichts zu tun, sondern führt nur dazu, daß die Möglichkeit, bestimmte Bedeutungsnuancen durch die Schreibweise auszudrücken, wegreformiert wird. Aber an dem Erhalt von Ausdrucksvielfalt, an Verbesserungen, gar wirklichen Änderungen ist die Reform überhaupt nicht interessiert; die Aufmerksamkeit beanspruchen, das ist alles, was sie beabsichtigt hat und auch zustande bringt. Ideal für die *Benutzeroberfläche*. Dankbar sein wird diesen Reformern wahrscheinlich auch nur die Softwareindustrie, die dank Reform jede Menge Rechtschreibprogramme auf den Markt werfen konnte. Wenn das Schallloch nun drei »l« hat statt zwei, ist das zweifellos ein erheblicher Gewinn für den Klang der Saiteninstrumente.

Reform als l'art pour l'art, der letzte Schrei. Man macht eine Reform, nicht um etwas verbessernd zu verändern, sondern um eben »eine Reform zu machen«. So sehen die Reformen, die gemacht werden, dann auch aus. Etwas Besseres als Mißgeburten à la Rechtschreibreform oder Gesundheitsreform (mit deren Effekt gestiegene Kosten + global erbitterte Beteiligte) ist möglicherweise auch gar nicht mehr zu haben unter dem Regime der knappen Zeit, das wie Luhmann sagt, lange Phasen des Diskutierens, Aushandelns und Erprobens nicht mehr zuläßt. Der Begriff der Reform, bemerkt Clemens Knobloch, hat sich in ein rhetorisches Chamäleon verwandelt: Selbst radikale Veränderungen überbrückt er »semantisch sanft. Ganz ebenso taugt er aber auch dazu, bloß rhetorische Veränderungen zu befördern. Er kann benutzt werden, um kosmetische Retuschen auf- und um radikale Umwälzungen abzustufen. Die neoliberale Revolution, die in Reagans USA und in Thatchers England den Mut hatte, auch als ›Revolution‹ aufzutreten, drapiert sich hierzulande als unabsehbare Reihe von ›Reformen‹ oder besser noch Anpassungen.«[7]

Wenn Reform nur ein anderer Name für »Anpassung« ist, dann kann es Reformen im herkömmlichen Sinn nicht mehr geben. Denn es ist dann immer schon vorgegeben, was herauskommen soll, nämlich Angleichung der bestehenden Binnenverhältnisse an die herrschenden globalen Umweltbedingungen. Man könnte dafür etwa den im internationalen Rennsport üblichen Ausdruck »Homologisierung« verwenden. Ragen die Windspoiler ein paar Millimeter über die Norm der Homologisierung hinaus, wird das ganze Team disqualifiziert, so wie es dem erfolgreichen Ferrari-Rennstall im Oktober 1999 in Malaysia vorübergehend widerfahren ist.

Alle internationalen und europäischen Institutionen, die mehr als nur symbolische Bedeutung haben, beschäftigen ganze Regimenter solcher Millimetermesser, deren Job darin besteht, nach erfolgter Messung denen mit Disqualifizierung zu drohen, die sich da und dort minimale Abweichungen von den Normen der globalen Homologisierung erlauben. Ob es sich um die Einhaltung von Formel-1-Reglements, von Menschenrechts- oder von Wettbewerbsregeln handelt, wie im Fall der Buchpreisbindung in Deutschland, Österreich und der Schweiz, ist vollkommen gleichgültig. Läßt sich unter der Drohung von Sanktionen die Angleichung der eigenen an die globalen Normen nicht mehr umgehen, wird in aller Regel resigniert, aber groß hinausposaunt, daß nun eine Phase energischer Reformpolitik begonnen hat.

»Solange die Endmoränen der Fortschrittsideologie als Feldherrnhügel der Zukunft akzeptiert werden«, schreibt Clemens Knobloch, »kann und wird sich jeder marktradikale roll-back als ›Reform‹ präsentieren können.« »Solange«, das heißt, es ist eine Frage der Zeit. Die Zeit, deren Verknappung die Reformen getötet hat, kann es mit sich bringen, daß schließlich auch die übriggebliebene rhetorische Hülle »Reform« zerfällt. Der »Reformstau« gibt sich dann als das zu erkennen, was er von Anfang an war und was der Lärm darum nur verdeckte: als Massengrab der Reformen und damit auch aller Aussichten auf Veränderung.

## LEBENSZEIT ABSOLUT
### Hitlers Modernität

Es liegt eine eigentümliche Ironie darin, daß die Deutschen, die sich massenhaft in Hans Grimms Bestseller der zwanziger Jahre, *Volk ohne Raum*, wiedererkannten und dann auch tatsächlich bereit waren, für die Eroberung von »Lebensraum« große Opfer zu bringen und unzählige andere zu Opfern zu machen, dabei einem Diktator folgten, der selbst weit weniger von Raummangel als vom Gedanken des Zeitmangels besessen war. Hitlers Entschluß, an einem bestimmten Datum den großen Krieg vom Zaun zu brechen, hat Sebastian Haffner mit überzeugenden Argumenten als »Unterordnung seines politischen Zeitplans unter seine persönliche Lebenserwartung« gedeutet.[1]

Vielen Zeugnissen zufolge hatte Hitler den seit den zwanziger Jahren geplanten Krieg bereits 1938 beginnen wollen, war aber durch das für ihn unerwartete Nachgeben Großbritanniens und Frankreichs im Konflikt um das Sudetenland daran gehindert worden. Im April 1939 feierte er seinen fünfzigsten Geburtstag. Für seinen Begriff von Lebenszeit und Lebensplan war es höchste Zeit zum Losschlagen.

Was sollte jedoch nach Ende dieses für ihn offenbar alles entscheidenden Kriegs und auch nach ihm selbst kommen? Trotz Ausrufung des »Tausendjährigen Reichs« hat Hitler nie ernsthaft für die Zukunft des Regimes Vorsorge getragen, das er installiert hatte. Vorsorge getragen hat er vielmehr nur dafür, daß für nichts, was nach ihm kommen könnte, Vorsorge getragen war. Seine Partei war als Organisation nicht darauf ausgerichtet, irgendeine Art von Führungsnachwuchs heranzuziehen. Es gab in ihr keine Kernorganisation entsprechend dem Politbüro kommunistischer Parteien, in dem potentielle Nachfolger der Chefs heranwuchsen. Der Zeitkern des »Tausendjährigen Reichs« besaß in Gestalt der Pläne seines Führers eine extrem kurze Zerfallszeit.

In den im Februar 1945 mit Martin Bormann geführten Gesprächen hat Hitler seine persönliche Obsession, seine Lebensgeschichte mit der Weltgeschichte zusammenfallen zu lassen, in unmißverständlichen Worten zu erkennen gegeben, sie jedoch als Resultat äußeren Zwangs dargestellt. »Ich hingegen stehe unter dem Schicksalsgebot, alles innerhalb eines Menschenlebens zu vollenden. Mir steht nur eine nüchterne Weltanschauung zur Seite, auf Realitäten begründet, deren Versprechen greifbare Formen annehmen müssen und die mir verbietet, den Mond zu versprechen. Verhängnisvollerweise mußte ich alles während der kurzen Spanne eines Menschenlebens vollenden… Dort, wo die anderen über eine Ewigkeit verfügen, habe ich nur einige armselige Jahre. Die anderen wissen, daß sie Nachfolger haben werden.«[2]

Dem Luftwaffenadjutanten Nicolaus von Below gegenüber hatte Hitler sich kurz zuvor, nach dem Scheitern der Ardennenoffensive, in ähnlichem Sinne, wenn auch noch viel finsterer geäußert. »Wir kapitulieren nicht, niemals. Wir können untergehen. Aber wir werden eine Welt mitnehmen.«[3] Der eigene Untergang ist Hitler und seinen Vasallen danach schon gelungen, nur eine ganz Welt mitzunehmen, das haben sie glücklicherweise nicht geschafft. Die jüdische Welt Europas allerdings war bereits Ende 1944 vernichtet. Dem ehemaligen Offizier von Below ging vielleicht erst im Lauf der Zeit auf, welche Ungeheuerlichkeit er dort vernommen hatte, und er zögerte offenbar lange Zeit, andere davon in Kenntnis zu setzen. Erst 1980 brachte er das Protokoll des Gesprächs mit Hitler an die Öffentlichkeit.

Dem Zeitkern des Hitlerschen Unternehmens Welteroberung

hatten die alliierten Siegermächte 1945 jedoch keine Beachtung geschenkt und sich lieber an die vom Regime hinausposaunte Propaganda gehalten, wonach es um nichts als um die Eroberung von »Lebensraum« gegangen sei. So waren sie davon überzeugt, dem gefährlichen Deutschland auf Dauer dadurch die Flügel stutzen zu können, daß sie das deutsche Territorium erheblich verkleinerten. Territoriale Gefräßigkeit sollte durch eine gewaltsam verordnete Raumhungerkur ausgetrieben werden. Noch vor Ende des Zweiten Weltkriegs warnte Hannah Arendt vor den Folgen einer solchen, mit Hilfe von Vertreibung und Zwangsumsiedlung ins Werk gesetzten strafenden Wurzelbehandlung:

»Das Resultat einer solchen ›Bestrafung‹ wäre dann dasselbe wie nach dem Versailler Vertrag, von dem man auch angenommen hat, er sei ein zuverlässiges Instrument für die Zerschlagung der wirtschaftlichen Macht Deutschlands, wohingegen er sich als die eigentliche Ursache für die hochgradige Rationalisierung und das erstaunliche Anwachsen der industriellen Kapazität Deutschlands herausgestellt hat. Da in unserer Zeit das Arbeitskräftepotential weit wichtiger ist als irgendein Territorium und qualifizierte Facharbeit in Verbindung mit wissenschaftlicher Forschung auf hohem Niveau sehr viel ergiebiger ist als Rohstoffe, befinden wir uns möglicherweise auf dem besten Weg, inmitten von Europa ein riesiges Pulverfaß zu schaffen, dessen Sprengkraft für die Staatsmänner von morgen eine genauso große Überraschung sein wird wie der Aufstieg des besiegten Deutschland für die Staatsmänner von gestern.«[4]

Ein solches »riesiges Pulverfaß« inmitten Europas ist ein halbes Jahrhundert später von den europäischen Nachbarnationen vorerst nicht zu fürchten, im Kern jedoch und mit Blick auf die vom Nachkriegsdeutschland neu akkumulierte gewaltige Wirtschaftsmacht erwies sich Hannah Arendts kritische Voraussage als zutreffend. Die Verkleinerung des Territoriums war durch Intensivierung und Rationalisierung der industriellen Produktion bald mehr als wettgemacht. Der westliche Teil Deutschlands hat es in einem erstaunlichen Ausmaß verstanden, anstelle des Raums die Zeit zu bewirtschaften und aus der insgesamt angewachsenen Rolle des Zeitfaktors in der internationalen ökonomischen Konkurrenz größte Vorteile zu ziehen. Hatte ein Zeitfaktor anderer Art, Hitlers Lebenszeitnot, tatsächlich eine entscheidende, andere Motive überwältigende Rolle bei Planung, Auslösung und Durchführung des mörderischen Weltanschauungskriegs gespielt, dessen Ergebnis dann dem Zeitfaktor ganz neue Bedeutung verschaffte? Möglich ist es, aber als Nichthistoriker vermag ich die Frage nicht mit guten Gründen zu beantworten.

Von nicht allein historischem Interesse scheint mir vielmehr der Umstand, daß diese Lebenszeitnot Hitler zu einem ausgesprochen modernen Individuum macht, geradezu einem Prototyp der Menschen, die am Ende des 20. Jahrhunderts in großer Zahl die entwickelten Metropolen bevölkern. Auch wenn die meisten unter ihnen kein wie auch immer grandios oder auch pervers geartetes großes Projekt hegen mögen, das da noch in kurzer Zeit zu »vollenden« wäre, müssen sie ähnlich wie Hitler empfinden, der sich im Gespräch mit Bormann über die paar ihm verbleibenden »armseligen Jahre« beklagte.

In den höchstentwickelten Ländern verhalten sich die Menschen ebenfalls so, als rechneten sie eigentlich nicht mehr mit gattungsmäßigen Nachfolgern. Walter Benjamin hat diesen Typus bereits in den zwanziger Jahren heraufkommen sehen, charakterisiert als »aus unbeträchtlichen Anfängen emporgekommene Agenten, die nicht wie die Finanzmagnaten auf Jahrzehnte für die Familie, sondern nur für sich selbst, und das kaum über Saisonabschlüsse hinaus, disponierten«.[5] Heute verbrauchen die hochentwickelten Länder Rohstoffe und natürliche Ressourcen in ungebremstem Tempo und unternehmen außer Kosmetik nichts Ernsthaftes gegen die irreversible Schädigung der Biosphäre, die sie dabei anrichten. Ihre Bewohner, soweit sie es sich leisten können, sorgen sich nur um die Schäden, die sie selbst erleiden könnten: Mit Hilfe von Jogging, Körperpflege, gesunder Ernährung und ähnlichen Maßnahmen bis zum Pensionsalter versuchen sie individuell so fit bleiben, daß sich danach auch die Pensionierung noch dezent und mit ungetrübtem Spaß an Kreuzfahrten rund um den Globus durchstehen läßt, und was irgendwann nach uns kommen mag, geht uns nichts mehr an.

Lieber sich mit dem Gedanken individueller Seelenwanderung trösten, wenn sich die eigene Endlichkeit zu Wort meldet, als aus der Einsicht in die Zerbrechlichkeit der menschlichen Existenz heraus Verantwortung für kommende Generationen mit zu übernehmen. Vorsorge getragen wird höchstens für die eigene Altersversorgung, die um den Wechsel vom 20. zum 21. Jahrhundert herum, gerade in Deutschland, aber nicht nur dort, mehr als jedes andere Thema die öffentliche Kommunikation beherrscht. Inzwischen stehen sogar Techniken zur Verfügung, mit deren Hilfe ein glückliches Pensionsalter bis ins Unendliche verlängert werden soll. Mehrere US-amerikanische Unternehmen werben um Kunden, die bereit sind, viel Geld dafür zu bezahlen, daß ihre Körper nach dem Ableben nicht begraben oder verbrannt, sondern in speziellen Tiefkühltruhen eingelagert werden.

Eines Tages, so das von den zahlenden Tiefkühlkandidaten für bare Münze genommene Versprechen, werden die Wissenschaften so weit sein, daß sie eine im Zustand der Frische erhaltene Leiche wiederbeleben und ihr sogar zu einem ewigen Weiterleben verhelfen können. Wie eingefrorene Erdbeeren werden dann die Toten wieder aufgetaut und dürfen nach ein paar Behandlungsschritten aufs neue am Tisch Platz nehmen, wo sie dann, anders als in ihrem Vor-Tiefkühlleben, sogar ewig verweilen können. Warum sich angesichts solcher Aussichten mit dem Gedanken abfinden, daß eines Tages andere Individuen, die einen eigentlich nichts angehen, an diesem Tisch sitzen und Anspruch auf ihren Platz in der Welt erheben könnten, ihnen gar noch das Bett bereiten? Das Verlockende an der Auftauidee ist nichts anderes als die Vorstellung des Zusammenfallens von Lebenszeit und Weltzeit. Das eigene Leben soll nicht weniger dauern als die Welt – und es soll keine Welt geben, die das eigene Leben überdauert und dazu zwingt, früher oder später den eigenen Platz für andere zu räumen.

Der Gedanke liegt abrufbereit in der Luft, sonst könnte er im Jahr 2000 nicht sogar zu Werbezwecken aufgegriffen werden. Mit einer großen farbigen Anzeige appellierte die deutsche Weltausstellung Expo 2000 an die latente Unlust, irgendwann für andere zur Seite zu rücken: Unter der Überschrift »Werden wir ewig leben?« ist eine junge, flott gestylte, vor einer Geburtstagstorte sitzende Frau zu sehen, und auf der Torte ist zu lesen: »Happy 250th Birthday«. So lange schon da zu sein und so viele andere überlebt oder ihnen erst gar nicht Platz gemacht zu haben, ist das nicht erst recht ein Grund zum Feiern?[6]

Ein Symptom der Virulenz solchen Lebens- und Zeitgefühls ist die nach dem Ende des kalten Kriegs zu beobachtende außerordentliche Verhärtung der Sprache, in der über Menschen geurteilt wird, die in der Vergangenheit Überzeugungen anhingen, in erster Linie kommunistischen, die fortan als unverzeihliche Verirrungen abgeschrieben sind. Wer, wie Jean-Paul Sartre, auch nur ein paar Jahre lang mit den Kommunisten sympathisierte, kann nicht mehr mit der geringsten posthumen Nachsicht rechnen. Die Härte der Verurteilung scheint von weit her zu kommen, aus einem Jenseits der endlichen geschichtlichen Welt, die es mit sich bringt, daß endliche Menschen sich irren, zeitbedingten Täuschungen unterliegen, unter dem einen oder anderen Druck stehen, von ihren Leidenschaften mitgerissen werden. »Viele Intellektuelle haben in den dreißiger Jahren die stalinistische Sowjetunion besucht, und alle waren sehr enthusiastisch«, sagte der serbische Schriftsteller Aleksandar Tišma. »Die einzigen, die nicht enthusiastisch zurückkehrten waren André Gide und der kroatische Romancier Miroslav Krleža. Ich ziehe den Hut vor Gide und Krleža, aber ich vermag die anderen nicht zu verurteilen.«[7] Nicht verurteilen zu wollen gilt nunmehr selbst als Überbleibsel einer überwundenen Epoche. Eine ganz neue Geschichte scheint angebrochen, die selbst nicht mehr geschichtlich ist und sich deshalb die härtesten Verurteilungen alles Früheren, auf das es ohnehin nicht mehr ankommt, anmaßen darf.

Dieses sich verbreitende Weltbild besitzt einen verborgenen Zeitkern, der nicht weit entfernt ist von dem der Hitlerschen Obsession. Blumenberg spricht im Zusammenhang mit Hitlers Denken von der »Kongruenz von Lebenszeit und Weltzeit als Wahn«. »Ein einziges Leben«, so die darin implizit enthaltene Anthropologie, »definiert sich seinen Sinn gerade dadurch, daß es zu sein beansprucht, wonach nichts mehr kommen darf. In einer Erweiterung der Sprache Freuds würde man das ›absoluten Narzißmus‹ nennen dürfen.«[8] Blumenberg nennt das, was Hitler kurz vor dem Ende 1945 Bormann und dem Luftwaffenadjutanten von Below als seinen geheimsten Schlachtplan offenbarte, nämlich mit Gewalt Lebenszeit und Weltzeit in einen Rhythmus zu zwingen, »die letzte seiner Ungeheuerlichkeiten«. So weit, bis in den Kollektivsuizid, wollten die Deutschen, die Hitler sonst in fast allem gefolgt waren, ihrem Führer allerdings nicht folgen. Die meisten von ihnen wollten 1945 den Untergang überleben, den Hitler mit den ihm noch zur Verfügung stehenden Mitteln herbeizuführen gedachte, um wenigstens in einer alles mit sich reißenden finalen Apotheose den Traum von der Konvergenz seiner Lebenszeit mit der Weltzeit noch in Erfüllung gehen zu lassen.

Mit Hitlers Verschwinden ist allem Anschein nach keineswegs aus der Welt verschwunden, was Blumenberg, mit dem Begriff »absoluter Narzißmus«, als verborgenes Movens des Handelns à la Hitler erkannte. Wie durch Seelenwanderung weitergetragen, inkarniert sich immer wieder an unterschiedlichen Orten und in verschiedenen Gestalten der Impuls kollektiver Selbstzerstörung. Mit Schaudern nimmt die Öffentlichkeit von Zeit zu Zeit von Taten Kenntnis, die kriminologisch nie ganz befriedigend aufgeklärt und eingeordnet wurden, weil sich die mörderischen und die suizidären Anteile daran nicht klar voneinander trennen lassen, und vergißt das alles so schnell wie möglich wieder.

Ende der siebziger Jahre erfaßte die USA kurzzeitig ein Schock, als in einer nach ihrem Gründer Jim Jones »Jonestown« benannten Dschungelsiedlung im lateinamerikanischen Guyana die Leichen von fast tausend US-Amerikanern gefunden wurden. Die Toten wurden zwar nach ihrer Rückführung in die USA von geschultem Militärpersonal obduziert, und es wurde die Art des Gifts festgestellt, das den massenhaften Tod verursacht hatte, der Vorgang selbst jedoch blieb ein Rätsel. War es Massenmord oder Kollektivsuizid? In den Jahren davor war die Dschungelsiedlung vielfach von amerikanischen Journalisten besucht und als kleines, mit modernster Gesundheitsfürsorge ausgestattetes Sozialparadies beschrieben worden; fast so wie Hitlers Deutschland zur Zeit der Olympischen Spiele 1936 von auswärtigen Berichterstattern als Reich der Freude, der Fürsorge und der Ordnung gewürdigt worden war. Bevor der Gründer Jim Jones, ein ehemaliger Missionar, mit seinen Anhängern, großenteils Ghettojugendlichen und Sozialhilfeempfängern, nach Guyana zog, war er in San Francisco als Oberhaupt einer »Volkstempelkirche« ein geachteter und von lokalen Politikern durchaus umworbener Mann gewesen.

Daß sich im Kopf des als seriös beschriebenen Sektenführers Jones ein explosiver Cocktail aus Verfolgungswahn, apokalyptischen Visionen und Vernichtungswünschen zusammenbraute, hatten seine zahlreichen Förderer und Anhänger nicht bemerkt oder nicht bemerken wollen. Am Ende waren die gläubigen Anhänger alle tot, und die Jones-Förderer bis hin zu Staatsgouverneuren wollten damit nichts zu tun gehabt haben. Einfacher schien in den neunziger Jahren der Fall des Sektenführers David Koresh zu liegen, der sich als erfolglos gebliebener Rocksänger unter die zahlreichen Frustrierten der Showbiz-Gesellschaft einordnen ließ, Anziehungspunkt für Frustrierte und Ausgeflippte jedweder Art. Nach Beginn eines Polizeiangriffs auf die Sektenfarm beim texanischen Waco legte er Feuer und erschoß wahrscheinlich einen großen Teil seiner Anhänger, bevor alles in Flammen aufging.

Mehr Rätsel gab hingegen die Affäre der Sekte des »Sonnentempels« auf, an deren Ende in Kanada, in der Westschweiz und in Frankreich Dutzende erschossen und verbrannt auf der Strecke geblieben waren. Bei den, sei es durch glatten Mord, sei es durch eine Form von erzwungenem Suizid zu Tode gekommenen Anhängern dieser Mischform aus synkretistischer Sekte und krimineller Vereinigung handelte es sich nicht um Sozialfälle, Ausgeflippte und Zukurzgekommene, sondern um Repräsentanten der besten Gesellschaft, die gewöhnlich von Investmentfonds und nicht von Illuminierten umworben werden, um Manager, Bürgermeister, Juristen, Ärzte und Journalisten.

Was Wolfang Pohrt aus Anlaß der Affäre Jonestown zu dem erstaunlichen Wohlwollen bemerkte, das das Unternehmen des Sektenführer Jones in der guten kalifornischen Gesellschaft genoß, bis es seine verborgene letale Zweckbestimmung offenbarte, trifft ebenso und vielleicht noch mehr auf das gehobene Milieu zu, aus dem der kanadisch-schweizerische »Ordre du Temple solaire« seine zahlenden Adepten rekrutierte: »Die dumpfe Ahnung, daß es so nicht weitergehen könne, daß man bei diesem Leben niemals glücklich werde und daher alles ganz anders werden müsse – dieses Gefühl existiert keineswegs nur, ja, nicht einmal vornehmlich bei den Außenseitern und Unterprivilegierten, sondern es schlägt gerade jene in Bann, die sich solche Gefühle leisten können, weil sie materiell gesichert sind.«[9]

Was in Jonestown, in Waco und unter jenen »Sonnentemplern« geschehen ist, hat für einen kurzen Augenblick erschreckt und verstört, ist dann aber jeweils schnell beiseite geschoben und in der Rubrik bizarrer *faits divers* abgelegt worden, die eben vorkommen in einer nicht reglementierten, unübersichtlichen Menschenwelt. Es läßt sich aber fragen, ob in solchen Taten nicht ein Anteil dessen zum ebenso mörderischen wie suizidären Ausbruch kommt, was im Begriff ist, sich zur Normalität westlicher Gesellschaften zu entwickeln und was in viel innigerer Beziehung zu dem wahnhaften Wunsch des Zusammenfallens von Lebenszeit und Weltzeit steht, als es diesen Gesellschaften lieb sein kann. Wie wenn die geahnte

Einsicht, daß es auf dem eingeschlagenen Weg nicht lange weitergehen könne, bei einer Reihe von Individuen in den Wunsch nach Vernichtung und Selbstvernichtung umgeschlagen wäre, da nichts in Sicht ist, auch im eigenen, unter den herrschenden Bedingungen möglichen Handeln nicht, was auf einen Ausweg hindeutet. Statt darauf zu warten, daß die Welt das eigene Leben verschlingt, soll die Welt in der Selbstvernichtung verschlungen werden, damit auf diese Weise Weltzeit mit Lebenszeit zusammenfällt.

»Nur für sich selbst, und kaum über Saisonabschlüsse hinaus« zu disponieren, diese von Benjamin Ende der zwanziger Jahre beschriebene neue Zeitperspektive, die mit neuen ökonomischen Akteuren neu aufgetaucht war, hat sich in der zweiten Hälfte des Jahrhunderts als unausgesprochene Devise immer stärker und breiter durchgesetzt. Ein Wunder ist das nicht, denn wenn infolge ökonomischen Umbaus einmal mit erheblichen Zeitinvestitionen verbundene Ausbildungsgänge ihren Wert verlieren, noch bevor sie Früchte tragen können, somit keine verläßliche, dauerhafte Lebensperspektive mehr versprechen, wendet sich die Aufmerksamkeit unvermeidlich den im Augenblick sich bietenden Chancen und Vorteilen zu. Shareholder-values, für die in sämtlichen Medien, nicht nur in der Werbung, geworben wird, haben Ende des 20. Jahrhunderts überwältigende Attraktivität erlangt: Sie erscheinen geradezu als Kern einer tiefgreifenden anthropologischen Umorientierung, der am Ende die Zukunft gehört. Eine Zukunftsdimension hat diese Shareholder-Zukunft aber gerade nicht.

Die Universalisierung der Haltung, »nur für sich selbst, und kaum über Saisonabschlüsse hinaus« zu disponieren, trägt dazu bei, einen Widerspruch noch erheblich zu verschärfen, der im menschlichen Zeitbewußtsein selbst angelegt ist. »Damit ergibt sich die paradoxe Situation«, schreibt der Wiener Wissenschaftstheoretiker Erhard Oeser, »daß gerade unser begrenzter Zeithorizont, der in der Hierarchie von längeren und kürzeren Zeiten sozusagen fast am untersten Ende steht und uns vor den Katastrophen des Makrokosmos schützt, zugleich das entscheidende Hindernis ist, die selbstgemachten Katastrophen zu erkennen. Unser artspezifisches Zeitbewußtsein, das von der Lebenszeit des Individuums als ›starker Zeitlichkeit‹ bestimmt ist, läßt es gerade noch zu, daß wir uns ernste Gedanken über das Schicksal der nächsten Generation, unserer Kinder machen. Es versagt aber bereits in jenen heute bereits realisierten Fällen, in denen wir den künftigen Generationen die Konsequenzen unseres gegenwärtigen Handelns aufbürden. Ein drastisches Beispiel dafür ist die ›übermenschlich‹ lange Lebensdauer des Atommülls, der die kommenden Generationen über Jahrtausende hinweg zu Wachhunden dieses Abfalls macht.«[10]

Eine bedeutsame Einsicht: Die Begrenzung des menschlichen Zeithorizonts, Bedingung des Überlebens insofern, als sie von einem alles Handeln lähmenden Bewußtsein ständiger Gefährdung abschirmt, setzt gleichzeitig außerstande, die potentiellen Gefährdungen, die die Menschen durch gewissermaßen »weltfernen«, ausschließlich system-, das heißt markt- und profitbestimmten industriellen Verbrauch der Natur selbst hervorbringen und als Zeitbombe in die Zukunft plazieren, zu entschärfen. Viele der uns bekannten Zivilisationen rechneten durchaus mit der artspezifisch bedingten, das Überleben der Zivilisation oder gar der Gattung auf die Dauer gefährdenden Begrenzung des Zeithorizonts und schufen politische und kulturelle Institutionen, die solche Begrenzungen des einzelnen Bewußtseins sowohl zur Zukunft als auch zur Vergangenheit hin überschritten. »Institutionen«, schreibt Hans Blumenberg, »beruhen gerade darauf, daß die Lebenszeit nicht das Maß aller Dinge ist, vielmehr Verfügungen über deren Grenzen hinaus getroffen, Traditionen über sie hinweg gesetzt und angenommen werden müssen«.[11]

Solche Institutionen staatlichen und anderen Charakters werden nun aber im Zug der Ökonomisierung aller Verhältnisse geschleift, was dann falsch anheimelnd »Privatisierung« genannt wird; dieser überall mit Leidenschaft und Nachdruck beförderte Prozeß läuft darauf hinaus, die Lebenszeit erneut und imperativ als Maß aller Dinge zu setzen, ja sogar noch weniger als die Lebenszeit, die kurzen Fristen nämlich, in denen Investitionen sich amortisieren müssen und die Shareholder zu ihren Gewinnen kommen wollen. Die noch übriggebliebene Restpolitik wiederum paßt sich der Wirtschaft der kurzen Fristen an; sie disponiert höchstens bis zum nächsten Wahltag, oft nur noch bis zur nächsten Meinungsumfrage oder zum nächsten Fernsehtermin. Gefahren abwendende Verfügungen über die Grenzen der unmittelbaren Gegenwart hinaus sind auf diese Weise nicht mehr zu treffen. Es gilt die Devise: nach mir die Sintflut. Zum Ausgleich, wenn einen zwischendurch der Schrecken packt, rennt man zu einer Sekte, wie die Manager unter den Anhängern des »Sonnentempels«, oder glaubt abends im Bett still und friedlich an die Seelenwanderung.

Ein halbes Jahrhundert, nachdem Hitlers Armeen gestoppt, zurückgeschlagen und besiegt wurden, stellt sich heraus, daß Hitlers monströser Geist keineswegs aus der Welt geschafft wurde, ja, daß er vielmehr erneut am Werk ist, dynamischer denn je, dazu weltweit und grenzenlos operierend. »Weil Hitler«, schreibt Blumenberg, »die geschichtliche Existenz einer Welt auf das Leben eines einzigen Mannes gestellt wissen wollte, war ihm jede Regelung für das, was ihn etwa überleben könnte, ebenso zuwider wie die Respektierung dessen, was vor ihm überlebt hatte.«[12] Läßt man den Namen Hitler weg und ersetzt »das Leben eines einzigen Mannes« durch Amortisierungsfrist, erhält man eine gute Charakterisierung der am Beginn des 21. Jahrhunderts alternativlos herrschenden Börsenwertegemeinschaft.

Hitlers narzißtische Weigerung, eine Weltzeit hinzunehmen, die weiter reicht als die eigene Lebenszeit, lebt in ihr wieder auf und munter fort. »Mir steht nur eine nüchterne Weltanschauung zur Seite, auf Realitäten begründet, deren Versprechen greifbare Formen annehmen müssen und die mir verbietet, den Mond zu versprechen.« Wer hat das gesagt? Nein, es war kein »unter Sachzwang« der Modernisierung durch Sparen verschriebener westlicher Regierungschef in der Neujahrsansprache zum Jahr 2000. Es war Adolf Hitler im Februar 1945.

## ZEIT AUS DEN FUGEN
### Kalender, Uhren, Time-lag

»Diese Umstellung gilt nur für jene, die das Leben noch vor sich haben«, schrieb Montaigne aus Anlaß der Gregorianischen Kalenderreform von 1582, die elf Tage im schwarzen Loch der Nichtzeit verschwinden ließ. Mit der Bulle *Inter gravissimas* hatte Papst Gregor XIII. verfügt, daß die neuen Methoden der Zeitberechnung auf die jüngsten Beobachtungen des Sternenlaufs anzuwenden und daß im Blick auf eine wissenschaftlich haltbare Zeitbestimmung elf Kalendertage zu opfern seien. In Italien sprang man daraufhin vom 4. zum 15. Oktober, in Frankreich vom 9. zum 20. Dezember. Im anglikanischen England wurde noch hundertsiebzig Jahre gewartet, ehe der gregorianische Kalender eingeführt wurde. Mit dem Ruf »Give us our eleven days!« protestierten aufgebrachte Briten gegen die Entwendung der gewohnten Kalendertage. Diese Kalenderzeit konnte Shakespeare demnach nicht gemeint haben, als er anderthalb Jahrhunderte früher Hamlet ausrufen ließ: »Time is out of joint.«

An der Zeit wird auch heute noch gedreht, doch geht es dabei höchstens um entwendete oder hinzugefügte Sekunden. Zur letzten Minute der Monate Juni und Dezember wird der Uhrzeit eine knappe Sekunde hinzugefügt, ohne daß wir etwas davon merken. Die unvergleichlich genaue und stabile Zeitmessung durch die Cäsiumschwingungen der Atomuhr hat zum Vorschein gebracht, daß auf die astronomische Zeitmessung nicht hundertprozentig Verlaß ist. Die Erde dreht sich, wie ein mangelhaft ausgewuchtetes Rad, nicht ganz rund. Da die astronomische Zeit anhand der Erdrotation im Verhältnis zur Sonne gemessen wird, ergeben sich zwischen diesen Meßwerten und den Zeitangaben der unabhängig von der Mechanik der Erdbewegung arbeitenden Atomuhr Diskrepanzen.

Seit man sich 1972 auf die auf der Atomuhr basierende Koordinierte Universalzeit (UTC) geeinigt hat, ergibt sich so die Notwendigkeit, gleichzeitig den Irregularitäten der astronomischen Zeit Rechnung zu tragen. Das Pariser Observatorium, das in der Sache federführend ist, meldet der Zeitzentrale von UTC weiter, wenn es beobachtet, daß die Zeitmessungen auseinanderdriften. Jedes Halbjahr wird dann eine Schaltsekunde eingefügt, die aber nicht unbedingt der exakten Dauer einer Sekunde entspricht. Auf Jahre vorausberechnen lassen sich diese Schaltsekunden nicht, eben weil die Unregelmäßigkeiten der Erdrotation nicht regelmäßig auftreten; sie können nur von Mal zu Fall empirisch festgestellt werden. So kommt es, daß die letzte Minute des Juni und Dezember nicht exakt sechzig Sekunden umfaßt, meist ein wenig mehr, einundsechzig Sekunden. Das koordinierte internationale Radiosignal überträgt die neue Zeit in alle Welt und an deren Normaluhren, die ganz so normal also nicht sind.

Im 16. Jahrhundert ging es nicht um Sekunden oder Minuten, sondern um Tage und sogar Wochen. Damals konnten alle am eigenen Leib spüren, was es heißt, wenn das Ergebnis wissenschaftlicher Berechnungen der Zeit den Bruch mit uralten Gewohnheiten verlangt. Montaigne zum Beispiel war das zuviel: »Die kürzliche Löschung von zehn Kalendertagen durch den Papst hat mich derart durcheinandergebracht, daß ich mich einfach nicht hieran gewöhnen kann. Ich stamme noch aus den Jahren, da wir anders rechneten; und der so alte und lange Brauch hält mich fest und läßt mich nicht mehr los. Zu keiner Neuerung fähig, selbst wenn sie Verbeßrungen bringt, sehe ich mich deshalb gezwungen, in diesem Fall ein wenig Ketzer zu sein. Da hilft kein Zähneknirschen – meine Vorstellung wirft mich immer zehn Tage voraus oder zurück...«, schrieb der Autor der *Essais*, damals neunundvierzig Jahre alt und alles andere als ein geistig unbeweglicher Greis.[1] Nicht viel anders als Montaigne reagierten vier Jahrhunderte nach ihm zahlreiche Franzosen, die noch viele Jahre nach der von General de Gaulle durchgesetzten Währungsreform in alten Francs rechneten. Es war ja auch zu schön gewesen, sich mit einem Wert von zehntausend neuen Francs im Sparbuch als Millionär fühlen zu können, so wie es vor der Aufwertung möglich gewesen war.

Die Kunst der Zeitmessung hat, wie eine Vielzahl von Darstellungen belegt, eine weit zurückreichende, sich von Kultur zu Kultur ganz unterschiedlich entwickelnde Geschichte. Eine frühe Form der Uhr, die Wasseruhr, war bereits bei den Ägyptern und Chaldäern in Gebrauch. Sie diente allerdings nicht der Bestimmung der Stunden im Tagesverlauf, sondern hatte nur, und zwar einzig bei bestimmten Gelegenheiten, absolute Dauer zu messen. Wasseruhren fanden zum Beispiel bei Gericht Verwendung; sie gaben das Maß für die jeweils zugestandene Länge des Redebeitrags. Bei schweren Fällen wurde viel Wasser in den Behälter gefüllt, aus dem es dann langsam abfloß, bei einfachen Fällen entsprechend weniger. Das reichte als Maß.[2]

Auch in Europa waren Wasseruhren im Gebrauch, nach Auskunft des Zeitforschers Janich bis ins 18. Jahrhundert, und zwar vor allem in Klöstern. Die Uhren hatten in kalten Regionen jedoch den Nachteil, daß sie im Winter einfroren, und gerade im Winter, wenn kein morgendlicher Sonnenaufgang verkündete, daß es nun Zeit fürs Morgengebet war, kam es auf mechanische Hilfe bei der Zeitbestimmung an. Lange vor jeder industriellen Fabrikproduktion verlangten die Klosterregeln nach verläßlicher Zeitbestimmung. Daran erinnert bis heute etwa die mechanische Uhr, die den Giebel des »Vieux Séminaire« des Sulpizianerordens in Montreal ziert; im 17. Jahrhundert dort angebracht, war damit die erste öffentliche Uhr auf dem nordamerikanischen Kontinent in Gang gesetzt. Am Giebel eines Bethauses, nicht irgendeiner Manufaktur oder Militärgarnison. Was später mit Hilfe der Stechuhr Millionen von Bauernkindern als Fabrikdisziplin eingebläut wurde, war lange vorher in den Klöstern vorgedacht und eingeübt worden. Es leuchtet ein, daß Kirche und Päpste, siehe Gregorianische Reform, an allem lebhaft interessiert waren, was mit Kalenderordnung und Zeitmessung zusammenhing. Ihre Machtausübung hing auch von dieser Form von Zeitsouveränität ab.

Mechanische Uhren wurden zusammen mit anderen Erzeugnissen europäischer Mechanikerkunst wie Feuerwaffen in andere Weltteile exportiert, soweit sie dem Fernhandel der Neuzeit erreichbar waren. Die Exporteure machten dabei die Entdeckung, daß ihre Artefakte völlig unterschiedlich aufgenommen wurden. Chinesen, die Baudelaires Gedicht »Die Uhr« zufolge die »Stunde im Auge der Katzen ablesen«, waren von dem kleinen Wunderwerk der mechanischen Uhr hellauf begeistert, ließen aber die Feuerwaffen links liegen. Japaner hingegen griffen nach den Waffen, schenkten der Uhr aber keine Beachtung. Warum nicht? Ihre eigene Art, Stunden zu zählen, war mit Hilfe der europäischen Mechanik nicht nachzubilden. Nur zweimal im Jahr, bei der Tag- und Nachtgleiche, waren die sechs Stunden des japanischen Tags und die sechs Stunden der japanischen Nacht identisch lang. Die sechs Tagstunden, die vom Sonnenaufgang bis zum Sonnenuntergang gezählt wurden, verlängerten sich im Sommer, wobei sich die Nachtstunden entsprechend verkürzten; im Winter war es umgekehrt. Diese täglichen Verschiebungen konnte die gleichmäßig laufende europäische Uhr nicht berücksichtigen.[3]

Mit der sich weltweit ausbreitenden, mit Maschinenkraft arbeitenden Fabrikproduktion und mit dem Eisenbahnverkehr schlug endgültig die Stunde solch flexibler, auf alten Traditionen beruhender Zeitmessung. Sogar die deutsche Kleinstaaterei sah sich im 19. Jahrhundert gezwungen, im Interesse eines sicheren und übersichtlichen Bahnverkehrs auf die jeweils unterschiedlichen kurpfälzischen oder hessen-nassauischen oder vier badischen Zeiten zu verzichten und eine einheitliche Reichszeit zu akzeptieren. Bestrebungen der großen Welthandelsländer zielten darauf ab, eine Universalzeit zu schaffen, an der sich Vertrags- und Liefertermine und

Fahrpläne weltweit orientierten konnten. 1884 wurde auf einer internationalen Konferenz in Washington beschlossen, den Londoner Vorort Greenwich nicht nur als Ort des Nullmeridians zu bestimmen, von dem aus die Längengrade zu zählen waren, sondern auch als Ausgangspunkt universell gültiger Uhrzeitberechnung. Der Globus wurde entsprechend dem 24-Stunden-Rhythmus seiner Rotation um die Nord-Süd-Achse in vierundzwanzig ost-westliche Zeitzonen eingeteilt. Nach einigem Zögern schlossen sich die meisten Länder dem Abkommen an, das die Grundlage für die heute gültige Universalzeit bildet.

Ein Problem bei der Festlegung der Zeitzonen war die Bestimmung der Grenze, die einen Wochentag vom anderen trennt, denn innerhalb der 24 Stunden Globalzeit muß irgendwann der Wochentag wechseln. Die bei den Antipoden von Greenwich schließlich gezogene Demarkationslinie tat niemandem besonders weh, da sie Zonen sei es unbewohnter Inseln der Arktis, sei es verstreuter, dünn besiedelter Pazifikinseln durchquerte, die, wie die Gilbert-Inseln, zum britischen Empire gehörten. Das änderte sich allerdings 1978, als diese Inselgruppen unabhängig wurden und sich zur Republik Kiribati zusammenschlossen. Die Demarkationslinie schnitt nun ein Staatsgebiet entzwei. Während es am einen Ende des sich über mehr als tausend Kilometer erstreckenden Territoriums noch Sonntag ist, ist es am anderen bereits Montag. Das stört zwar nicht die nach ihren überlieferten Rhythmen lebenden Inselbewohner, macht aber der Zentralregierung Kopfzerbrechen, die nun bei der Festlegung administrativer Fristen und Termine immer mit zwei verschiedenen Wochentagen rechnen muß.[4]

Solange die Menschen mit dem Schiff von Kontinent zu Kontinent reisten, blieben die Zeitzonen abstrakte Größen, die ihr Zeiterleben nicht nennenswert in Mitleidenschaft zogen. Im Lauf einer einwöchigen Dampferfahrt von Bremen nach New York konnten sich die Passagiere unmerklich auf die um sechs Stunden verschobene Tageszeit in der Neuen Welt umstellen. Erst der internationale Flugverkehr hat sanften Übergängen ein Ende gesetzt.

Wer innerhalb von wenigen Stunden den Atlantik überquert, spürt am eigenen Leib, daß zwischen der Zeit, die er mitbringt, und der Zeit, die er antrifft, eine Time-lag genannte Lücke von sechs Stunden klafft. Der biologischen Forschung bot der schnelle Transport die Möglichkeit, die Vermutung, daß nicht nur Menschen, sondern alle Arten lebender Organismen mit einer biologischen Uhr ausgestattet sind, experimentell zu überprüfen.

1955 mußten Bienen als Versuchskaninchen dienen. Nachdem sie im Labor in Paris daran gewöhnt worden waren, ihr Futter immer um die gleiche Tageszeit einzunehmen, wurden sie von Paris nach New York geflogen. Obwohl die Bienen nach der Landung dem New Yorker Tageslicht ausgesetzt wurden und dadurch neue Zeitanhaltspunkte erhielten, rührten sie das nach New Yorker Zeit verabreichte Futter nicht an. Sie fraßen weiter nur nach Pariser Zeit, gleichgültig, welche Tageszeit in New York gerade herrschte. Erst nach einer längeren Umgewöhnungszeit stellten die Bienen ihr Verhalten um.[5]

Bei Menschen dauert es in der Regel einige Tage nach dem Wechsel der Zeitzone, bis sich der mitgebrachte Rhythmus von Wach- und Schlafzeiten einpendelt; Forscher haben jedoch festgestellt, daß die Nebennierenrinde Wochen benötigt, ehe sich der Rhythmus ihrer Ausschüttungen nach dem Transatlantikflug wieder normalisiert. Die biologische Uhr funktioniert zudem bei den meisten Individuen nicht richtungsneutral; man kann sie nicht wie eine mechanische oder elektronische Uhr beliebig vor- oder zurückstellen. Der Flug von Ost nach West verläuft im biologischen Uhrzeigersinn; nach der Ankunft in Nordamerika zum Beispiel genügt es, die ersten Tage etwas länger wach zu bleiben, und in kurzer Frist tritt Gewöhnung an den neuen Tagesablauf ein. Nach dem gegen den Uhrzeigersinn verlaufenden Flug von West nach Ost spüren dagegen viele Reisende, wie sich die biologische Uhr gegen das gewaltsame Zurückstellen wehrt. Sie meldet zur Unzeit Schlafbedürfnisse an und quält zur sozialen Schlafenszeit mit Schlaflosigkeit. Die biologische Uhr weiß durchaus etwas von dem in nur einer Richtung fliegenden Zeitpfeil, den manche Vertreter physikalischer Theorien aus dem Universum verbannt sehen wollen (dazu Kapitel 16).

Der sich selbst als »Dromologe« bezeichnende Geschwindigkeits- und Medientheoretiker Paul Virilio hat seinem Essay »Das Expeditionscorps oder der mobilisierte Körper« diese Widmung vorangestellt: »Sarah Krasnoff gewidmet, die auf der Flucht vor den Psychiatern praktisch ohne Unterbrechung fünf Monate lang in Maschinen der K.L.M. saß und über 160 Mal den Atlantik überquerte, bevor sie ruiniert und am Ende ihrer Kräfte im Zimmer 103 des Hotels Frommer in Amsterdam starb.«[6]

Solche Geschichten, wie auch Erkenntnisse über die Trägheit der biologischen Uhr, die in lebenden Organismen tickt, passen ganz schlecht in das zeitgenössische Zeitregime, das mit seiner Werbung für »24-hours-banking« die Vorstellung nähren will, wir lebten bereits in einer Zeit absoluter Flexibilität, die sich mit der globalen Universalzeit synchronisiert hat. Der dem Time-Warner-Konzern gehörende Fernsehsender CNN spielt seit Jahren den Vorreiter dieser Zeitsynchronisation. Was auch immer wann auch immer auf der Welt geschieht, CNN ist vor Ort und schickt seine Bilder auf die elektronische Reise, ohne Rücksicht darauf, welche Tages- oder Nachtzeit bei seinen weltweit vertreuten Zuschauern gerade herrschen mag. Die Station muß allerdings allerlei Vorkehrungen treffen, damit in Vergessenheit gerät, daß sie selbst einen durchaus irdischen Firmensitz in Atlanta/Georgia hat und dort auch Gefangene einer bestimmten nordamerikanischen Zeitzone ist. Uhren, die an solche Beschränkungen erinnern könnten, sind aus dem Studio verbannt, es gibt auch keinerlei Zeitansage.

Nur gelegentlich kommt es vor, daß ein Reporter mitten in der amerikanischen Nacht von der neuesten Verlautbarung des Pentagon berichten muß; manchmal kann er schlecht verbergen, daß er gerade aus dem Schlaf gerissen wurde. Wenn es in den USA Nacht und in Europa Vormittag ist, kommen die für Europa bestimmten Nachrichtensendungen aus dem Londoner CNN-Studio; dort sind vielfach jedoch Sprecherinnen und Sprecher beschäftigt, die Englisch mit amerikanischem Akzent sprechen, so daß der Eindruck entstehen kann, auch hier spräche ein ewig waches Amerika. Im Zentralstudio in Atlanta wiederum kommen häufig Sprecherinnen und Sprecher zu Wort, die betont britisches Englisch sprechen, was dazu beiträgt, den amerikanischen Firmensitz symbolisch zu deterritorialisieren, ihn in ein merkwürdiges geographisches Überall und Nirgendwo zu verlegen.

24-hours-banking, Rund-um-die-Uhr-Programme, Internet-Shopping, Herausfiltern jahreszeitlicher Unterschiede durch Klimaanlagen: Diese Tendenz der Auslöschung von Zeitdifferenzen hat der amerikanische Zeitforscher James T. Fraser anschaulich als »greying of the calendar« bezeichnet. Während die zeitgenössische westliche Zivilisation als Ziel verkündet, alle Arten von kulturellen Differenzen in Ehren und am Leben zu halten, für ihre Erhaltung sogar gelegentlich wie im Kosovo militärisch interveniert, unternimmt sie gleichzeitig alle Anstrengungen, um differierende Zeiten und Differenzen im Umgang mit der Zeit verschwinden zu lassen. Was will sie eigentlich? Ihre Wissenschaften und Techniken haben es ermöglicht, bis auf den Sekundenbruchteil exakt anzeigende Uhren und verläßliche Kalender herzustellen, doch nun scheint ihr das selbst lästig zu werden; die feinen Striche der Zeitmessung können nun ruhig im grauen Einerlei des »greyed calendar« verschwimmen, in dem sich Tag- und Nachtstunden und die Tage der Woche nicht mehr voneinander unterscheiden.

Ein merkwürdig unentschiedener Moment. Während die einen darunter leiden, daß die »konvergierenden westlichen Kulturen der Arbeit und der Unterhaltung darauf abzielen, aus uns allen Maschinen zu machen, eine elektronische, robotisierte Atemporalität herzustellen, die mit den zum Menschen gehörenden biologischen Zwängen kollidiert«, wie es in einem Bericht über die Schlafforschung heißt[7], können andere von solcher Atemporalität nicht genug bekommen. In Las Vegas etwa ziehen Casinos und überdachte Boutiquenzonen, an deren Decken abwechselnd

Abend- und Morgenhimmel projiziert werden, Massen hingerissener Besucher an. Der Verlust des Zeitgefühls, der die einen in qualvolle, sich durch Schlaflosigkeit meldende Desorientierung stürzt, wird für andere offenbar zum gesuchten und teuer bezahlten Stimulans: temporales Kokain.

Myriam Anissimov berichtet in ihrer Biographie Primo Levis davon, daß der Turiner Widerstandskämpfer Levi nach seiner Festnahme im Dezember 1943 in Norditalien einen merkwürdigen Wunsch geäußert hat. Er bat darum, daß man ihm die Uhr abnähme: Er wolle nun außerhalb der Zeit leben, erklärte er zur Begründung.[8] Was meinte er mit »außerhalb der Zeit«? Vermutlich nicht die sei es erlittene, sei es herbeigewünschte Atemporalität einer neuen 24-Stunden-Zivilisation, deren Morgenröte entgegen dem Uhrzeigersinn im westlichen Las Vegas aufscheint.

## ZERBROCHENER ZEITPFEIL
### Über die Entkoppelung
### physikalischer und sozialer Zeit

Heftige Bewegung herrscht auf den Bildschirmen, steht dort Unterrichtung über den Stand der Wissenschaft von der Zeit auf dem Programm. Die Zeit, hieß es 1998 in einer entsprechenden Titelgeschichte des *Spiegel*, »erinnert an einen Wildbach, der unter manchen Umständen wild aufschäumt und manchmal stillsteht. Und sie scheint formbar wie eine Knetmasse.«[1] Aufregende Ideen, die sich durch Computeranimationen mit buntem Leben versehen lassen: Da schießt sie schäumend daher, die wildwasserähnliche Zeit, und plötzlich ist sie weg, abgeflossen durch unsichtbare Löcher, die dann »Wurmlöcher« des Universums heißen. Und wenn sie überraschend irgendwo wieder zum Vorschein kommt, hat sie die Fließrichtung gewechselt, vielleicht auch ihren Flüssigkeitszustand überhaupt; sie gleicht dann vielleicht eingekochter Marmelade, die sich, im Unterschied zu gewöhnlicher Marmelade, aber wieder vollständig verflüssigen, sogar verdampfen kann. Jedenfalls ist zwischen dem »Big Bang«, der laut Steven Hawking und anderen Kosmologen das Universum explosionsartig expandieren ließ, und dem »Big Crunch«, bei dem es sich implosionsartig wieder zusammenzieht, mit vielerlei Zeitkurzweil zu rechnen. Steven Hawkings Film *Eine kurze Geschichte der Zeit* hat ein größeres Publikum mit dem Gedanken vertraut gemacht, daß das wahre, wissenschaftlich erforschbare Wesen der Zeit nicht das geringste mit dem Begriff der Zeit zu tun hat, den uns etwa die Grammatik mit der Unterscheidung von Vergangenheit, Gegenwart und Zukunft nahelegt. Die Vorstellung von einer Verlaufsform der Zeit, die auch unserem gängigen Geschichtsverständnis zugrunde liegt, sei nichts als eine anthropomorphe Illusion.

Roger Penrose, einer der in Hawkings Film auftretenden Kommentatoren, erklärte dem staunenden Publikum zum Beispiel, daß in diesem zeitrichtungslosen Universum nicht die Vergangenheit die Zukunft beeinflußt, sondern die Zukunft die Vergangenheit, so daß jemand, der sich zum Zweck der Seelenwanderung auf eine Zeitreise begibt, eines Tages in der Haut eines Wesens erwachen kann, das lange vor ihm gelebt hat, wobei das Vorher und Nachher eigentlich gar keine Bedeutung hat. Von Einstein ist ein Ausspruch überliefert, der in die gleiche Richtung zielt, das heißt, das Gerichtetsein der Zeit negiert. Nachdem sein Freund Michele Besso gestorben war, mit dem er häufig über das Thema Irreversibilität und Reversibilität der Zeit diskutiert hatte, schrieb Einstein an dessen Schwester: »Michele hat uns verlassen, aber für uns überzeugte Physiker hat das wenig Bedeutung, denn wir Physiker wissen, daß die Zeit *Illusion* ist.«[2]

Ein gläubiger Anhänger des Katharismus hätte sich im 12. oder 13. Jahrhundert ähnlich ausdrücken können, denn die Katharer waren, wie andere Verfechter dualistischer religiöser Lehren, davon überzeugt, daß alle irdischen Angelegenheiten, einschließlich des irdischen Lebens, bedeutungsloser Schein sind, da die wahre Welt erst jenseits der irdischen Nichtigkeiten beginnt. Dem bloß staunenden, fachlich nicht vorgebildeten Publikum angehörend, kann ich mir in Sachen physikalischer Zeittheorien selbst keinerlei Urteil erlauben. Mir fällt nur auf, daß die Sprache, die von Wissenschaftlern wie Hawking zum Zweck der Erläuterung ihrer kosmologischen Zeittheorien gebraucht wird, oft religiöse Züge trägt und Bedürfnisse anzusprechen scheint, die anderweitig in esoterischen, mit Phänomenen der Seelenwanderung befaßten Zirkeln befriedigt werden. Außerdem kann ich mich wie jeder andere interessierte Laie davon unterrichten, daß Theorien über die Reversibilität der Zeit von namhaften zeitgenössischen Naturwissenschaftlern heftig bestritten werden.

Den »Zeitpfeil«, den Hawking und andere Physiker aus dem von ihnen erforschten Universum verbannt sehen wollen, behaupten Chaosforscher gerade bei der Untersuchung dynamischer physikalischer Prozesse wiederentdeckt zu haben, deren Resultate aufgrund allgemeiner Naturgesetze nicht vorhersehbar sind. Sir James Lighthil, britische Koryphäe der physikalischen Mechanik, sah sich eines Tages sogar veranlaßt, öffentlich Verfehlungen seiner Disziplin einzugestehen. Man habe die Leute mit dem Versprechen, immer mehr Vorgänge würden dank Physik vorhersagbar, an der Nase herumgeführt. »Wir wollen uns kollektiv dafür entschuldigen, daß wir das gebildete Publikum in die Irre geführt haben, als wir, hinsichtlich der den Newtonschen Bewegungsgesetzen verpflichteten Idee der Determination von Systemen, Vorstellungen verbreitet haben, die sich nach 1960 als falsch herausgestellt haben.«[3]

Eine schöne Geste. Sie mag daran erinnern, daß all die mit ernstem Forscherausdruck erzählten schönen Geschichten von einer in Wurmlöchern des Universums verschwindenden Wildbachzeit möglicherweise nichts weiter als schöne Geschichten sein mögen, die mit ihren Erzählern ebenso kommen und gehen wie die wechselnden Zeitzustände, von denen sie erzählen. Es sind tröstliche Geschichten insofern, als sie dem Zeitverlauf die grausame Unerbittlichkeit nehmen, die ihm anhaftet. Die Vorstellung einer Umkehrbarkeit der Zeitrichtung nimmt der mit dem Zeitverlauf verbundenen Vergänglichkeit den Schrecken, mögen Kosmologen auch betonen, daß die Reversibilität der Zeit innerhalb der Westentasche des Universums, in der die Erde zusammen mit ihren Bewohnern steckt, nicht gilt. Die Boeing 767 der Egypt Air, die am 31. Oktober 1999 kurz nach dem Start in New York bei der Insel Nantucket vom Himmel stürzte und beim Aufprall aufs Wasser in unzählige Trümmerteile zerfiel, wird durch kein Reversibilitätswunder, das dann auch noch die getöteten Insassen wieder lebendig macht, wieder zusammengesetzt werden und sich in die Lüfte erheben. Im Bereich irdischen Lebens fliegt der Zeitpfeil vorerst in einer einzigen Richtung weiter.

Wenn ich Naturwissenschaftlern wie Ilya Prigogine und anderen Glauben schenken darf, hat in der theoretischen Physik die Rehabilitierung des Zeitpfeils längst wieder eingesetzt. »Solange der *Zeitpfeil* als ein sekundäres, banales Phänomen betrachtet wurde, war es möglich, ihn zu imaginieren; jetzt aber, da wir sehen, daß er wesentlich und unverzichtbar ist, wenn man die Stellung des Lebens und die Stellung des Menschen verstehen will, ist es nicht mehr möglich zu sagen, daß der Zeitpfeil das Resultat unserer Irrtümer ist.«[4] Falls es zutrifft, daß der Zeitpfeil wieder zurückgekehrt ist ins wissenschaftliche Nachdenken über das Universum und das Leben, fällt uns gewöhnlichen Zeitgenossen auf, daß der Zeitpfeil gleichzeitig im Begriff ist, die soziale Welt zu verlassen.

Die vom Flug des Pfeils geöffnete soziale Zeit beginnt sich zu verschließen. Für sehr viele Menschen ist die Zeit nicht mehr die Dimension der Freiheit, des Entwurfs, des Versprechens einer noch nicht festgelegten Zukunft; sie wird vielmehr von Uhren gemessen, die in umgekehrter Richtung zählen, nach dem Prinzip des Countdown. Drei Jahre noch, dann kommt der Zeitpunkt, an dem die einmal erworbenen Fähigkeiten und im Berufsleben gesammelten Erfahrungen ausgedient haben und die Entlassung winkt. Was wiegt das Wissen, das etwa die umsichtige Bibliothekarin eines zur Schließung ausersehenen Goethe-Instituts in Jahrzehnten angesammelt hat? Weniger als nichts, wenn die Buchhalter der Effizienz ans Werk gehen. »Physikalisch fließt die lineare Zeit weiter«, sagt der Psychoanalytiker Paul Parin, »als Lebenszeit hat sie ausgedient.«[5]

Damit ist eine historische Zäsur angesprochen, deren Bedeutung kaum überschätzt werden kann: Der Zusammenhang zwischen physikalischer und zwischen sozialer Zeit, den das Denken der Aufklärung zum ersten Mal hergestellt und zum Motor von alten Zwängen befreiender Säkularisierung gemacht hatte, ist im Begriff, zu zerreißen. Damit zerreißt aber auch die geistige Grundlage des Säkularisierungsprozesses, der mit der europäischen Aufklärung begonnen hatte. Spekulationen über zeitverschluckende

»Wurmlöcher« haben den Riß nicht verursacht, sind aber insofern, als sie religiösen Bedürfnissen entgegenkommen, Ausdruck gescheiterter Säkularisierung.

Der in der Uhrenregion des Schweizer Jura aufgewachsene, seit Jahrzehnten in Kanada lehrende Sozialwissenschaftler Michel Freitag macht darauf aufmerksam, daß dieser Riß zuallererst den Begriff der Zukunft in Mitleidenschaft zieht. Die neue Art Zukunft, schreibt er, »ist nicht einfach eine neue Version oder Vision der Zukunft, denn sie ist durch und durch gegenwärtig, sie ist die Bewegung der Gegenwart selbst. Sie wird nicht nur erwartet, sie wird im gegenwärtigen Lauf der Dinge systematisch produziert. Sie ist weder Potentialität noch Virtualität, sie existiert in actu hier und heute und überall, weil sie mit der gesamten Dynamik aller unserer Aktivitäten zusammenfällt, und zwar in dem Maß, in dem diese Aktivitäten auf formelle Weise programmiert und selbstreguliert sind. Sie ist nichts Verborgenes, das sich ›zu seiner Zeit‹ enthüllen könnte, denn sie hat keine Zeit mehr vor sich: Sie hat die Zeit absorbiert, die sich in ihr aufgehoben hat; sie ist die Implosion der Zeit in der unmittelbaren Prozessualität der Gegenwart, so wie sie sich überall um uns herum bemerkbar macht und uns ohne Unterlaß verkündet wird, in einer grenzenlosen Redundanz von Formeln und Slogans, die uns mobilisierend in sie hineinziehen wollen.«[6]

Der Pfeil der sozialen Zeit, in die individuelle Lebenszeiten eingebettet sind, fliegt nicht mehr ins Unbekannte, ins »noch nicht« Blochs, auf diese Weise der Übermacht der Verhältnisse entkommend. Gegenüber sichtbarer repressiver Macht konnte vergehende Zeit einmal sogar zum heimlichen Verbündeten werden, wie István Eörsi, der 1956 nach dem Scheitern der Revolution in Budapest verhaftet und eingesperrt wurde, berichtet. Vom Vernehmungszimmer aus sah er Schnee auf den Dächern gegenüberliegender Häuser liegen und sah darin einen stärkenden Trost: »Demnach, sagte ich mir, haben sie die Revolution niederschlagen und mich einsperren können, aber das Skilaufen können sie nicht verhindern. Noch weniger können sie verhindern, daß der Winter kommt, auf den der Frühling folgt. Die Zeit läßt sich nicht verhaften. Die Unwiderstehlichkeit der Zeit, die im allgemeinen an die Unvermeidlichkeit des Todes gemahnt, erfüllte mich in jenem Vernehmungszimmer mit unverhohlener Freude: Die Veränderung läßt sich nicht auf die Knie zwingen, schon bedeckt Schnee das Dach gegenüber.«[7]

Seit der Neuzeit hat sich die Unwiderstehlichkeit der Zeit, die einst im Rad der Fortuna symbolisierte Verkünderin der Sterblichkeit, dadurch erträglich machen können, daß sie zugleich Reisen ins Unbekannte in Aussicht stellte, Zukunft als sich öffnenden Horizont erscheinen ließ. In dem Maß jedoch, in dem in der heutigen Systemwelt die Zukunft »im gegenwärtigen Lauf der Dinge produziert wird«, wie Michel Freitag sagt, wird die Unwiderstehlichkeit des Zeitverlaufs ihr befreiendes Zukunftsattribut los. Statt dessen gerät sie in den Bann der sich in der Gegenwart akkumulierenden sozialen, ökologischen und anderen Bedrohungen, die ihre Termine setzen. Es ist, wie wenn ein Countdown liefe, dessen Nullpunkt sich noch der präzisen Berechnung entzieht. Es gibt einen kanadischen Spielfilm, dessen Handlungszeit ganz und gar von der Uhr bestimmt wird, die das unaufhaltsame Schrumpfen gezählter Zeit auf beklemmende Weise anzeigt. Die Drogenabhängigkeit, um die es in diesem von dem Montrealer Regisseur Robert Morin gedrehten Film, *Quiconque meurt, meurt à douleur*[8], vordergründig geht, kann als Metapher all der Abhängigkeiten verstanden werden, in die wir uns verstrickt sehen.

In einer nordamerikanischen Großstadt stürmt die Polizei eine Wohnung, die sie als Schlupfwinkel von Heroinabhängigen ausgemacht hat. Die Junkies sind jedoch bewaffnet, und so scheitert die Attacke; ein Polizist wird angeschossen und schwer verletzt, ein anderer als Geisel genommen zusammen mit einem Kameramann, der die Aktion dokumentieren soll. Die Polizei zieht sich zurück. Sie kann es in Ruhe tun, weil sie weiß, daß von nun an die Zeit für sie arbeitet. Die Junkies verfügen nur über einen begrenz-

ten Vorrat an Stoff; die Wohnung verlassen, um irgendwo Nachschub zu besorgen, ist angesichts der Polizeipräsenz nicht möglich.
Sie können sich nun ausrechnen und mit ihnen die Zuschauer,
wann der Heroinmangel zur Katastrophe führen wird.

Einige Zeit, nachdem die letzten Schüsse gesetzt sind, fängt in
Abständen einer nach dem anderen an, zu delirieren und durchzu-
drehen; der Junkie, der mit seiner Maschinenpistole die Straße vor
dem Haus überwacht, verliert den Überblick und die Konzentration. Alles schreit sich an, dann wieder jammert jemand vor sich
hin, niemand ist mehr zu einer rationalen Überlegung oder gar
überlegten Handlung in der Lage. Der Zeitpunkt ist gekommen,
an dem die in den gegenüberliegenden Häusern unsichtbar ver-
schanzte Polizei ohne eigenes Risiko in Aktion treten und das
Feuer eröffnen kann. Zusammen mit ihren Geiseln sterben die vor
Mangel an Stoff halb wahnsinnig gewordenen Junkies am Ende im
Fenster und Türen durchsiebenden Geschoßhagel automatischer
Waffen.

Der Film *Quiconque meurt, meurt à douleur* schöpft das im Medium Film wie in keinem anderen Medium angelegte Potential
der Reflexion auf die Zeit bis zur Schmerzgrenze aus: Er führt an
den Punkt heran, an dem der Countdown Null erreicht und die
Gegenwart implodieren läßt; ist der Stoff ausgegangen, ist alles
vorbei. Das Heroin übernimmt die Funktion der Substanz, die einzig noch Zukunft ermöglichen könnte. Der Film inszeniert kein
Junkie-Sozialdrama, sondern bringt den Zustand der Zeit ins Bild,
den Michel Freitag als Zustand »ohne Potentialität und Virtualität«
charakterisiert. Er spricht also von unserer Welt, in der der Flug des
Pfeils, der den Fortgang der sozialen Zeit anzeigt, in einen Irrflug
übergeht.

Solche Countdown-Zeit nähert sich der Art von Zeit an, die ein
beschlossener Suizid an- und ablaufen läßt, mit dem Unterschied
jedoch, daß es hier das Subjekt ist, das »die Frist setzt«, wie Jean
Améry in *Hand an sich legen* unterstreicht. »Nach den letzten Selbst-
gesprächen, die vielleicht vor dem Spiegel stattfinden, wo er sei-

nem schon abgeurteilten Ich nachjagt, ohne es einzufangen, nur um es noch zu erlegen, kommt unerbittlich der Augenblick, der frei gewählte, in dem er Hand an sich legt. Etwas noch Unheimlicheres als die Hatz nach dem Ich tritt hier in vielerlei Gestalt an ihn: *die Zeit.* Um neun Uhr abends soll es geschehen – (die meisten Suizide ereignen sich nach der Statistik in den Abend- und frühen Nachstunden). Um neun Uhr, jetzt ist es sieben, zweimal sechzig Minuten zu sechzig Sekunden also, der Sekundenzeiger trottet unermüdlich, schon ist eine Minute vergangen, zwei, drei, fünfzehn gingen dahin, man kann die Uhr zerschlagen, nicht aber das leise Ticken der reinen Zeit abstellen. Und in der Zeit, die noch verbleibt – es kann sich um Stunden handeln, aber auch nur um Minuten, die einer sich noch gönnt –, wird die Zeit als solche verspürt.«[9]

Eine suizidäre Struktur besitzt die Countdown-Zeit, die durch die Entkoppelung von physikalischer und sozialer Zeit freigesetzt wird. Auch hier nützt es nichts, die Uhr zu zerschlagen: Die Zeit nimmt ab, nur der Rhythmus des Abnehmens bleibt im Ungewissen. Der Nullpunkt rückt näher, nur liegt es nicht in der Verfügung der Subjekte, seinen Zeitpunkt zu berechnen oder gar zu bestimmen. Doch wie zur Tat entschlossene Suizidanten geben wir der Aussicht auf eine offene Zukunft, die der Lösung Todessehnsucht in die Parade fahren könnte, keine Chance mehr. Oder besser gesagt: Das Sachzwang-System, das sich mit dem global operierenden Kapitalismus an die Stelle kollektiver Überlebensphantasie gesetzt hat, läßt ihr keine Chance.

Der slowenische Denker Slavoj Žižek scheint mir die mit dem Zerbrechen des sozialen Zeitpfeils entstandene, historisch neuartige Situation illusionslos erfaßt zu haben: »Heute können wir uns das Verschwinden des Menschengeschlechts ohne Schwierigkeiten vorstellen, es ist aber unmöglich, eine radikale Veränderung des sozialen Systems vorzustellen – selbst wenn das Leben auf der Erde aufhört, wird der Kapitalismus irgendwie intakt bleiben.«[10]

## Apokalypsenzeit
Jahr 1000 und Millennium Bug

»Und wenn tausend Jahre vollendet sind, wird der Satanas los werden aus seinem Gefängnis und wird ausgehen, zu verführen die
Heiden an den vier Enden der Erde, den Gog und Magog, sie zu
versammeln zum Streit, welcher Zahl ist wie der Sand am Meer«,
heißt es in der Offenbarung des Johannes, Kapitel XX. Vom Jahr
Tausend erwartete die winzige Minderheit der mehr oder weniger
bibelkundigen Christen des frühen Mittelalters so etwas wie den
vom Satan ins Werk gesetzten Weltuntergang. Zur Beruhigung
der Gläubigen hatte Johannes aber auch mitgeteilt, daß diejenigen,
die schon tausend Jahre tot sind, die Chance haben, wiederaufzu-
erstehen und dann mit Christus tausend Jahre lang zu regieren,
ohne daß der Tod ihnen etwas anhaben kann.

Tausend Jahre danach häuften sich merkwürdigerweise allerlei
Zeichen, die darauf hindeuteten, daß vom Anbruch des dritten
Jahrtausends wieder etwas Einschneidendes, Katastrophenähn-
liches erwartet wurde, jedenfalls nichts, was einer fröhlichen
Auferstehung ähnelt. Führende Politiker der westlichen Welt ver-
breiteten einerseits Zuversicht, schienen aber selbst mit etwas
Schlimmem zu rechnen, denn wie auf Verabredung waren sie dazu
übergegangen, öffentlich Buße zu tun, vergangenes Fehlverhalten
einzugestehen und dafür um Vergebung zu bitten. Im März 1998
entschuldigte sich der amerikanische Präsident Bill Clinton in
Afrika im Namen seines Landes für den Sklavenhandel und die
Sklavenwirtschaft; etwa zur gleichen Zeit bat der Indianerminister

Kanadas die Autochtonen des Landes um Vergebung für den Mord an den indianischen Ureinwohnern; darüber, daß die Ausrottung der Ureinwohner des Kontinents von einer gewissen vorausschauenden Weisheit insofern zeugte, als sie es den Bewohnern Nordamerikas heute erspart, sich wie die Europäer mit den Territorialansprüchen und gewaltförmig wiedererzählten Geschichtsmythen ihrer balkanischen und anderen Stämme herumschlagen zu müssen, schwieg man sich freilich aus.

Im 19. Jahrhundert noch muß in dieser Hinsicht ein gewisses dumpfes Schuldbewußtsein vorhanden gewesen sein: Die Amerikaner, bemerkte Thomas Jefferson einmal, müßten eigentlich bei dem Gedanken zittern, daß Gott gerecht sei. Die Gerechtigkeit Gottes ist allerdings das letzte, was Amerikaner und andere Bewohner des christlichen Abendlands bei aller zur Schau getragenen Bigotterie ernsthaft zu fürchten scheinen.

Für die Bitte um Vergebung für näherliegende Untaten war es dem amerikanischen Präsidenten offenbar noch zu früh; die Entschuldigung der amerikanischen Regierung bei der Bevölkerung Ost-Timors dafür, daß die USA die Regierung Indonesiens 1975 zu der Invasion der Insel, die danach Hunderttausende ihrer Bewohner das Leben kostete, erst recht ermutigt hatten, steht vielleicht erst für den nächsten Jahrhundert- oder Jahrtausendwechsel an. Der britische Premierminister Tony Blair bekannte sich in Irland immerhin zur Verantwortung Englands für die Organisation der Hungersnot, die die Insel im 19. Jahrhundert heimsuchte, viele Menschenleben kostete und große Teile der irischen Bevölkerung außer Landes trieb. Im November 1999 entschuldigte sich die katholische Kirche in Athen für die Kreuzzüge des Mittelalters. Es fragt sich nur, wovon dieser plötzlich ausgebrochene Bekenntnis- und Beichtdrang zeugt: von einer Renaissance christlicher Traditionen oder nur vom definitiven Mißlingen der Säkularisierung?

Tausend Jahre zuvor hatten sich Millenniumsfragen in anderer Form gestellt. Erhaltene Chroniken berichten von durchs Land ziehenden Propheten und Bußpredigern, die angesichts der vorausgesagten Satansankunft zur Einkehr aufriefen. Mönche verkrochen sich als Einsiedler in den Wäldern, um sich innerlich aufs nahende Weltende vorzubereiten. In welcher Gestalt der Satan dann erscheinen würde, darüber waren sich die Prediger und Mönche jedoch nicht einig. In einer kluniazensischem Chronik wird von einem Bauern namens Leutard berichtet, der eines Tages seine Frau verstieß, in der Kirche das Kruzifix herunterriß, und zwar auf Geheiß eines Bienenschwarms, der ihm hinten hineingeflogen und vorne wieder herausgeflogen war.

Für die Priester, die sich mit der Affäre befaßten, war der Fall klar: Der Teufel war im Anmarsch oder, im Fall der Bienen des Bauern Leutard, im Anflug. Viel kam zusammen, was für Katastrophenstimmung im christlichen Abendland hätte sorgen können. Ein großes Reich, das Karolingerreich, war gerade auseinandergebrochen, und man wußte noch nicht genau, was an seine Stelle treten würde. Im Osten vermehrten sich unterdessen unaufhaltsam die Anhänger des Propheten Mohammed. Der fromme Christ, sofern er den Kopf überhaupt frei hatte für derartige weit von seinem mühevollen Alltagsleben entfernte Spekulationen, konnte manchen Anlaß haben, den Kopf zu verlieren. Allem Anschein nach ging der Millenniumswechsel jedoch weitgehend unbemerkt über die Bühne.

Die Schriftgelehrten waren sich auch nicht einig gewesen, auf welches Jahr die vom Evangelisten Johannes angekündigte Tausender-Apokalypse gelegt werden sollte. Der Kluniazenzermönch Radulfus Glaber, der die Bienenepisode mitteilte, vertrat die Ansicht, daß die tausend Jahre von der Passion Christi und nicht von seiner Geburt an zu zählen, also die Zeitenwende nicht vor 1033 zu erwarten sei. Andere Theologen hielten sich lieber an die Lehre des Augustinus, der das Millennium nicht wörtlich verstanden wissen wollte, sondern als Umschreibung der langen Zeit, die bis zum Jüngsten Gericht verstreichen würde. Millenaristische Strömungen tauchten in den Jahrhunderten danach zwar immer wieder auf, gewannen aber niemals die Oberhand über die von der christlichen

Kirche von Augustinus übernommene metaphorische Millenni-
umsdeutung.

Erst gegen Ende des 20. Jahrhunderts begann die nächste runde
Millenniumszahl wieder die Geister zu beschäftigen. Besonders
vorausschauend verfuhr dabei die Konsumgüterindustrie, die bereits in den siebziger Jahren des 20. Jahrhunderts den bevorstehen-
den Jahrtausendwechsel als Umsatzhorizont anvisierte, wie damals
dem Schriftsteller Dieter Wellershoff auffiel: »Es gibt ein Bier, das
sich Pils 2000 nennt und in einem auffallend schlanken Kelchglas
serviert wird, es gibt einen Knigge 2000, ein Möbelprogramm
2000, ein Schmuckdesign 2001 – die Jahrtausendwende ist näher-
gerückt, und eine immer noch phantastische Zahl wird für viele
der heute lebenden Menschen zu einem Datum ihrer realen Zukunft.«[1] Selbst die Deutsche Post zeigte sich in den neunziger Jahren vom Millenniumsfieber angesteckt und stellte eine Post 2000
in Aussicht, eine möglicherweise nicht nur superschnelle, sondern
die Zeitrichtung umkehrende Post, die Briefe ins Haus bringt,
noch bevor sie geschrieben wurden.

Doch dann kam etwas dazwischen, was die freudige Erwartung
trübte, *Y2K*, Abkürzung von Year two thousand, auch *Millennium
Bug* genannt. Mit einer im Vergleich mit der Apokalypse des
Johannes unglaublichen Präzision sagten an allen Wänden erschei-
nende Schriften für die Nacht vom 31. 12. 1999 auf den 1. 1. 2000
eine nicht abreißende Kette von Katastrophen voraus: Infolge allgemeinen Computerausfalls würden die Lichter ausgehen, Flugzeuge steuerlos vom Himmel fallen, Züge aufeinander zurasen,
Gaspipelines explodieren. Mitte der neunziger Jahre war er zum
ersten Mal aufgetaucht, der *Millennium Bug*, jenes merkwürdige
elektronische Insekt, das bis zum Jahrtausendende zu voller Größe
herangewachsen sein und dann sämtliche Computer von innen
her lahmlegen würde. In den Zeitungen und am Fernsehen mel-
deten sich immer mehr Experten zu Wort, die vor einer unaufhaltsam näherrückenden Katastrophe unvorstellbaren Ausmaßes
warnten. Unter der Überschrift »The Millennium Bug looms«

hieß es in einem Leitartikel der *New York Times* vom 2.8.1998: »Wäre der Jahrtausendfehler lediglich eine Sache der Software, wäre es schlimm genug. Experten sagen aber, der gefährlichste Aspekt des Problems sei, daß so viele Systeme – von Raketen über Gaspipelines bis zu der Apparatur in Krankenhäusern – mit Milliarden winziger Chips arbeiten, die von Ingenieuren aufgespürt, umprogrammiert oder ausgewechselt werden müssen.«

Der häusliche PC, um dessen Schicksal sich zahllose Computerbenutzer zu sorgen begannen, stellte dabei noch das geringste Problem dar; seine möglichen Fehlfunktionen betrafen nur den einzelnen Benutzer. Zur Beruhigung des Publikums wurden beizeiten neue PCs ausgeliefert, die das Etikett »2000-sicher« trugen, und im Handel für teures Geld angebotene Zusatzprogramme versprachen einen sicheren Übergang über die Jahrtausendgrenze.

Bei Tests stellte sich jedoch heraus, daß die angeblich millenniumsfesten Computer verrückt spielten und daß die Zusatzprogramme schlecht funktionierten. In der Branche sprach man von dem fatalen »Crouch-Echlin-Effekt«. Der amerikanische Informatiker Jace Crouch und der kanadische Programmierer Michael Echlin wollten herausgefunden haben, daß auch neueste PCs, die mit modifizierten BIOS-Chips ausgerüstet waren, falsche Daten ausgaben. Wenige Tage nach der Eingabe des Startdatums 1.1.2000 sprang der eine Rechner auf den 9.4.2000 vor, ein anderer sprang auf den 4.1.1980 zurück; das Jahr 1980 ist das Jahr Null der Computer vom Typ IBM-PC. Im Oktober 1999 kam aus dem US-Staat Maine die Meldung, daß Käufer neuer Autos aus neuen 2000er-Serien die amtliche Bestätigung über den Erwerb eines »pferdelosen Fuhrwerks« erhalten hatten. Die mit den alten zweistelligen Datencodes arbeitenden Computer der Verwaltung hatten 2000 als 1900 gelesen, und im Jahr 1900 hieß das Auto amtlich noch »horseless carriage«.

Astronomische Summen wurden genannt, bis zu 1000 Milliarden Dollar, die für die Umstellung vor allem der großen, in Behörden, Banken, Versicherungen und der Industrie installierten Computersysteme ausgegeben werden müßten. In einer Reportage aus New Jersey berichtete die *New York Times* am 27.12.1998 von den konkreten Umständen solcher Umstellung in einem Energieversorgungsunternehmen. Im Kellergeschoß der Zentrale saßen zwei Dutzend extra eingestellte Programmierer vor ihren Bildschirmen, hatten Zeile für Zeile die Programme nach Datencodes abzusuchen und diese zu korrigieren. Die Programmierer und Programmiererinnen waren allesamt Immigranten aus der Sowjetunion, die ihren US-amerikanischen Kollegen voraushatten, daß sie die Programmiersprache COBOL, in der die Programme für die Großcomputer der sechziger Jahre geschrieben worden waren, noch gut beherrschten. Die jüngeren amerikanischen Programmierer hatten diese Sprache gar nicht mehr gelernt. Russische Langsamkeit, die beim Alten hängengeblieben war, konnte auf diese Weise noch einmal der Modernisierung dienen.

Der »Millennium Bug«, so wurde dem Laienpublikum wieder und wieder erklärt, gehe darauf zurück, daß in den sechziger Jahren mit Speicherplatz gespart werden mußte, weil die Chips und die Speichermedien in ihrer Kapazität begrenzt waren. Etwas Luft konnte damals die Lösung verschaffen, die Jahreszahl mit lediglich zwei Stellen einzugeben; die Großrechner seien ohnehin in der Lage gewesen, die vor den Jahresendeziffern fehlende 19 dazuzuschreiben. Technisch mag die Erklärung zufriedenstellen, nicht aber logisch; die Programmierer und ihre Auftraggeber mußten an den Fingern abzählen können, daß sie damit ein System schufen, dem beim Jahreswechsel von 1999 auf 2000 Probleme drohten. Denn das Umspringen auf die beiden Nullen konnten die von ihnen programmierten Rechner nur als Rückkehr zum Jahr 1900 interpretieren – und das bedeutete Chaostage in den Unmengen der von ihnen verwalteten Daten.

Möglicherweise haben sie alle nicht ernsthaft damit gerechnet, daß ihre Computertechnik auch noch am Jahrhundertende in Gebrauch sein könnte, abgelöst dann vielleicht durch noch nicht einmal in Umrissen entworfene neue Techniken der Datenverarbeitung oder anderweitig ganz außer Gebrauch geraten. Rätselhaftes Verhalten bei Unternehmern, Wissenschaftlern und Technikern, denen doch sonst mehr als anderen Sterblichen planend voraus- schauendes Handeln zugetraut wird. Sollte ausgerechnet in den Labors von Unternehmen wie IBM die Avantgarde der No- future-Bewegung beschäftigt gewesen sein, einer Bewegung, die sich erst danach, in den siebziger Jahren, mit ihren apokalyptischen Parolen und ihren makabren Symbolen auf den Straßen zeigte? Oder war das Personal von Sekten unterwandert, die vom Jahr 2000 den Weltuntergang erwarteten? In den achtziger Jahren machte einmal die Meldung die Runde, daß in einem großen fran- zösischen Computerunternehmen die Anhänger der bereits von den Aufklärern des 18. Jahrhunderts bekämpften Rosenkreuzer- sekte zahlreicher vertreten seien als die Gewerkschaftsmitglieder. Die von einem Nimbus höchstentwickelter technischer Ratio- nalität umgebene Computerindustrie ist offenbar nicht gegen das Eindringen von Irrationalismen beliebiger Art geschützt.

Von *no future* vermag der in den elektronischen Sog geratene Geist jedoch bei Bedarf auf grenzenlose Zukunftsaussichten um- zuspringen, wie eigenartige ökonomische Entwicklungen im Be- reich des elektronischen Warenhandels zeigen. Seit Mitte der neunziger Jahre wurde der Handel per Internet als einmalig ge- winnträchtiger Sektor angepriesen; was vorerst allerdings zu ver- zeichnen ist, sind hauptsächlich Verluste bei den Veranstaltern des E-Business, die allem Anschein nach deshalb eintreten, weil der von ihnen hervorgehobene Vorzug des Bildschirmhandels, die Schnelligkeit nämlich, mit der sich Angebote und Preise vergli- chen lassen, einen ruinösen Wettbewerb im Gefolge hat, bei dem am Ende nichts mehr zu verdienen ist. Das vom Umsatz her ak- tivste Online-Buchhandelsunternehmen der Welt, Amazon, hatte 1999 einen Verlust zu verbuchen, der sich der Hälfte seines Umsat- zes von 900 Millionen US-Dollar annähert. Dem, gemessen am ausbleibenden Profit, in der Gegenwart ökonomisch erfolglosen Unternehmen wird jedoch eine derart blendende Zukunft zugesprochen, daß sein Börsenwert im Jahr 1999 20 Milliarden US-Dollar erreicht, mehr als das Zwanzigfache seines mit E-Business erzielten Umsatzes.

Auch wenn kleine Fluggesellschaften es aus Sicherheitsgründen vorzogen, ihre Maschinen um den Jahrtausendwechsel herum nicht starten zu lassen, ist die technische Zivilisation in der Nacht vom 31. 12. 1999 auf den 1. 1. 2000 nicht zusammengebrochen. Manche Verkehrsampeln standen etwas länger auf Rot, als es im 20. Jahrhundert üblich gewesen war, doch etwa den ins neue Jahrhundert herübergeschleppten Krieg in Tschetschenien vermochte kein Millenniumswunder aufzuhalten. In den hochindustrialisierten Ländern stellten sich andere Probleme: was mit den Kräften anfangen, die von den Industrien zur Bekämpfung des *Millennium Bug* mobilisiert worden waren? Der aufblühende Internet-Handel, hieß es Anfang 2000, werde das angesammelte Know-how auffangen können. Anfang Januar 2000 befaßte sich die *New York Times* mit der Frage, weshalb letzten Endes der vorausgesagte gigantische Computer-Crash ausgeblieben war.

Die einfachste, wenn auch peinlichste Erklärung dafür ist, hieß es in einem redaktionellen Beitrag, »daß einige der privaten und staatlichen Experten, die vor dem Kongreß aussagten und wieder und wieder zitiert wurden, die Abhängigkeit der Welt von der Computertechnologie weit überschätzt« hatten.[2] In den meisten Ländern sei die Vernetzung der Computer in komplexen Systemen weit weniger ausgebaut, als die hochdotierten Sachkenner behauptet hatten. In den USA selbst, hieß es, war einfach deshalb nichts passiert, weil die von der Regierung und den Industrien eingestellten Spezialisten bei der Reparatur der Systeme hervorragend gearbeitet hätten.

Es ist also alles in Ordnung, und es wird getan, als wäre auch nie etwas anderes gewesen. Zahllose Millennium-Bug-Websites, die weltweit alarmierende Warnungen verstreuten, sind spurlos verschwunden. Von »Crouch-Echlin-Effekten« und ähnlichen Katastrophenszenarien, nie etwas gehört. Besitzer auch älterer PCs konnten die Feststellung machen, daß es genügte, nach dem Wechsel zum Jahr 2000 das neue Datum von Hand einzugeben, um den Rechner weiterlaufen und richtige Daten anzeigen zu lassen. Für teures Geld erworbene Zusatzprogramme erwiesen sich als nutzlos und überflüssig. Doch ihr Verkauf hatte Umsatz gebracht, wie auch der vieler neuer als »millenniumsicher« angepriesener PCs.

Insofern war das Y2K-Desaster ein voller Erfolg. Sein Ausbleiben schlägt ebenfalls positiv zu Buche. Jedermann wird nun einsehen, daß für erfahrene Informatiker, die noch alte Programmiersprachen beherrschen, keinerlei Verwendung mehr besteht, mögen sie auch noch nicht einmal fünfzig Jahre alt sein. Also weg mit ihnen ins Arbeitsamt oder in die Rente. Gefragt sind nun die ganz Jungen, deren Geist von keinerlei Erinnerung an frühere Verfahren belastet ist: Erinnerung und Erfahrung gelten als störende »Kreativitätsblockaden«. Um so besser, wenn junge Spezialisten von anderswoher importiert werden, denn einmal hat ihre Ausbildung die heimische Volkswirtschaft nichts gekostet, und zum anderen lassen sie sich dann, wenn ihr Fachwissen seinerseits zu veralten droht, ohne Not und Entsorgungskosten wieder loswerden, dorthin, woher sie gekommen waren. Das dritte Millennium hat in dieser Hinsicht vielversprechend begonnen. Keine moderne Apokalypse, die dann, wenn rechtzeitig in sie investiert worden ist, dem System nicht zum Segen gereicht.

# WAS WEITER?
## Zeitrevolten nicht in Sicht

Die Chancen dafür, daß Zeitnöte und Beschleunigungsleiden irgendwann einmal, wenn sie zu vielen zuviel geworden sind, etwas von der Art einer Zeitrevolte hervorrufen, die dann durch sabotierende Eingriffe in die technische und ökonomische Maschinerie das Tempo herunterfährt, sind aller Voraussicht nach äußerst gering. Diejenigen, denen es am dreckigsten geht, haben nur selten zu den Anstiftern von Aufständen gehört, die sich gegen die Verursacher der Leiden richteten. Von Entbehrungen anderer Art unterscheiden sich Zeitnöte zudem durch ihre vom subjektiven Erleben abhängige Vieldeutigkeit: Es lassen sich zwar Parameter für Armutsgrenzen festlegen, nicht aber für zeitliche Überforderungsgrenzen. Was die einen leiden läßt, kann den anderen gerade genußvolle Befriedigungen bescheren, und zwar Befriedigungen neuer, noch kaum bekannter und deshalb reizvoller Art.

Erfüllte der technische Fortschritt mit seinen Geschwindigkeitssteigerungen am Beginn des 20. Jahrhunderts viele mit Schrecken, so kitzelte er bei anderen, was Marinettis Futurismus am deutlichsten aussprach, verborgene Wunschvorstellungen wach. Was heute die einen verzagen läßt angesichts zunehmenden Zwangs zu Mobilität, Flexibilität, permanenter Kommunikation und permanenter Neuanpassung, verschafft anderen gerade Genuß und affektiven Gewinn. Welcher Art solcher affektive Gewinn ist, und wie es sich auf Dauer auswirkt, wenn das Verlangen nach ihm Bestandteil künftiger Verhaltensnormen wird, das freilich wird erst in Umrissen sichtbar.

Eine in dieser Hinsicht bedeutungsvolle Vorahnung war Günther Anders im Jahr 1960 bei einem Aufenthalt in Japan gekommen. Beim Besuch japanischer Spielhallen war ihm die besondere Hingabe aufgefallen, mit der sich zahllose Leute stundenlang an »pachinkos« genannten Pinball-Maschinen zu schaffen machten. Die naheliegende Vermutung, daß es sich bei den Spielern eben um vereinsamte Großstädter handelte, die bei den Spielmaschinen eine Ersatzbefriedigung suchten, bestätigte sich ihm bei näherem Hinschauen allerdings nicht. Was ins Auge fällt, ist ja, schrieb Anders danach, »daß die Spieler nach Partnern aus Fleisch und Blut gar nicht mehr Ausschau halten, daß sie den dinglichen Partnerinnen vor den lebendigen den Vorzug geben«. Für Anders war deshalb die Hypothese ins Auge zu fassen, »...daß die Alltagswelt, mit der die Menschen zu tun haben, in erster Linie eine Ding- und Apparatewelt ist, in der es a u c h Mitmenschen gibt; nicht eine Menschenwelt, in der es a u c h Dinge gibt und Apparate. – Wenn die Psychologie«, fuhr er fort, »von dieser Inversion Notiz nähme, dann hätte sie zu prüfen, ob sich nicht unser Seelenleben, auch unser emotionales, namentlich dieses, mehr oder minder auf diese Inversions-Situation umgeschaltet hat. Oder ob es nicht mindestens dabei ist, sich auf diese Inversions-Situation umzuschalten. In anderen Worten: ob nicht heute *ein Großteil unserer emotionalen Energien unseren Apparaten gilt.*«[1] Die Wissenschaft, die sich mit dieser neuartigen Situation zu befassen hätte, nannte Anders »Dingpsychologie«.

In den unter der Überschrift »Reise durch die deutsche Inflation« zusammengefaßten Aufzeichnungen Walter Benjamins finden sich bereits Hinweise auf den eigenartigen Einfluß, den die technischen Dinge auf die sie benutzenden Menschen ausüben: »Ihre Kälte muß er (der Mensch, L.B.) mit der eigenen Wärme ausgleichen, um nicht an ihnen zu erstarren, und ihre Stacheln mit unendlicher Geschicklichkeit anfassen, um nicht an ihnen zu verbluten. Von seinen Nebenmenschen erwartet er keine Hilfe. Schaffner, Beamte, Handwerker und Verkäufer – sie alle fühlen sich als Vertreter einer aufsässigen Materie, deren Gefährlichkeit sie durch eigene Roheit ins Licht zu setzen bestrebt sind.«[2] Die hier angedeutete Dingpsychologie hat noch etwas Mechanisches an sich, insofern, als sie als eine Art einfacher Mimesis gedacht ist, durch die Menschen sich den Dingen ähnlich machen. Noch nicht in Erwägung gezogen war die Möglichkeit, daß die Dinge einmal selbst in die Lage geraten könnten, die Menschen auch in ihrer Rolle als Erzieher der Kinder zu vertreten. Nach den Erkenntnissen des mit straffälligen Jugendlichen befaßten Soziologen und Psychologen Götz Eisenberg ist es heute soweit.

Es ist seit langem kein Geheimnis mehr, daß die bürgerliche Gesellschaft von ehedem endgültig das Feld geräumt und dabei auch den Schonraum der Familie mitgenommen hat, in dem sich unter dem Einfluß leibhaftig anwesender und agierender Menschen bestimmte, auf Dauer gestellte psychische Strukturen hatten herausbilden können. Während die Schule eine Zeitlang einen Teil der ausgebliebenen familiären Sozialisation hat übernehmen können, tritt nun deren Sozialisationsfunktion immer mehr zurück, ist sogar im Begriff, wie Eisenberg schreibt, »zugunsten einer ›Gerätefamilie‹ vollends abzudanken«.[3]

Kinder wachsen mit Unmengen elektronischer, von einem entfesselten Markt ausgeschütteter Geräte heran, vom Gameboy über das Handy bis zum Multimediacomputer, und geraten dadurch unter unmittelbaren Einfluß der elektronischen Kommunikation und deren Tempovorgaben. Die Mahnung von Smarties, sich »mehr Zeit für Kinder« zu nehmen, war noch für menschliche Augen und Ohren bestimmt; an den Apparaten prallt sie ab. Der psychoanalytische Begriff der »Objektbeziehung« erhält auf einmal ungeahnten Nebensinn:

»Was uns an emotionaler Frigidität, Gleichgültigkeit und Kälte bei Jugendlichen und Kindern gegenwärtig erschreckt,« schreibt Eisenberg, »ist der exakte Niederschlag dieser Geräte-Sozialisation. Diese bedient die groben Abkömmlinge des kindlichen Antriebslebens, statt an ihrer Humanisierung zu arbeiten. Affekte und Triebimpulse gehen durch keinen wirklichen menschlichen Aneignungsprozeß hindurch, der ihnen Dauer und Form gibt, bleiben oder werden auf diese Weise roh. Unterhalb der Ebene der technischen Einflußnahme, die flache Anpassungsmechanismen produziert, die sich in den Subjekten nicht wirklich ablagern und verankern, hält sich so eine unsozialisierte, ja asoziale Psyche durch.«[4]

Adornos 1944 in den USA notierte Beobachtung, daß die Technisierung »einstweilen die Gesten präzis und roh (macht) und damit die Menschen«[5], ließe sich als alteuropäische Handwerksnostalgie abtun, steckte in ihr nicht ebenfalls ein sich mehr und mehr bewahrheitender prophetischer Kern. Es gibt eine Dingrohheit, die auch der freundlich wirkenden elektronischen Miniaturisierung widersteht, ja, sich ihrer geradezu bedient, um unauffällig mit dem in Kontakt treten zu können, was Eisenberg die »groben Abkömmlinge des kindlichen Antriebslebens« nennt. Eine gewaltige Verführungskraft befindet sich auf ihrer Seite, sie besteht in der gerade durch die Miniaturisierung mit einem Mysterium umgebenen Geschwindigkeit von Übertragung und »Kommunikation«. Sie zieht nicht wenige der emotionalen Energien auf sich, die, wie Günther Anders seinerzeit beobachtete, vermehrt den »Apparaten« gilt.

Unter den Bedingungen dingpsychologisch, durch »Gerätefamilien« vermittelter Sozialisation wird es die Ausbildung der Fähigkeit zum Mitleiden schwer haben, zum Mitleiden vor allem mit denen, die Beschleunigungen nicht genießen, sondern an ihnen leiden. Es ginge nicht um Mitleiden im Sinn von Bedauern, sondern um die Bereitschaft zu begreifen, daß diese Leiden auf Störungen hindeuten können, die nicht einzelne Individuen befallen haben, sondern ein ganzes System. Denn es muß insgesamt etwas schieflaufen, wenn der Zeitgewinn, um dessentwillen permanente technische und ökonomische Umbauten mit allen ihren destruktiven sozialen Folgewirkungen veranstaltet werden, selbst ständig steigenden, von vielen einzelnen stumm zu leistenden Zeitaufwand erfordert.

Einstweilen bleibt die Vorstellung einer Revolte, die durch einen Benjaminschen Griff nach der Notbremse der rasenden Fahrt Einhalt geböte, eine schöne Wunschvorstellung. Eine Notbremsung, wenn es denn dazu käme, würde wahrscheinlich längst nicht von allen als Erlösung begrüßt, jedenfalls nicht in unseren Breiten. Vielleicht aber bricht eine Zeitrevolte eines Tages in einer Weltgegend aus, die noch gar nicht in unseren Gesichtskreis getreten ist.

# Anmerkungen

## Einleitung

1 Abdelwahab Meddeb, *Aya*, Roman. Aus dem Französischen von Hans Thill, Wunderhorn, Heidelberg 1998, S. 23.

2 Günther Anders, *Die Antiquiertheit des Menschen*, Zweiter Band. *Über die Zerstörung des Lebens im Zeitalter der dritten industriellen Revolution*. C.H. Beck, München, 1980, S. 338.

3 Niklas Luhmann, »Die Zukunft kann nicht beginnen: Temporalstrukturen der modernen Gesellschaft«, in: *Vor der Jahrtausendwende*, hg. v. Peter Sloterdijk, Bd 1, Suhrkamp, Frankfurt 1990, S. 131 f.

4 *Volk ohne Zeit. Essay über das eilige Vaterland*, Wagenbach, Berlin 1990.

5 Luhmann, ebd., S. 140.

6 Michael Baeriswil, »Jenseits von Beschleunigung und Verlangsamung«, *Politische Ökologie 57/58*, Januar/Februar 1999. Aufschlußreich in diesem Zusammenhang das Verwischen des Unterschieds zwischen militärischer Mobilisierung und ziviler Mobilität bei Ernst Jünger und Carl Schmitt: Mobil ist bei ihnen nur der Mobilisierte. Siehe Friedrich Balke, »Beschleuniger, Aufhalter, Normalisierer«, in: Balke/Méchoulan/Wagner (Hrsg), *Zeit des Ereignisses – Zeit der Geschichte*, Wilhelm Fink, München 1992, S. 214.

7 José Ortega y Gasset, *Der Aufstand der Massen*, in: *Die Hauptwerke*, DVA, Stuttgart 1983, S. 141.

## Kapitel 1: Beschleunigungszeit

1 Hans Blumenberg, *Lebenszeit und Weltzeit*, Suhrkamp, Frankfurt 1986, S. 219.

2 Zit. n. Blumenberg, S. 218.i

3 Blumenberg, S. 221.

4 Harro Zimmermann, *Aufklärung und Erfahrungswandel. Studien zur deutschen Geschichte des späten 18. Jahrhunderts*. Wallstein, Göttingen 1999, S. 7.

5 Blumenberg, S. 225.

6 Ebd. S. 248.

7 Walter Benjamin, *Einbahnstraße*, Ges. Schriften IV.1, S. 122.

8 Benjamin, GS I.3, S. 1232.

9 Karl Kraus, »Der Fortschritt«, in: *Die Fackel* 275-276, März 1909, S. 40.

10 Robert Musil, *Der Mann ohne Eigenschaften*, Ges. Werke Bd. 2, hg. v. Adolf Frisé, Rowohlt, Reinbek 1978, S. 402.

11 Zimmermann, S. 7.

12 Martin Bergelt, »Zeit-Räume – zur Einleitung«, in: *ZeitRäume*, Hanser, München 1998, S. 11.

13 Blumenberg, S. 248.

14 Oskar Negt, »Wer zögert hat Unrecht«, *Frankfurter Rundschau*, 8.12.1999, S. 46.

15 Unter der Überschrift »Experten loben die Wirkung von Halbwissen« berichtet die *Frankfurter Rundschau* vom 22.3.2000 über eine Untersuchung des Berliner Max-Planck-Instituts für Bildungsforschung, aus der hervorgeht, daß auf der Straße nach Aktiengesellschaften befragte Passanten auf diese Weise bessere Anlagetips gegeben haben als sogenannte professionelle »Analysten«. Der Leiter des Forschungsprogramms, Gerd Gigerenzer, kommentierte das Resultat mit diesen Worten: »Das steht in starkem Kontrast zu verbreiteten Vorstellungen in der Psychologie, die vom Idealzustand des vollinformierten Subjekts ausgeht.« Statt Psychologie hätte der Forscher auch Aufklärung sagen können: An den spekulierenden Klein-Shareholder als Ziel des Menschheitsfortschritts hatten Denis Diderot, Georg Forster oder Immanuel Kant in der Tat noch nicht gedacht.

**Kapitel 2: Benutzeroberfläche**

1 Aus *Fachwörterbuch Computerenglisch*, von Hans Herbert Schulze, Rowohlt, Reinbek 1991.

2 *The New Yorker*, 9.2.1998.

3 Franz Fühmann, *22 Tage oder die Hälfte des Lebens*, Suhrkamp, Frankfurt 1978, S. 18.

4 Umberto Eco, »MS-Dos ist calvinistisch«, *Spiegel-Spezial* 3, Abenteuer Computer, 1995, S. 138 f.

5 Clemens Knobloch, *Moralisierung und Sachzwang. Politische Kommunikation in der Massendemokratie*, DISS, Duisburg 1998, S. 34.

6 Siehe *Wochenpost*, Berlin, 25.4.1996.

7 Gottfried Benn, »Geist und Seele künftiger Geschlechter«, *Die Woche*, 23.9.1933, nachgedruckt in: *Gesammelte Werke* 3, Essays und Aufsätze, Limes, Wiesbaden 1960, S. 797.

8 Léon Werth, *Déposition. Journal 1940-44*, Viviane Hamy, Paris 1992, S. 269.

9 Heiner Müller, »Für immer in Hollywood«, *Lettre International*, Frühjahr 1994, S. 4.

10 Günther Anders, *Die Antiquiertheit des Menschen*, München, C.H. Beck 1956, S. 152.

11 Douglas Rushkoff, »The digital revolution eats its own«, *Harper's Magazine*, Januar 2000.

12 »Die Partner tragen sogenannte intelligente *Touch Suits*, die ihre Körper zur Schnittstelle in der digitalen Kommunikation werden lassen. Sie können sich, trotz ihrer räumlichen Distanz, gegenseitig berühren und stimulieren – beispielsweise wenn sich ein Partner in Paris mit einer Teilnehmerin in Berlin vernetzt. In ersten Versuchen, etwa dem von Stahl Stenslie und Kirk Woolford an der Kölner Hochschule für Medien konzipierten *cyberSM-Projekt*, geschah dies über ein visuelles Interface: Die Benutzer sehen einen

Körper auf dem Bildschirm und lösen durch Eingaben von Daten die Empfindungen von Druck, Kälte, Wärme und Vibration bei ihrem Partner oder
ihrer Partnerin aus. In späteren Installationen berühren die Teilnehmer
ihren eigenen Körper – also den *Touch Suit* – und diese Berührung wird
dann auf die Haut des Partners übertragen.« Claudia Benthien, »Wir können
graben, Doktor, aber wir sind ektoderm. Haut: ein neues Forschungsfeld für
die Kulturwissenschaften«, *Frankfurter Rundschau*, 28. 3. 2000.

13 Helmut Klages, »Engagement und Engagementpotential in Deutschland«,
in: *Die Zukunft von Arbeit und Demokratie*, hg. v. Ulrich Beck, Suhrkamp,
Frankfurt 1999, S. 151.

14 *Der Spiegel* 29/1998.

15 Robert Musil, *Der Mann ohne Eigenschaften*, Ges. Werke 2, hg. v. Adolf Frisé,
Rowohlt, Reinbek 1978, S. 445.

## Kapitel 3: Alte Zeiten

1 Sherwood Anderson, *Winesburg, Ohio*, Dover Publications, New York 1995,
S. 34.

2 Walter Benjamin, »Der Erzähler. Betrachtungen zum Werk Nikolai Less-
kows«, Ges. Schriften II.2, S. 439.

3 Marc Bloch, *Die seltsame Niederlage. Frankreich 1940.* S. Fischer, Frankfurt a. M.
1992, S. 82.

4 Dafür, daß die technologisch rückständige Volksrepublik China bereits in
den späten fünfziger Jahren Interkontinentalraketen entwickeln konnte,
war übrigens die antikommunistische Hysterie der USA verantwortlich:
Der Physiker Qian Xuesen, der 1935 aus China eingewandert war, am MIT
zum Spezialisten für Strahlantrieb ausgebildet wurde und später die Titan-
Rakete mit entwarf, wurde in der McCarthy-Ära völlig grundlos als rotchi-
nesischer Spion verdächtigt, worauf der Physiker es vorzog, die ungastlich
gewordenen USA zu verlassen. Bei der Rückkehr in seine Heimat brachte
Xuesen Maos China als Gastgeschenk nicht nur einige Fachkollegen, sondern auch sein gesammeltes Wissen über Raketenbau mit. Siehe Lars-Erik
Nelson, »Washington: the yellow peril«, *New York Review of Books*, 15. 7. 1999.

## Kapitel 4: Zeitschlucker

1 »Natürlich hat der Triumph des Fortschritts auch die perverse Wirkung, daß
er zwar Unterschiede einebnet und sie als Obskurantismus abtut, zugleich
aber auch eine Zukunft ohne Fortschritt vorbereitet – denn der Fortschritt
nährt sich, wie wir gesehen haben, von Unterschieden. Aber interessiert uns
der Fortschritt überhaupt noch? Weil wir Computer erfunden haben, können wir nicht ohne sie leben, aber wir hätten gut ohne sie leben können.«
Sergio Benvenuto, »Sehnsucht nach Differenz«, *Lettre International* 45, 1999,
S. 19.

2 *Die Zeit*, 12. 11. 1998.

3 *The New Yorker*, 9. 2. 1998.

4 *New York Times*, 8. 12. 1996.

5 *Libération*, 15. 4. 1986.

6 Cesare Cases, »Der ›Spargel‹ Arno Schmidt«, *Liber* 4, deutsche Ausgabe, Göttingen 1994, S. 3.

7 *Der Spiegel* 42, 1996.

8 Ebd.

9 *Die Zeit*, 6. 6. 1997.

10 Stefan Klein, »Die Entmachtung der Uhren«, *Der Spiegel* 1, 1998.

11 Christoph Türcke, »Möglichkeiten«, *Frankfurter Rundschau*, 13. 11. 1997.

12 Unter anderem *Cyberia*, deutsch bei Droemer-Knaur, München 1995.

13 »Un technoréaliste en colère«, Gespräch mit Douglas Rushkoff, *Le Dévoir*, Montréal, 24. 1. 2000.

14 Günther Anders, *Die Antiquiertheit des Menschen II*, C.H. Beck, München 1980, S. 239.

15 James Fallows, *Atlantic Monthly*, Februar 2000.

16 T. K. Chang, »2 Microsofts could limit computer multiplication«, *International Herold Tribune*, 26. 1. 2000.

17 Theodor W. Adorno, *Minima Moralia*, Suhrkamp, Bibliothek-Suhrkamp-Ausgabe, Frankfurt 1983, S. 153.

**Kapitel 5: Mail Time**

1 Benoît Melançon, *Sevigne@Internet. Remarques sur le courrier électronique et la lettre*, Fides, Montréal 1996, S. 14.

2 *Burn Rate: How I survived the Gold Rush Years of the Internet*, Simon & Schuster, New York 1998.

3 Anna Tuttle Villegas, »First Epistle to the E-Mail Server«, *Wordperfect Magazine*, Orem/Utah, Oktober 1996.

4 Melançon, S. 35.

5 Melançon, S. 21/22

6 Siehe Dinky Moore, *The Emperor's Virtual Clothes. The Naked Truth about Internet Culture*, Algonkin Books, Chapel Hill 1995.

7 Ivan Maffezzini, »Informatique et postmodernité«, *Séminaire* 13, décembre 1996, UQAM, Montréal.

8 Karl Kraus, *Aphorismen*, Suhrkamp, Frankfurt 1986, S. 70.

9 Richard Ford: »Our moments have all been seized«, *New York Times*, 27.12.1998.

**Kapitel 6: Lesezeit, Schreibzeit**

1 René Lapierre, »Petite essayistique«, in: André Belleau, *Y a-t-il un intellectuel dans la salle?, essais*. Montréal, Primeur éd., 1984, S. 8/9.

2 George Steiner, *Der Garten des Archimedes*, Hanser, München 1996, S. 22.

3 *Die Zeit*, 16. 9. 1999.

4 Jacques Poulin, *Volkswagen Blues*, Québec-Amérique, Montréal 1989, S. 258.

5 Jean Chesneaux, *Habiter le temps*, Paris, Éditions Bayard, Paris 1996, S. 17.

6 Michel de Montaigne, »Über dreierlei Umgang«, in: *Essais*, Aus dem Französischen von Hans Stilett. Eichborn Verlag, Die Andere Bibliothek, Frankfurt 1998, S. 412.

7 Lucien Febvre, *Margarete von Navarra*. Aus dem Französischen von Grete Osterwald. Campus, Frankfurt 1998, S. 202 f.

8 Montaigne, »Über die Erfahrung«, *Essais*, S. 561/62.

9 Adam Gopnik, »Man goes to see a doctor«, *The New Yorker*, 24. 8. 1998, S. 115.

10 zit.n. Ira Nadel, *Various Positions. A Life of Leonard Cohen*, Vintage Canada, 1997, S. 59.

11 Boris Pilnjak, »Wie wir schreiben«, in: *Mahagoni*, Erzählungen. Nördlingen, Greno 1988, S. 317.

12 Paul Valéry, *Cahiers* I, S. Fischer, Frankfurt 1987, S. 274 f.

13 »Chinawaren«, *Einbahnstraße*, Ges. Schriften IV.1, S. 90.

14 Steiner, S. 32.

15 Lucien Sfez, »Dépassé le livre?«, in: *Le Monde Diplomatique*, Décembre 1999.

16 Raymond Queneau, »Lire des manuscrits«, *Cahiers du Cinéma* 312/313, juin 1980, S. 74.

17 *Le Monde des Livres*, 3. 3. 2000.

18 Michael Wetzel, »Flüssige Datenströme«, *Freitag*, 24. 12. 1999. Am 14. 3. 2000 ereignete sich in den USA ein erster Durchbruch mit der ausschließlichen Netzveröffentlichung einer 65seitigen Erzählung des Bestsellerautors Stephen King, »Riding the Bullet«. Gegen die Gebühr von 2.50 $ konnte der Text in den heimischen Rechner heruntergeladen, aufgrund einer eingebauten elektronischen Sperre aber nicht ausgedruckt werden. Die Operation brachte dem Autor innerhalb weniger Tage ein Honorar von etwa einer halben Million Dollar ein, fünfzigmal mehr, als der angesehene *New Yorker* für den Abdruck der Erzählung bezahlt hätte. Siehe Bernd Graff, »Kingsize«, *Süddeutsche Zeitung*, 29. 3. 2000.

19 Édouard Glissant, *Traktat über die Welt*, aus dem Französischen von Beate Thill, Heidelberg/Wunderhorn 1999, S. 158.

## Kapitel 7: Entkomprimierte Zeit

1 Aus dem Spanischen von Wilfried Böhringer, Suhrkamp, Frankfurt 1996.

2 Sten Nadolny, »Chancen der Literatur«, Literarisches Collegium Wolfenbüttel, Wolfenbüttel 1998, S. 18.

## Kapitel 8: Kein Zeit!

1 Wörtlich übersetzt: Fröhlicher Leidensweg. Da »Calvaire« jedoch auch ein in Québec verbreiteter Fluch ist, meint der Titel ebenso etwa »Fröhliche Kacke«.

2 Hans Magnus Enzensberger, *Zickzack*, Suhrkamp 1997, S. 157.

3 Walter Benjamin, »Steuerberatung«, in: *Einbahnstraße*, Ges. Schriften IV.1, S. 139.

4 Florian Felix Weyh, »Die Zeichen der Zeit sind der Besitz der Zeichen«, *Frankfurter Rundschau*, 26. 2. 1994.

## Kapitel 9: Hybridzeit

1 Benjamin Lee Whorf, *Sprache – Denken – Wirklichkeit. Beiträge zur Metalinguistik und Sprachphilosophie*. Rowohlt, Reinbek 1963, S. 102.

2 Aby M. Warburg, *Schlangenritual. Ein Reisebericht*. Mit einem Nachwort von Ulrich Raulff, Wagenbach, Berlin 1988, S. 59.

3 Siehe Serge Gruzinski, *La pensée métisse*, Fayard, Paris 1999, S. 37.

4 François Laplantine/Alexis Nouss, *Le métissage*, Paris, Flammarion 1997, S. 114.

5 Siehe Christopher Clausen, »Nostalgia, Freedom and the End of Cultures«, in: *Queen's Quarterly*, Kingston/Canada, Summer 1999, S. 244.

6 Siehe Russell Jacoby, *The end of Utopia, politics and culture in an age of apathy*, Basic Books, New York 1999, S. 49.

7 Jacoby, S. 55.

8 Karl Kraus, Werke, Bd. 2, *Die Sprache*, Kösel, München 1954, S. 13.

9 In den USA heißt das Gerät »cell phone«.

10 Die Frage, was einen Termin zum Event macht, hat die Zürcher *Weltwoche* wünschenswert eindeutig beantwortet: die Zahl. »Mit nunmehr 20 000 Gästen wird das internationale Filmfestival von Fribourg zu einem Event«, gab die Zeitung am 16. 3. 2000 bekannt.

11 Sherry Simon, *Hybridité culturelle*, Montréal, Les élémentaires – une encyclopédie vivante, 1999, S. 31.

12 S. 30.

13 Ebd, S. 21.

14 Gruzinski, *La pensée métisse*, S. 52/53.

15 Simon, S. 23.

16 Ebd. S. 23/24.

17 Bertolt Brecht, Gesammelte Werke, Bd. 9, Suhrkamp, Frankfurt 1967, S. 628f.

18 Gruzinski, S. 11.

19 Jean Chesneaux, *Habiter le temps*, S. 203.

## Kapitel 10: Nachruf auf den »Bon moment«

1 »Wiedersehen mit Paris«, Ges. Werke Bd. 5, Reinbek 1975, S. 347 f.
2 Jean Larose, *L'amour du pauvre*, Boréal, Montréal 1991, S. 207.
3 István Eörsi, *Tage mit Gombrowicz*, Gustav Kiepenheuer, Leipzig 1997, S. 79.
4 Hans Blumenberg, *Lebenszeit und Weltzeit*, S. 82.
5 Wolfgang Pohrt, »Nachruf auf ein Jahrzehnt«, in: *Ausverkauf. Von der End-lösung zu ihrer Alternative*, Rotbuch, Berlin 1980, S. 126.
6 Siehe Peter Kornbluth, *The Pinochet File, a Declassified Dossier on Atrocity and Accountability*, The New Press, New York 2000.
7 »Über den Begriff der Geschichte«, Ges. Schriften I.2, S. 702.
8 Paul Parin, »Macht schneller – oder ist Macht schnell?«, in: *Freitag*, 19. 7. 1991.
9 Michael Schumann, »Frißt die Shareholder-Value-Ökonomie die moderne Arbeit?«, *Frankfurter Rundschau*, 18. 11. 1997.

## Kapitel 11: Zeitenwende

1 Walter Benjamin, »Theorien des deutschen Faschismus«, Ges. Schriften III, Frankfurt 1972, S. 242 f.
2 *Frankfurter Allgemeine Zeitung*, 14. 4. 1999.
3 Siehe *Le Monde*, 9. 4. 1999.
4 *Die Zeit*, 20. 5. 1999.
5 Ganz aus heiterem Himmel ist das dennoch nicht gekommen. »Die besten Pazifisten sind das bewaffnete Volk«, unter diesem Slogan hatte der grüne Europa-Abgeordnete und Beförworter der Nato-Intervention, Daniel Cohn-Bendit, nach eigenen Angaben bereits 1967 in Paris eine Demonstra-tion organisiert. Siehe *Kursbuch* 57, Berlin 1979, S. 205. Sinngemäß mit der gleichen Parole hatte die Führung der Kommunistischen Partei Frankreichs in den dreißiger Jahren die bis dahin pazifistisch gesonnene Partei auf Wei-sung Stalins auf Rüstungskurs gebracht.
6 Jean Chesneaux, *Habiter le temps*, Paris, Éditions Bayard, Paris 1996, S. 12.

## Kapitel 12: Nervenzeiten

1 Walter Benjamin, »Autobiographische Schriften«, Ges. Schriften IV, Frank-furt 1985, S. 442.
2 Zu den Patienten der Anstalt gehörte Anfang der zwanziger Jahre auch Aby Warburg, der dort den inzwischen berühmt gewordenen Vortrag »Schlan-genritual« über seine Reise zu den Pueblo-Indianern hielt. Siehe Kapitel 9.
3 Joachim Radkau, *Das Zeitalter der Nervosität. Deutschland zwischen Bismarck und Hitler*, München, Hanser 1998, S. 13.
4 Walter Benjamin, »Kriminalromane, auf Reisen«, Ges. Schriften IV.1, S. 381.
5 Otto Julius Bierbaum, Neuausgabe, München 1979, S. 19.
6 Radkau, S. 200.

7 »Manifestes des Futuristes«, in: F. T. Marinetti, *Le futurisme*, collection Avant-Gardes, Lausanne, L'Âge d'Homme 1980, S. 152.

8 Radkau, S. 25.

9 Thomas Mann, *Der Zauberberg*, S. Fischer, Taschenbücher, Frankfurt 1991, S. 262 f.

10 Ebd., S. 253 f.

11 Ebd., S. 334 f.

12 Thomas Mann, *Doktor Faustus*, S. Fischer, Taschenbücher, Frankfurt 1990. S. 309.

13 Alain Ehrenberg, *La fatigue d'être soi. Dépression et société*. Odile Jacob, Paris 1998, S. 187.

14 Kiepenheuer & Witsch, Köln 1970.

15 Kiepenheuer & Witsch, Köln 1991.

16 *Harper's Magazine*, Januar 1999.

17 Eugène Minkowski, *Die gelebte Zeit I*, Salzburg 1971, S. 133.

18 Siehe Raymond Klibansky, Erwin Panofsky und Fritz Saxl, *Saturn und Melancholie. Studien zur Geschichte der Naturphilosophie und Medizin, der Religion und der Kunst*. Suhrkamp, Frankfurt 1990.

19 Ehrenberg, S. 250 f.

20 Ebd.

21 Ehrenberg, S. 127.

22 Ehrenberg, S. 245.

23 Götz Eisenberg, *Amok – Kinder der Kälte. Über die Wurzeln von Wut und Haß*. Rowohlt, Reinbek 2000, S. 171.

24 »Wo Zukunft heute zum Ausdruck gebracht werden soll«, schreibt Niklas Maak im Blick auf Architektur und Design der Gegenwart, »da funktioniert das nur noch im Zitat ihrer eigenen ikonographischen Tradition. Der neue Retro-Pop ist nichts anderes als die ästhetische Rückkkopplung an einen abhanden gekommenen Fortschrittsglauben, an die alten Bilder vom radikal Neuen.« Niklas Maak, »Melancholie im Wohnraum. Warum das Jahr 2001 wie der Film 2001 aussehen wird«, *Süddeutsche Zeitung*, 13. 4. 2000.

### Kapitel 13: Reformzeit

1 Karl Kraus, »Reformen«, in: *Die Fackel* 279-280, 13. Mai 1909, S. 28.

2 Siehe Stefan Zweig, *Die schlaflose Welt*, S. Fischer, Frankfurt, S. 174-180.

3 Klaus Mann, »Jugend und Radikalismus«, in: *Die neuen Eltern, Aufsätze, Reden, Kritiken*, Rowohlt, Reinbek 1992, S. 318 f.

4 Joseph Roth, »Die neue Bohème«, *Münchner Neueste Nachrichten*, 27. 10. 1929, in: *Berliner Saisonbericht*, Kiepenheuer & Witsch, Köln 1984, S. 334/335.

5 Marc Bloch, *Die seltsame Niederlage. Frankreich 1940*. S. Fischer, Frankfurt 1992, S. 82.

6 Clemens Knobloch, *Moralisierung und Sachzwang. Politische Kommunikation in der Massendemokratie*, DISS, Duisburg 1998, S. 121.

7 Ebd.

## Kapitel 14: Lebenszeit absolut

1 Sebastian Haffner, *Anmerkungen zu Hitler*, Fischer-Taschenbücher, Frankfurt 1981, S. 12.
2 *Hitlers politisches Testament, Die Bormann-Protokolle*, Hamburg 1981, S. 115.
3 Nicolaus von Below, *Als Hitlers Adjutant 1937-1945*, Mainz 1980, S. 398.
4 Hannah Arendt, Partisan Review, 12/1, Winter 1945, zit. n.: »Das deutsche Problem«, in: *Zur Zeit, politische Essays*, hg. v. Marie Luise Knott, Berlin: Rotbuch 1986, S. 40.
5 Walter Benjamin, »Linke Melancholie«, Ges. Schriften III, Suhrkamp 1972, S. 279.
6 Anzeige unter anderem in *Lettre International* 48, Berlin 2000
7 Siehe *Die Welt*, 27.9.1996.
8 Hans Blumenberg, *Lebenszeit und Weltzeit*, Suhrkamp, Frankfurt 1986, S. 80.
9 Wolfgang Pohrt, »Jonestown/Guyana, das moderne Leben im Spannungsfeld zwischen aktiver Sterbehilfe und finalem Rettungsschuß«, in: *Ausverkauf. Von der Endlösung und ihrer Alternative, Pamphlete und Essays*, Rotbuch, Berlin 1980, S. 15.
10 Erhard Oeser, »Zeitpfeil und Zeithorizonte«, in: *ZeitRäume*, Hanser, München 1998, S. 166.
11 Blumenberg, S. 83.
12 Ebd., S. 83.

## Kapitel 15: Zeit aus den Fugen

1 Michel de Montaigne, *Essais*, Frankfurt 1998, S. 509.
2 Siehe Peter Janich, *Die Protophysik der Zeit. Konstruktive Begründung und Geschichte der Zeitmessung.* Suhrkamp, Frankfurt 1980, S. 226.
3 Siehe Carlo M. Cipolla, *Gezählte Zeit*, Wagenbach 1997, S. 107-111.
4 Jean Chesneaux, *Habiter le temps*, S. 199.
5 Siehe Hervé Barreau, *Le Temps. Que sais-je?* Presses Universitaires de France, Paris 1996, S. 25.
6 Siehe Paul Virilio, *Fahren, fahren, fahren*, Merve Verlag, Berlin 1978.
7 Verlyn Klinkenborg, »Awakening to sleep«, *New York Times Magazine*, 5.1.1997.
8 Myriam Anissimov, *Primo Levi. Tragédie d'un optimiste. Biographie.* Jean-Claude Lattès, Paris 1996, S. 170.

## Kapitel 16: Zerbrochener Zeitpfeil

1 *Der Spiegel* 1, 1998.
2 Zit. n.: Ilya Prigogine, *Temps à devenir. A propos de l'histoire du temps*, Fides, Montreal 1994, »les grandes conférences«, S. 17.
3 Zit. n.: Prigogine, S. 33.

4 Prigogine, S. 31/32.

5 *Freitag*, 19.7.1991.

6 Michel Freitag, *Le naufrage de l'université et autres essais d'epistémologie politique*, Nuit Blanche éditeur, Québec/La Découverte, Paris 1996, S. 10.

7 István Eörsi, *Tage mit Gombrowicz*, Gustav Kiepenheuer, Leipzig 1997, S. 320

8 Nach einer Gedichtzeile von François Villon: »Wer auch immer stirbt, stirbt unter Schmerzen.«

9 Jean Améry, *Hand an sich legen. Diskurs über den Freitod*. Klett-Cotta, Stuttgart 1976, S. 92/93.

10 Slavoj Žižek, »Attempts to escape the logic of capitalism«, *London Review of Books* 21, 28.10.1999.

## Kapitel 17: Apokalypsenzeit

1 Dieter Wellershoff, »Zukunft und Tod«, in: *Literaturmagazin 3, Literatur als Utopie*, Rowohlt, Reinbek 1975, S. 15.

2 *New York Times*, 9.1.2000.

## Kapitel 18: Was weiter?

1 Günther Anders, *Die Antiquiertheit des Menschen*, Zweiter Band. C.H. Beck, München 1980, S. 59 f.

2 Walter Benjamin, *Einbahnstraße*, Gesammelte Schriften IV,1, S. 99.

3 Götz Eisenberg, »Von der Neurose zur Soziose«, *Wochenzeitung*, Zürich, 22.6.2000.

4 Ebd.

5 Theodor W. Adorno, *Minima Moralia*, Suhrkamp Verlag, Bibliothek Suhrkamp, Frankfurt 1983, S. 42.

© Verlag Antje Kunstmann GmbH, München 2000
Umschlaggestaltung: Michel Keller, München,
Satz: Schuster & Junge, München
Druck & Bindung: Pustet, Regensburg
ISBN 3-88897-249-3
2 3 4 5 6 · 04 03 02 01